ABITUR-WISSEN
Religion

Christliche Ethik

Claudia Leuser

STARK

www.stark-verlag.de
1. Auflage 2002

Inhalt

Autorin: Dr. Claudia Leuser

Vorwort

Liebe Schülerinnen und Schüler!

Für die jüdisch-christliche Ethik ist der Mensch das Wesen, das über sich und sein Verhalten nachdenken, das zu sich selbst kritisch Stellung beziehen kann. Diese **Fähigkeit zur Selbstreflexion** ist zugleich die Grundlage dafür, dass der Mensch in einer Entscheidungssituation frei und bewusst zu handeln vermag. Er kann jedoch auch für sein Tun zur Rechenschaft gezogen werden, was die elementare Voraussetzung für die sittliche Beurteilung menschlichen Verhaltens ist. Es ist die so verstandene **Verantwortlichkeit** des Menschen, in der sich nach biblischem Verständnis seine Gottebenbildlichkeit verwirklicht.

Aufgabe der Ethik ist es, über die **Wertvorstellungen und Handlungsrichtlinien** zu reflektieren, die diesem sittlichen Urteil zugrunde liegen. In diesem Zusammenhang wurden in der Geschichte der philosophischen und theologischen Ethik ganz unterschiedliche **Modelle** entwickelt, die im zweiten Kapitel des Buches skizziert werden; zugleich stellt dieses Kapitel eine erste Einführung in die **grundlegende Terminologie** ethischer Argumentation dar.

In einem weiteren Kapitel wird die **ethische Dimension der biblischen Botschaft** genauer entfaltet. Hier wird aufgezeigt, wie neben der prophetischen Botschaft besonders der Dekalog – das „ethische Credo" der hebräischen Bibel – in der Bergpredigt – dem „ethischen Credo" des Neuen Testamentes – aufgegriffen und zugleich im **Ethos der Nächstenliebe** verdichtet wird. Die damit verbundene radikale Zentrierung und Verinnerlichung ethischer Handlungsrichtlinien, die als ein wesentliches Kennzeichen des jesuanischen Ethos angesehen werden kann, fordert jeden Einzelnen dazu heraus, in einer konkreten Situation eigenverantwortlich darüber zu entscheiden, wie dieser ethische Anspruch unter den vorliegenden Bedingungen am besten eingelöst werden kann. Damit kommt der verantwortlichen Gewissensentscheidung im Rahmen der jüdisch-christlichen Ethik eine enorme Bedeutung zu, in der sich noch einmal die biblische Bestimmung der Menschen, Gottes Ebenbild zu sein, widerspiegelt.

Im vierten Kapitel zeigt sich, dass die jüdisch-christliche Ethik in Bezug auf aktuelle Probleme und Fragestellungen einen durchaus gewichtigen eigenständiger Beitrag in die ethische Argumentation einzubringen hat. Im Vordergrund stehen dabei zunächst einige wichtige **ethische Problemfelder** wie Sexualität, Ehe und Familie, Beruf und Arbeitswelt sowie Staat und Gesellschaft. Im Anschluss daran wird aufgezeigt, welche Impulse sich aus der jüdisch-christlichen Ethik ergeben, wenn es um die **Herausforderungen der Zukunft** geht. In allen Handlungsfeldern sollte das Wohl des Menschen stets der höchste Maßstab für das sittliche Handeln sein; deshalb sollten wir uns auch im Rahmen unserer Möglichkeiten engagiert dafür einsetzen, menschenwürdige Lebensverhältnisse für alle zu schaffen.

Nach christlichem Verständnis verwirklicht sich in diesem Engagement – das auch die gesellschaftspolitische Ebene ausdrücklich mit einbezieht – die Bestimmung des Menschen zur Gotteskindschaft. Vor diesem Hintergrund gewinnt menschliches Handeln über alle Einschränkungen hinweg eine elementare Sinnhaftigkeit, die im letzten Kapitel anhand der drei theologischen Grundtugenden **Glaube, Hoffnung** und **Liebe** kurz entfaltet wird. Gerade die Hoffnung auf die Vollendung der Gottesherrschaft am Ende der Zeiten kann uns dazu verhelfen, dass wir auch mit Blick auf die Begrenztheit unserer Möglichkeiten sowie angesichts von Erfahrungen der Schuld und des Scheiterns nie den Mut verlieren, sondern im Vertrauen auf Gott voll Mut und Zuversicht an die Bewältigung der vielen anstehenden Aufgaben herangehen.

Zur Größe und Auszeichnung des Menschen gehört es, dass Gott ihm auch die Freiheit verliehen hat, sich von der Schöpfungsordnung abzuwenden und einen Weg einzuschlagen, der dem prophetischen Zeugnis zufolge letztlich in den Untergang führen wird – eine Drohung, die angesichts neuester technischer Entwicklungen zu Beginn des 21. Jahrhunderts noch viel greifbarer geworden ist. Die Zukunft der Menschheit wird davon abhängen, dass es uns gelingt, mit den vielfältigen, neu erschlossenen Möglichkeiten umsichtig und verantwortungsbewusst umzugehen. Vielleicht kann der vorliegende Band in diesem Sinne einige Impulse und Denkanstöße vermitteln.

Einführung

Fasst man es ganz allgemein, so versteht man unter der Ethik die **Lehre vom sittlich guten Verhalten eines Menschen,** also die kritische Reflexion darüber, welche menschlichen Verhaltensweisen als moralisch gut oder böse einzuschätzen sind, weshalb der mittelalterliche Theologe Peter Abaelard (1079–1142) die Ethik auch als „Wissenschaft von der Moral" definierte. Voraussetzung für die moralische Beurteilung einer Tat ist zum einen, dass diese *bewusst* und *willentlich* vollzogen wurde; zum anderen bedarf es dazu bestimmter *ethischer Maßstäbe,* die im jeweiligen Wertsystem einer Gesellschaft verankert sind. Die große Bedeutung, die der gesellschaftlich anerkannten Praxis für die moralische Beurteilung einer konkreten Handlungsweise zukommt, kann leicht anhand eines kurzen begriffsgeschichtlichen Überblicks zu den wichtigsten ethischen Fachausdrücken nachvollzogen werden.

Ethik: wissenschaftliche Reflexion sittlich verantwortlicher Verhaltensweisen des Menschen auf der Grundlage einer bestimmten Wertorientierung, wie sie im Ethos einer Gemeinschaft zum Ausdruck kommt

Ethos: griech. *êthos:* Gewohnheit, Sitte, Brauch (in der Mehrzahl auch „Wohnort"); von daher abgeleitet die Handlungsweise bzw. die Einstellung oder Gesinnung von Personen, die dem jeweiligen Verhalten zugrunde liegt

Moral: lat. *mos:* der Wille; wurde das Wort ursprünglich auf den Willen der Götter oder Herrscher bezogen, den die Menschen zu befolgen hatten, so verstand man unter den *mores* später alle Gesetze und Vorschriften, dann auch – dem griechischen Wort Ethos entsprechend – herkömmliche Sitten und Gebräuche, schließlich den persönlichen Lebenswandel

Sitte: die indogermanische Wortwurzel *suedh* bedeutet ursprünglich „Heimstätte" und schließt damit all das ein, was menschliches Leben, besonders auch das Zusammenleben mit anderen, ermöglicht; der Begriff umschließt also ähnlich wie im Griechischen das Geordnete, Vertraute, Gewohnte, all das, was dem Leben des Menschen den notwendigen Halt gibt

Da wir heute ganz unterschiedliche Gesellschaftssysteme kennen, die überdies historischen Entwicklungsprozessen unterliegen, lassen sich verschiedene Modelle der ethischen Argumentation unterscheiden, die von der philosophischen Ethik thematisiert werden.

Vor dem Hintergrund dieser vielfältigen Entwürfe stellt die **christliche Ethik** zunächst ein Modell unter anderen dar. Sie unterscheidet sich von diesen allerdings durch ihren **spezifischen Begründungszusammenhang,** da sie ihre Wertmaßstäbe und Prinzipien unmittelbar aus der Offenbarung – also der Heiligen Schrift und deren Auslegungstradition – gewinnt und auf diese Weise über einen festen Ausgangspunkt für die ethische Argumentation verfügt. Die kritische Reflexion über diejenige Auffassung vom rechten menschlichen Handeln, die sich aus dem christlichen Glauben herleiten lässt, wird als *theologische* Ethik bezeichnet.

An dieser Stelle soll die **Besonderheit der jüdisch-christlichen Ethik** – die vor dem Hintergrund der komplexen Entstehungs- und Überlieferungsgeschichte der Heiligen Schrift in ihrer Zuordnung von Erstem und Zweitem Testament zunächst als differenzierte Einheit angesehen werden kann – einleitend mithilfe einer jüdischen Legende veranschaulicht werden.

Zu Rabbi Josua ben Levi kam eines Tages ein Flüchtling und sprach: „Die Häscher des Königreichs sind hinter mir her, um einer Staatssache willen mein Leben zu nehmen; verbirg du mich und errette mich!“ Und Rabbi Josua sah sein gehetztes Angesicht, nahm ihn auf in seinem Haus und verbarg ihn.

Gegen Abend umringten die Häscher die Stadt, sandten einen Boten hinein und ließen sagen: „Der Flüchtling ist in die Stadt geflohen. Gebt ihn heraus, wo nicht, so soll euer aller Leben für seines büßen.“ Da lief das Volk auf dem Markt zusammen, die Weiber erhoben ihre Stimme in Geschrei, und die Menge brandete um Rabbi Josua, dass er ihnen rate und helfe. Er aber stand bleich und still in ihrer Mitte und erbat Bedenkzeit bis zum Morgen.

Da es Nacht war, saß Rabbi Josua in seiner Stube bei der brennenden Lampe. Vor dem verhüllten Fenster klang noch das Heulen aufgeregter Weiber. Im Zimmer war es still. In den Decken des Lagers ruhte der Flüchtling im erschöpften Schlaf, das Licht der Lampe entdeckte scharfe Schatten in seinem unter Träumen angstvoll zuckenden Gesicht. Rabbi Josua aber saß in Bangigkeit über der schweren Entscheidung, die ihm aufgeladen war, und wusste sich nicht zu helfen. Leben lag in seinen Händen. In der einen dieses gehetzte, das zu ihm geflohen war, in der anderen das Leben seiner Gemeinde. Durfte er den vertrauenden Flüchtling opfern? Durfte er die ihm anvertrauten Menschen in Gefahr bringen? Er bebte, dass er nicht mit reinem Herzen die Frage entscheide, an der er selbst so nah beteiligt war. Und er wagte nicht allein zu handeln, zu verantworten die furchtbare Wahl. So suchte er sich Rat bei den Meistern der Lehre, die vor ihm gewesen waren. Er saß vor der Lampe, gebeugt über die Bücher, und forschte im Gesetz und in der Mischna[1] nach. Zuletzt fand er ein Wort, das entschied: „Wenn das Leben vieler in Gefahr ist, so darf der Angeklagte

1 Mischna: Teil des Talmud, in dem die jüdische Gesetzesauslegung überliefert ist.

ausgeliefert werden." Er lehnte sich zurück im Stuhl und atmete tief auf. Hinterm Fenstervorhang graute schon der Morgen. Rabbi Josua sah mit schlaflos brennenden Augen übergroß die Schrift der Mischna, erkannte aber nicht die Schrift im Angesicht des Menschen, jenes Flüchtlings, der sich seinem Schutz anempfohlen hatte. Er beugte sich über das Lager und schüttelte den Schlafenden wach: „Ich bin verantwortlich für die Gemeinde, von meiner Hand wird dein Leben gefordert. Ich habe nach bestem Wissen und Gewissen die Mischna durchforscht und die Vorschrift gefunden: Wo das Leben vieler in Gefahr steht, darf der Angeklagte ausgeliefert werden." So sprach Rabbi Josua tonlos. Der Flüchtling aber sank zurück in Todesangst. Rabbi Josua sprach hastig weiter: „Entkommen kannst du nicht, denn die Stadt ist von Häschern umstellt. Ich muss dich ausliefern um der vielen Leben willen, die mir anvertraut sind. Erspare mir die letzte Bitterkeit, dass ich Gewalt gegen dich anwende, und liefere dich selbst aus!" Des Lehrers Entschlossenheit aber war größere Gewalt als Faust und Schlag. Der Flüchtling sah die letzte Brücke seiner Rettung brechen. Vor der Stadt erschollen die Signale der Häscher; heulend vor Angst stürzte das Volk gegen Rabbi Josuas Haus. Und er stand bleich und still in ihrer drängenden Mitte, während der Flüchtling hinausging, sein einziges Leben zu opfern.

An dieser Stelle könnte die Geschichte zu Ende sein. Ein Mann, ein Rabbiner in verantwortlicher Position, wird auf dramatische Weise vor eine schwierige Entscheidung gestellt. Er wagt es nicht, die Frage, ob er einen Flüchtling, der zu ihm geflohen ist, seinen Verfolgern ausliefern soll, um die eigene Gemeinde zu retten, aus eigener Befugnis zu beantworten. So forscht er im Gesetz nach, bis er auf einen Satz stößt, der ihm die richtige Lösung vorzugeben scheint: Der Einzelne darf ausgeliefert werden, um das Leben vieler Menschen zu retten. Indem der Gelehrte den Flüchtling dazu überredet, sich seinen Verfolgern zu stellen, befolgt er genau diese Weisung. Doch damit ist das Kapitel für ihn keineswegs abgeschlossen, wie uns die Fortsetzung der Geschichte offenbart.

In der nächsten Nacht saß Rabbi Josua wieder still bei der Lampe. Draußen auf der Straße verklang der Jubel des geretteten Volkes. Sein Gesicht aber war bleich; er wusste seine Gemeinde in Sicherheit, den Flüchtling aber tot. Wieder prüfte er alles, was seinen Entschluss bestimmt hatte. Doch plötzlich bemerkte er in der Stille draußen leises Bewegen an der Wand, und die Tür öffnete sich. Eine große Gestalt trat herein, es war der Prophet Elia. Josua stand auf und grüßte ihn mit schweigendem Gruß. Der Prophet sah zunächst stumm im Zimmer umher, deutete auf das leere Lager und fragte: „Wo ist der Flüchtling?" – Rabbi Josua erschrak und antwortete hastig: „Die Häscher drohten, wenn er nicht ausgeliefert würde, die ganze Stadt zu zerstören. Ich aber forschte nach bestem Gewissen in der Mischna und fand eine Vorschrift: Wo das Leben vieler in Gefahr steht, darf der Angeklagte ausgeliefert werden." Der Prophet aber stand, als höre er nicht, und fragte erneut nach dem Flüchtling. Rabbi Josua sank zurück in seinen Stuhl, bedeckte sein Gesicht mit den Händen, konnte aber vor dem forschenden Blick des Propheten nicht bestehen und antwortete bebend: „Er ist gegangen, sich selbst auszuliefern, denn ich sprach mit ihm, und ich fand eine Vorschrift in der Mischna ..." Da trat der Prophet dicht an den Rabbi und sprach mit starker Stimme: „Warum warst du nicht eingedenk der Mischna der Frommen, die allein in den Herzen der Gerechten geschrieben steht? Bist du darum ein Gerechter ohne Fehl, dass du an den Buchstaben der Vorschrift dich klammerst? Siehe, in der bittersten Not helfen nicht die Meister der Lehre, weder die vorher waren noch die nachher sein werden, da bist du mit Gott allein und musst vor ihm erleiden die menschliche Nichtigkeit bis auf den Grund. Wehe dir, dass du geflüchtet bist zu irdischer Hilfe und hast Gottes Angesicht nicht ertragen!" Und der Prophet wandte sich und ging hinaus ohne Gruß. Rabbi Josuas Kopf aber sank auf den Tisch nieder in bitterster Not, und er erkannte, dass er falsch gewählt hatte.

Fragen wir, warum Rabbi Josua falsch gehandelt hat, obwohl er strikt eine in der Mischna vorgegebene Weisung befolgte, so müssen wir bei den letzten Worten des Propheten Elia ansetzen, dem in der jüdischen Tradition eine besonders große Autorität zukommt. Rabbi Josua ist nicht bereit, sich der konkreten Situation zu stellen und eine eigene, verantwortliche Entscheidung zu treffen. Das Gesetz dient ihm letztlich nur dazu, der eigenen Entscheidung auszuweichen. Indem er auf diese Weise versucht, seiner schwierigen Lage zu entrinnen, ohne selbst Schuld auf sich zu laden, wird er erst recht schuldig: Er wird schuldig gegenüber sich selbst, da er als Mensch zu einem Leben in Freiheit und Verantwortung berufen ist; gegenüber dem Flüchtling, dessen existenzieller Not er ausweicht, indem er ihn als bloßen Rechtsfall behandelt; und gegenüber Gott, der ihm als einem freien und verantwortlichen Wesen eine einzigartige Würde verliehen hat, die es im Leben zu bewahren und zu bewähren gilt. So kann die Konfrontation des Rabbiners mit dem Flüchtling letztlich auch als eine Begegnung zwischen Gott und Mensch gedeutet werden – eine ethische Herausforderung, der er sich nicht gewachsen zeigt.

In der Legende wird sichtbar, dass die jüdisch-christliche Ethik den Menschen als **Wesen der Freiheit** in die Pflicht nimmt. Es wird von ihm erwartet, dass er sich zu einer jeden Situation bewusst verhält und dann auch für die Folgen seiner Entscheidung geradesteht. An die Stelle herkömmlicher Normen, Sitten und Bräuche, die im sozialen Kontext Gültigkeit haben, tritt hier die **persönliche, individuelle Verantwortung,** der man sich unter keinen Umständen entziehen darf. Aus christlicher Sicht gehört die so verstandene Verantwortlichkeit zu den elementaren Wesensmerkmalen menschlicher Existenz; sie ist damit auch der Dreh- und Angelpunkt christlicher Ethik.

1 Das christliche Verständnis vom Menschen

Die christliche Ethik ist untrennbar mit dem christlichen Menschenbild verknüpft. Der entsprechende moraltheologische Grundsatz lautet *„agere sequitur esse"* („Das Handeln folgt aus dem Sein"); d. h. die Handlungsweise des Menschen ist durch die Wesensmerkmale seiner Existenz bestimmt, aus dem „Indikativ des Seins" folgt der „Imperativ des Handelns". Deshalb muss zu Beginn einer Einführung in die christliche Ethik auch die Besinnung auf das christliche Verständnis vom Menschen stehen.

1.1 Der Mensch als Person

Den biblischen Schöpfungsgeschichten zufolge (vgl. dazu Gen 1,1–2,25) zeichnet sich der Mensch vor allen Mitgeschöpfen durch seine herausgehobene Stellung aus, die auch mit dem Wort von der **Gottebenbildlichkeit** des Menschen umschrieben wird. Nachdem der konkrete Sinn dieser Lehre in der Theologiegeschichte durchaus kontrovers diskutiert wurde, bezieht man die Aussage heute in der Regel auf die spezifischen körperlichen und geistigen Anlagen des Menschen, die ihn dazu befähigen, über sich und sein Verhalten kritisch zu reflektieren und sich damit auch in weit höherem Maße als die eher instinktgebundenen Tiere frei und bewusst zu einer konkreten Situation zu verhalten. Aus dieser besonderen Veranlagung resultiert sowohl die Einmaligkeit seiner Existenz, seine **Individualität,** als auch die Möglichkeit, für sein Tun zur Rechenschaft gezogen zu werden, die **Verantwortlichkeit.** Es sind diese im menschlichen **Selbstbewusstsein** gründenden Wesensmerkmale, die den Menschen zu einer Person machen, also zu einem Wesen mit einer unverwechselbaren Identität, die ihn von allen Mitmenschen unterscheidet.[2] Die menschliche **Personalität** umschließt demnach all die Eigenschaften, die die Persönlichkeit, also den individuellen Charakter eines Menschen, ausmachen.

2 Schon an dieser Stelle kann angemerkt werden, dass aufgrund dieses Verständnisses vom Wesen des Menschen alle Versuche, Menschen durch Klonen zu vervielfältigen, aus christlicher Sicht strikt verworfen werden müssen (vgl. dazu auch die Ausführungen im vorletzten Kapitel).

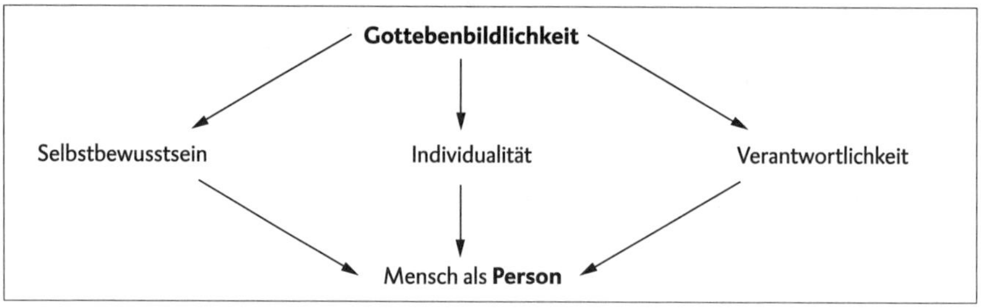

Der Personalität kommt als dem *gemeinsamen* Wesensmerkmal aller Menschen jedoch auch eine wichtige zwischenmenschliche Funktion zu. Da alle Menschen auf gleiche Weise dazu berufen sind, ihre Individualität frei zu entfalten und sich in ihrer Einzigartigkeit selbst zu verwirklichen, ist das christliche Verständnis vom Menschen als Person auch die entscheidende Grundlage für die Überzeugung von der **Würde des Menschen,** die für alle Menschen gleichermaßen einzufordern und unter allen Umständen zu wahren und zu respektieren ist. Deshalb ist Selbstverwirklichung im Kontext der christlichen Ethik immer nur als **gemeinschaftsbezogene Selbstverwirklichung** zu verstehen.

Da zum Verständnis des Menschen als Person neben der Individualität die Verantwortlichkeit wesentlich dazugehört, schließt die Selbstverwirklichung schließlich auch eine verantwortliche Rolle des Menschen in der Schöpfung mit ein. Als **Schöpfungspartner Gottes** muss sich der Mensch in der Fürsorge für Natur und Umwelt bewähren.

Dem *mehrdimensionalen* Ansatz des christlichen Menschenbildes gemäß treffen demnach die personale Würde, die Mitmenschlichkeit sowie die besondere Nähe zu Gott, also Personalität, Sozialität und Transzendentalität, in der Lehre von der Gottebenbildlichkeit des Menschen zusammen.

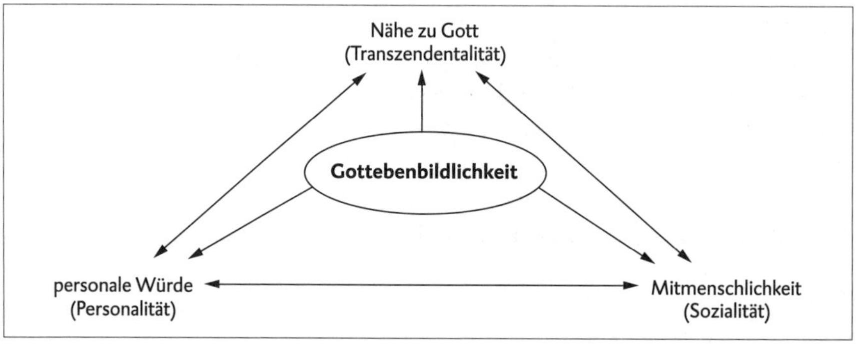

Mit Bezug auf die Ethik kann festgehalten werden, dass der **Mensch als ethisches Subjekt** in einer mehrfachen Relation zu sehen ist: Er steht sowohl in Beziehung zu sich selbst als auch zum Mitmenschen. In der christlichen Ethik tritt zu dieser Doppelrelation noch die Beziehung zu Gott als dritte Dimension hinzu; sie stellt nicht nur ein wichtiges Bindeglied zwischen den beiden anderen Bezugspunkten dar, sondern verleiht der Verantwortlichkeit des Menschen überhaupt erst ihren tieferen Sinn. In diesem Zusammenhang kommt auch dem Gewissen des Menschen eine Schlüsselrolle zu.

1.2 Das Gewissen des Menschen als sittliches Urteilsvermögen

Das christliche Verständnis vom Menschen findet seinen besonderen Ausdruck in der Hochschätzung des Gewissens als sittliches Urteilsvermögen. Der englische Kardinal John Henry Newman (1801–1890) formulierte einmal: „Ich habe immer daran festgehalten, dass der Gehorsam gegen das Gewissen, auch gegen ein irrendes, der beste Weg zum Licht [also zu Gott] ist." Warum dem Gewissen innerhalb der christlichen Ethik diese herausragende **Rolle eines Bindegliedes zwischen Gott und Mensch** zukommt, ist im Folgenden näher auszuführen.

Auch für ein besseres Verständnis des Gewissens und seiner ethischen Bedeutung ist zunächst ein begriffsgeschichtlicher Zugang hilfreich. Das griechische Wort **syneidesis,** das auch der lateinischen und der deutschen Wortbildung zugrunde liegt (lat. *„conscientia"*, deutsch *„Gewissen"*), umschreibt, wenn man vom Grundstamm des Wortes ausgeht, das Wissen, zu dem man als Augenzeuge gelangt ist. Im ursprünglichen Wortsinn wird also der Augenzeuge eines Geschehens als „Mit-Wisser" apostrophiert.

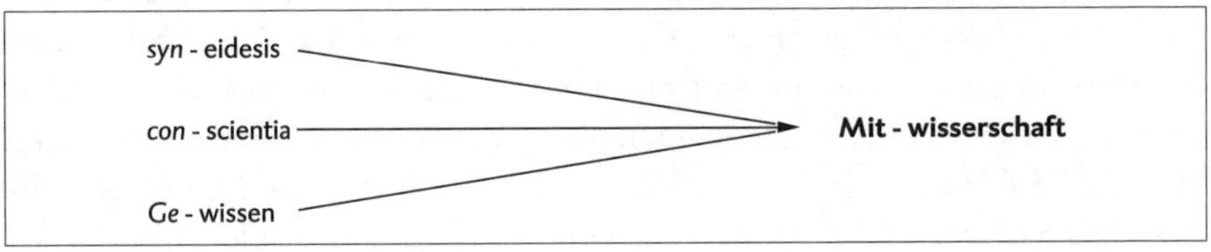

Auf das Gewissen übertragen heißt das, dass der Mensch sich kraft dieser Anlage selbst als Handelnder wahrnimmt und aus dieser distanzierten Beobachtung heraus – gleichsam als „Augenzeuge" in eigener Sache – sein Verhalten kritisch beurteilen kann. Das menschliche **Selbstbewusstsein** ist so strukturiert, dass in ihm der Handelnde und der Reflektierende, der Wissende und der Mitwissende identisch sind. Am unmittelbarsten erschließt sich uns dieser Sachverhalt in der Erfahrung des „schlechten Gewissens“, wenn das eigene Verhalten im konkreten Gewissenskonflikt im Nachhinein als verfehlt angesehen und verurteilt wird. Aber nicht nur das *nachfolgende,* sondern auch das der Tat *vorausgehende, mahnende* oder *warnende* Gewissen ist Ausdruck dieser besonderen Fähigkeit des Menschen zur Selbstreflexion.

Walter Habdank: Deuter; Holzschnitt 1973.

In der weiteren begriffsgeschichtlichen Entwicklung sind zwei Traditionsstränge zu unterscheiden, die in der christlichen Ethik miteinander verknüpft werden. Der *erste* dieser beiden Traditionsstränge ist in der griechisch-antiken Kultur verwurzelt, die das Gewissen in Anlehnung an die soeben skizzierte ursprüngliche Wortbedeutung als das **Organ der** in der praktischen Vernunft begründeten **moralischen Kompetenz** des Menschen interpretiert, also als das Vermögen, zwischen Gut und Böse zu unterscheiden und sich entsprechend zu verhalten. Dieses Verständnis spiegelt sich auch noch in Immanuel Kants (1724–1804) Bestimmung des Gewissens als „Stimme des inneren Richters“ bzw. als „innerer Gerichtshof“ wider.

Der *zweite* Traditionsstrang ist biblischen Ursprungs. Dabei gibt es in der hebräischen Bibel mit ihrem ausgesprochen ganzheitlichen Menschenbild kein eigenes Wort für das menschliche Gewissen im eben beschriebenen Sinne. Das Alte Testament sieht stets den *ganzen* Menschen in seiner Beziehung zu Gott, die im Verlauf der Heilsgeschichte konkrete Gestalt gewinnt. Eine Schlüsselrolle kommt in diesem Zusammenhang allenfalls dem Herzen (hebräisch *leb*) als der Mitte des Menschen zu, eine Vorstellung, die sich in der Redensart „einen Menschen auf Herz und Nieren prüfen“ bis heute erhalten hat. Im Herzen vollzieht sich die Begegnung des Menschen mit Gott, im Herzen erlebt der Mensch jedoch auch die gestörte Beziehung zu Gott als innere Zerrissenheit. Schulderfahrung ist vor diesem Hintergrund als Verlust der beglückenden Einheit mit Gott zu verstehen, als eine tiefe Entfremdung, die dadurch zustande kommt, dass der Mensch Gott die Erfüllung seines Willens *schuldig* bleibt. So wird die

Beziehung zu Gott hier zum ausschließlichen Maßstab für die **moralische Integrität** eines Menschen.

Deshalb kann die Stimme des Gewissens hier unmittelbar als **Stimme Gottes** gedeutet werden, die den Menschen immer wieder dazu aufruft, die göttlichen Weisungen zu befolgen und ein verantwortungsbewusstes Leben unter den Augen Gottes zu führen. In der Gewissenserfahrung ist – der alttestamentlichen Überlieferung zufolge – das moralische Selbstverständnis des Menschen begründet, in dem die Zugehörigkeit des Menschen zu Gott konkret wird.

Auch das Neue Testament ist noch weitgehend von dieser Deutung des Gewissens geprägt. Hier werden Tod und Auferstehung Jesu Christi zum Ausgangspunkt christlicher Erlösungsgewissheit, die ebenfalls das gesamte Handeln des Menschen der Beziehung zu Gott unterstellt. So heißt es in Apg 5,29: „Man muss Gott mehr gehorchen als den Menschen." Im Gewissen entscheidet sich also zunächst und in erster Linie die Integrität der Person vor Gott; erst sekundär findet sich bei Paulus auch die Funktion des Gewissens als eine das konkrete Tun des Menschen beurteilende Instanz.

Bei Aurelius Augustinus (354–430) wird diese Vorstellung theologisch weiter entfaltet. Er greift die Vorstellung vom Gewissen als *vox Dei,* also als „Stimme Gottes" im Menschen, explizit auf und meint damit die innere Erleuchtung, die dem Menschen zur **Erfahrung der unmittelbaren Gottesnähe** wird. Durch dieses Geschenk wird sich der Mensch Augustinus zufolge seiner besonderen Identität überhaupt erst bewusst.

Es ist vor allem der Aristoteles-Rezeption (Überlieferung) der mittelalterlichen Theologie zu verdanken, dass es hier in Bezug auf die Deutung des Gewissens zu einer Synthese zwischen den beiden skizzierten Traditionssträngen kommt. Schon der frühscholastische[3] Theologe Peter Abaelard greift auf die antike Vorstellung vom Gewissen als der moralischen Grundkraft des Menschen zurück, wenn er im Gewissen die Instanz sieht, die es dem Menschen ermöglicht, sich über die sittlichen Prinzipien seines Handelns Klarheit zu verschaffen. Zu sündigen heißt für ihn deshalb auch, gegen das eigene Gewissen zu handeln im Bewusstsein, damit ein göttliches Gebot zu überschreiten.

Am deutlichsten wird diese Synthese jedoch bei Thomas von Aquin (1225–1274), dessen Reflexionen über das Gewissen etwas ausführlicher dargelegt werden müssen, da sie in der christlichen Ethik bis heute eine wegweisende Rolle spielen. Thomas greift dabei auf eine seit dem 12. Jahrhundert geläufige, letztlich jedoch auf einen Schreibfehler im Ezechielkommentar des Hierony-

3 Scholastik: wörtlich das „schulgemäße Denken"; gemeint ist das in der Philosophie und Theologie des Mittelalters angewandte Lehrsystem, das sich sowohl auf Autoritäten als auch auf die Vernunft stützte und eine Synthese zwischen Glauben und Denken anstrebte.

mus zurückgehende Unterscheidung zwischen den Begriffen *synderesis* (statt *syneidesis*) und *conscientia* zurück, die er seinen ethischen Darlegungen zugrunde legt. Er deutet das griechische Wort *synderesis* als habituelles, im menschlichen Bewusstsein fest verankertes **Urgewissen,** in dem der Mensch die grundlegenden sittlichen Prinzipien verinnerlicht hat. Der *conscientia* ordnet er dagegen das **Gewissensurteil** zu, das die sittlichen, moralisch-praktischen Prinzipien in einer konkreten Entscheidungssituation umsetzt bzw. verwirklicht; man bezeichnet diese Form des Gewissens deshalb auch als Situations- oder Handlungsgewissen.

Thomas von Aquin

Als oberstes Handlungsprinzip einer jeden Gewissensentscheidung gilt Thomas der Grundsatz *„bonum faciendum, malum vitandum"*, d. h. „Das Gute ist zu verwirklichen, das Böse zu vermeiden". Es ist die Aufgabe der praktischen Vernunft, der Thomas die *sapientia* (Weisheit) mit den in ihr verankerten weltanschaulichen Grundhaltungen zuordnet, diese allgemeinen Prinzipien mithilfe der *scientia,* also des Wissens um die Fakten und Tatsachen, die in der konkreten Entscheidungssituation eine Rolle spielen, zu verwirklichen. Eine Schlüsselrolle kommt dabei auch der Kardinaltugend der Klugheit (lat. *prudentia*) zu, da sie letztlich für die erfolgreiche Anwendung der allgemeinen Prinzipien auf eine bestimmte Situation verantwortlich ist und damit die Funktionsfähigkeit des Situationsgewissens überhaupt erst ermöglicht. Auf diese Weise erstellt Thomas ein sehr differenziertes Modell von der Funktionsweise des Gewissens.

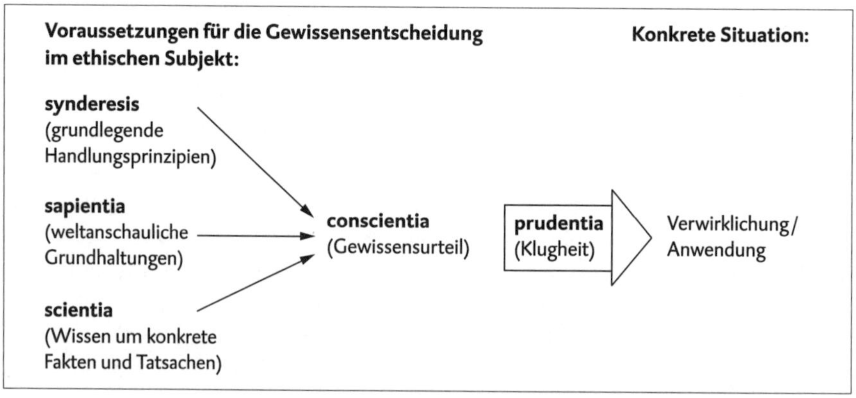

Er öffnet die Gewissensentscheidung auf die konkrete Handlungssituation hin und verbindet so auf wirkungsvolle Weise den ethischen Optimismus der Antike mit einem ethischen Realismus, der am ehesten auch der Komplexität moderner Wirklichkeitserfahrung gerecht werden dürfte.

Aus dem hier beschriebenen Verständnis vom Gewissen des Menschen ergeben sich im Kontext der christlichen Ethik einige bedeutsame **Schlussfolgerungen,** die abschließend noch kurz herausgestellt werden sollen:

- Im Gewissen des Menschen wird die **besondere Beziehung zwischen Gott und Mensch** manifest, in ihm findet der Mensch als „Hörer des Wortes" (Karl Rahner) zu seiner eigentlichen Bestimmung. Deshalb kommt der Gewissensentscheidung als letzter Instanz für das menschliche Verhalten auch eine herausragende Bedeutung zu, die durch keine irdische Autorität oder Institution relativiert oder infrage gestellt werden darf. Die **Gewissensfreiheit** ist also nach biblisch-christlichem Verständnis unmittelbar in der göttlichen Schöpfungsordnung und damit *theonom* (durch göttliches Gesetz) begründet. Gerade als Gottesrecht, also auf der Grundlage des hier skizzierten theologischen Begründungszusammenhanges, wird sie nach christlicher Auffassung zum unveräußerlichen Menschenrecht. In der Moraltheologie spricht man deshalb auch von der **theonom begründeten Autonomie** des Menschen. Damit soll zum Ausdruck gebracht werden, dass es ausdrücklich dem Willen Gottes entspricht, wenn der Mensch in Bezug auf seine Lebensführung sein eigener Gesetzgeber ist. Wir werden auf diese Zusammenhänge bei der Frage nach der Freiheit des Menschen noch einmal zurückkommen.

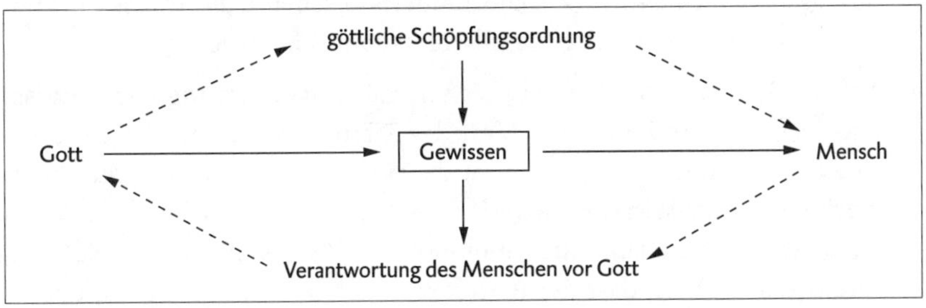

- Umso größer ist vor diesem Hintergrund die Bedeutung der Gewissensbildung als Voraussetzung einer reifen Gewissensentscheidung, die sowohl dem Willen Gottes als auch der personalen Würde des Menschen entspricht. Jeder Mensch muss daran arbeiten, dass er auf die höchste Stufe des *personalen Verantwortungsgewissens* gelangt, das ihn zu einer reflektierten, eigenverantwortlichen Entscheidung in freier Souveränität befähigt. Die folgende Übersicht zeigt den idealtypischen **Ablauf der Gewissensbildung,** wie ihn der amerikanische Psychologe Lawrence Kohlberg (1927–1987) in Verbindung mit der Entwicklung des moralischen Urteils rekonstruierte.

Stufen der Gewissensbildung nach Lawrence Kohlberg:

Stufe 6: Orientierung an **allgemein gültigen** Prinzipien

Stufe 5: Orientierung an **persönlichen ethischen** Prinzipien

Stufe 4: Orientierung an **vorgegebenen Richtlinien und Gesetzen**

Stufe 3: Orientierung an **persongebundener Zustimmung**

Stufe 2: Orientierung am **eigenen Interesse und Nutzen**

Stufe 1: Orientierung an der **Strafvermeidung**

Dabei werden die ersten beiden Stufen dem *vormoralischen Niveau* zugeordnet, die dritte und vierte Stufe stellen *Rollenkonformität und Pflichterfüllung* in den Vordergrund, die fünfte und sechste Stufe dagegen *persönliche und moralische Prinzipien.*
Auf diese Weise führt der Weg – um noch eine andere Terminologie aufzugreifen – vom *Gewöhnungsgewissen* der ersten Lebensjahre über das kindliche *Gehorsams- und Belehrungsgewissen* zum reifen *Verantwortungsgewissen,* das als Zielvorstellung auch und gerade der christlichen Ethik angesehen werden kann. Vor dem Hintergrund der autoritären bzw. totalitären Gesellschaftsformen des 20. Jahrhunderts erscheint die Gewissensbildung heute auch als eine wichtige gesellschaftspolitische Aufgabe.

- Auf der Grundlage der hier besprochenen **Hochschätzung des Gewissens** erschließt sich nun auch der Sinn des Zitates von Kardinal Newman, das diesem Abschnitt vorangestellt wurde. Wurde eine Gewissensentscheidung „nach bestem Wissen und *Gewissen*" getroffen, so behält sie der christlichen Ethik zufolge auch dann ihren moralischen Wert, wenn sich im Nachhinein herausstellen sollte, dass der Betreffende sich letztlich *geirrt* hat, etwa weil er die konkrete Situation falsch eingeschätzt hat. Eine Gewissensentscheidung kann also zugleich moralisch gut und (objektiv gesehen) falsch sein. Voraussetzung dafür ist allerdings, dass man sich ernsthaft darum bemüht hat, die vorgegebenen, im christlichen Ethos begründeten Verhaltensrichtlinien richtig zu erfassen und in der konkreten Entscheidungssituation optimal zu verwirklichen. Grundsätzlich ist demnach bei jeder Gewissensentscheidung zwischen moralisch guten und objektiv gesehen richtigen bzw. zwischen moralisch bösen und objektiv gesehen falschen Handlungsweisen zu unterscheiden. Die Formulierung „nach bestem *Wissen* und Gewissen" setzt darüber hinaus aber auch voraus, dass das sittliche Subjekt im Rahmen der Gewissensentscheidung alle Umstände seines Handelns sorgfältig in Erwägung zieht und sich um größtmögliche Sachkenntnis bzw. fachliche Kompetenz bemüht.

1.3 Der Mensch zwischen Freiheit und Bindung

Der Lebensalltag des Menschen wird durch viele Einschränkungen bestimmt. Immer wieder stößt er in seinem Tun und Wollen auf Grenzen und Widerstände, die sein konkretes Verhalten prägen oder vorherbestimmen, also *determinieren.* Man spricht deshalb in der Ethik auch von der **determinierten Freiheit** des Menschen. Im Einzelnen kann man folgende wichtige Faktoren unterscheiden, durch die die Freiheit des Menschen unter Umständen eingeschränkt werden kann:

- physische (körperliche Konstitution, Krankheiten, Behinderungen …)
- psychische (psychische Konstitution, seelische Gestimmtheit, Veranlagungen …)
- soziale (konkrete Lebensverhältnisse, Klassenzugehörigkeit …)
- ökonomische (Besitzverhältnisse, berufliche Situation …)
- ökologische (ökologische Rahmenbedingungen, Umwelteinflüsse …)

All diese Faktoren haben Einfluss auf die konkreten Handlungsmöglichkeiten eines Menschen und können damit auch seine Handlungsfreiheit einschränken.

Auf der anderen Seite ist das **freiwillige Handeln** des Menschen dadurch bestimmt, dass es **aus Überlegung** und **willentlich** geschieht, dass es also auf eine bewusste Entscheidung und auf eine freie Vorzugswahl zwischen verschiedenen Alternativen zurückgeht. Vor dem Hintergrund dieser widersprüchlichen Vorgaben erscheint die in der sittlichen Beurteilung menschlichen Verhaltens vorausgesetzte Freiheit des Menschen – wie schon der Philosoph Immanuel Kant gelehrt hat – als ein bloßes *Postulat,* also als *Forderung* der praktischen Vernunft, die in der Praxis menschlichen Handelns erst noch eingelöst werden muss. Konkret wird der Mensch damit vor die Aufgabe gestellt, seinen Handlungsspielraum trotz der angesprochenen, das Handeln des Menschen beeinflussenden Voraussetzungen und Rahmenbedingungen so weit wie möglich zu bewahren oder nach Möglichkeit auch zu erweitern, um seiner einzigartigen sittlichen Würde gerecht zu werden. Er kann zum Beispiel seine körperliche Konstitution trainieren, Behinderungen teilweise kompensieren, seine berufliche Situation durch Weiterbildung oder zusätzliche Fortbildungsmaßnahmen verbessern und Alkohol oder andere Drogen, die seine Entscheidungsfreiheit negativ beeinflussen würden, meiden. Wie auch die sozialwissenschaftlichen Erkenntnisse der letzten Jahrzehnte lehren, kann ein Mensch selbst unter extrem ungünstigen Sozialisationsbedingungen einen ganz anderen als den scheinbar vorgezeichneten Weg ins gesellschaftliche Abseits einschlagen und zum Beispiel erfolgreich Karriere machen. In der so verstandenen **„Selbstbestimmung aus Freiheit“** (Kant) stellt der Mensch seine *innere* Unabhängigkeit von der empirisch (d. h. als Erfahrungstatsache) gegebenen Naturkausalität unter Beweis und behauptet sich äußeren Einflüssen gegenüber als das Vernunftwesen, das er seiner Bestimmung gemäß ist.

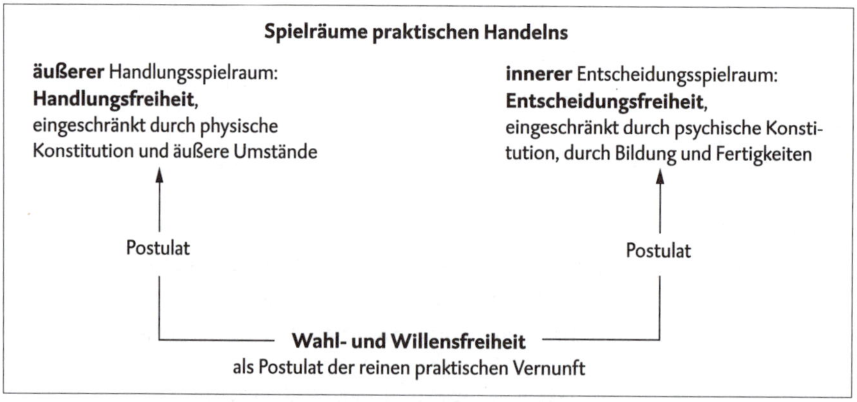

In der Heiligen Schrift ist Freiheit nicht das Objekt philosophischer Reflexion, sondern sie erschließt sich vielmehr auf narrative (erzählende) Weise als **übergreifender Sinnhorizont** für die Begegnung zwischen Gott und Mensch. In vielen Erzählungen – so vor allem im Exodusereignis, also der Geschichte von der Befreiung des Volkes Israel aus ägyptischer Knechtschaft – wird sie zur **geschichtsmächtigen Tat,** in der sich Gott den Menschen offenbart und ihnen mit der Freiheit seinen Bund zum Geschenk macht. Dieser Bund kann zugleich als Garant der neu gewonnenen Freiheit angesehen werden. So wird das Wort Freiheit in der hebräischen Bibel nahezu ausschließlich **im sozialen oder politischen Kontext** gebraucht; Beispiele dafür sind die detaillierten Regelungen zur Freilassung von Sklaven in Verbindung mit dem Jubeljahr (vgl. Lev 25,39–43) sowie die engagierte Botschaft der Propheten, deren Aufruf zu religiöser

Umkehr stets mit der Forderung nach sozialen und politischen Reformen verbunden wird. Als Leitmotiv können auch hier die folgenden, auf den Umgang mit israelitischen Stammesgenossen bezogenen Worte aus dem Buch Levitikus dienen: „… sie sind meine Knechte; ich habe sie aus Ägypten herausgeführt; sie sollen nicht verkauft werden, wie ein Sklave verkauft wird. Du sollst nicht mit Gewalt über ihn herrschen. Fürchte deinen Gott!" (Lev 25,42 f.) Auch wenn von Sünde und Strafe, von Umkehr und Reue die Rede ist, wird die Freiheit des Menschen stets vorausgesetzt. Gerade dadurch wird dem menschlichen Verhalten eine einmalige Ernsthaftigkeit und Würde verliehen.

Walter Habdank: Tretmühle; Holzschnitt 1973.

Das Neue Testament greift dieses alttestamentliche Freiheitsverständnis auf, insofern sich die geschichtlichen Befreiungstaten Gottes in der Befreiung durch Jesus Christus vollenden. Im Kontext der christlichen Ethik kann gerade deshalb an der Freiheit des Menschen festgehalten werden, weil sie als von Gott in Jesus Christus **geschenkte Freiheit** gedeutet wird. Dadurch wird dem Menschen die Möglichkeit eröffnet, seine Bestimmung nicht länger in einem Missbrauch der Freiheit zu suchen, der ihn letztlich von Gott entfernt, sondern sich in der Liebe Gottes neu zu finden. Beispielhaft dafür ist die Souveränität Jesu in Bezug auf die Verwirklichung der Tora, die jede konkrete Entscheidung konsequent am Wohl des Menschen ausrichtet. So heißt es im Zusammenhang mit den Vorschriften über die Heiligung des Sabbats: „Der Sabbat ist für den Menschen da, nicht der Mensch für den Sabbat. Deshalb ist der Menschensohn Herr auch über den Sabbat." (Mk 2,27; vgl. auch Mk 3,1–6)

Auch Paulus betont zwar immer wieder das Unvermögen des Menschen, die göttlichen Weisungen aus eigener Kraft zu erfüllen, dennoch stellt auch er die Entscheidungsfähigkeit und die daraus resultierende Verantwortlichkeit des

Menschen niemals wirklich infrage. Paulus zufolge hat Jesus die Menschen durch sein Wirken, vor allem jedoch durch seinen Tod und seine Auferstehung endgültig vom „Joch der Knechtschaft“ durch Sünde, Gesetz und Tod befreit. „Zur Freiheit hat uns Christus befreit. Bleibt daher fest und lasst euch nicht von neuem das Joch der Knechtschaft auferlegen. [...] Denn in Christus Jesus kommt es nicht darauf an, beschnitten oder unbeschnitten zu sein, sondern darauf, den Glauben zu haben, der in der Liebe wirksam ist.“ (Gal 5,1.6; vgl. auch Röm 6,15–23 bzw. Röm 7,1–25) An jedem einzelnen Gläubigen liegt es, diese **Freiheit der Kinder Gottes** zu bewahren und ihre Wirkkraft im eigenen Leben aufscheinen zu lassen:

- als **Freiheit von der Sünde** in dem ernsthaften Bestreben, die Weisungen Gottes zu befolgen;
- als **Freiheit vom Gesetz** in der Bereitschaft, wahrhaft „mündig“ zu werden, d. h. die Verantwortung für das eigene Handeln zu übernehmen;
- als **Freiheit vom Tod** in der Kraft, die im Wissen um die eigene Sterblichkeit begründete, den Daseinswillen lähmende Angst zu überwinden und voll Hoffnung und Zuversicht an die Bewältigung der Aufgaben heranzugehen, die sich im Leben stellen.

„Solcher Freiheit [...] erwächst die Überlegenheit, alles aus der Sicht der Liebe gelassen zu beurteilen, über es zu verfügen, sich auf es einzulassen, verantwortlich sich an alles zu binden oder auch nicht.“[4]

Zusammenfassend kann festgehalten werden, dass in der christlichen Ethik auf der Grundlage des biblischen Realismus die Gefahren und Risiken menschlicher Freiheit sehr wohl gesehen werden, dass aber im Vertrauen darauf, dass Gott den Menschen die Freiheit geschenkt hat und dass er ihnen durch das Wirken Jesu Christi und in der Kraft des Heiligen Geistes beisteht, an der Bestimmung des Menschen zu einem Leben in Freiheit und Verantwortung festgehalten wird. Nach christlichem Verständnis geht das Geschenk der Freiheit dem sittlichen Imperativ, diese im eigenen Dasein zu verwirklichen und die eigenen Handlungsspielräume auf aktive und kreative Weise zu erweitern, voraus. Oberstes „Gesetz“ der Freiheit ist die liebevolle Zuwendung zu den Mitmenschen und zu allen übrigen Geschöpfen, eine Grundhaltung, die uns Jesus auf exemplarische Weise vorgelebt hat und in der sich die Liebe Gottes in die Schöpfung hinein fortsetzt.

4 Peter Kaufmann: Freiheit, Wille, Verantwortung, in: Grundbegriffe der christlichen Ethik, hrsg. von Jean-Pierre Wils und Dietmar Mieth, Ferdinand Schöningh Verlag: Paderborn u. a. 1992 (UTB 1648), S. 17.

1.4 Schuld und Sünde

Zu den zentralen Fragen der Ethik gehört auch das Problem menschlicher Schuld. Dieses wird in der Tradition häufig mit der Frage nach dem Ursprung des Bösen in der Welt in Zusammenhang gebracht, zumal die Erfahrung des Bösen mit seinen vielfältigen Erscheinungsformen zu den Grunderfahrungen der Menschheit zu rechnen ist. In der Theologie spricht man in diesem Zusammenhang von der **Theodizeefrage,** also der Frage danach, wie sich *Gott* im Spannungsfeld zwischen seiner Schöpfungsallmacht einerseits und seiner Güte und Barmherzigkeit andererseits für all das Leid der Welt *rechtfertigen* kann.

1.4.1 Biblische Grundlagen

In der biblischen Erzählung vom so genannten Sündenfall (vgl. dazu Gen 3,1–24) wird die Frage nach dem Ursprung des Bösen damit beantwortet, dass es der Mensch selbst verursacht, indem er sich bewusst gegen die göttliche Schöpfungsordnung auflehnt. Wahrer **Ursprung des Bösen** ist also die menschliche Sündhaftigkeit, und diese wird wiederum als der Wille des Menschen definiert, sich selbst an die Stelle Gottes zu setzen und auf diese Weise die Grenzen der Schöpfungsordnung zu sprengen: „Sobald ihr davon (also von den verbotenen Früchten) esst, gehen euch die Augen auf; ihr werdet wie Gott und erkennt Gut und Böse“ (Gen 3,5), so lauten die Worte der Schlange, mit denen Adam und Eva – die im Sinnhorizont der biblischen Urgeschichte für den Menschen schlechthin stehen – in Versuchung geführt werden. Sünde meint demnach im Kern die „Negierung der kreatürlichen Abhängigkeit von Gott als des absoluten Woher und Woraufhin des Menschen.“[5] Wie uns die Geschichte vom Sündenfall weiterhin vor Augen führt, ist die unmittelbare Folge dieser **Verabsolutierung des eigenen Selbst** der **Verlust der Gottesnähe,** der wiederum eine umfassende, **dreifache Entfremdung** nach sich zieht, nämlich

- die Entfremdung des Menschen *von sich selbst,*
- die Entfremdung des Menschen *vom Mitmenschen* und
- die Entfremdung des Menschen *von der Natur.*

In einer ganzen Reihe von Erzählungen schildert uns die biblische Urgeschichte die dramatischen Folgen dieser Zerstörung der Schöpfungsordnung infolge der maßlosen Selbstüberschätzung des Menschen (vgl. Gen 4–11); das Miss-

5 Gerhard Höver: Schuld und Sünde, in: Grundbegriffe der christlichen Ethik, hrsg. von Jean-Pierre Wils und Dietmar Mieth, a. a. O., S. 283.

trauen, die existenzielle Not und die destruktive Aggressivität, die in diesen Geschichten zum Ausdruck kommen, gehören bis heute zu den Kennzeichen menschlichen Daseins.

Als Beispiel für diese narrative Art und Weise, die ethischen Konsequenzen des „Sündenfalls" darzustellen, kann die Erzählung vom ersten Brudermord (Gen 4,1–16) angesehen werden. Sie folgt unmittelbar auf die Geschichte vom Sündenfall und ist mit dieser auf kunstvolle Weise durch wörtliche Anklänge und Anspielungen verknüpft. Mit dieser Erzähltechnik soll aufgezeigt werden, dass die Ermordung Abels durch seinen Bruder Kain als direkte Folge der Abwendung von der Schöpfungsordnung Gottes anzusehen ist.

Gen 4,1 Adam erkannte Eva, seine Frau; sie wurde schwanger und gebar Kain. Da sagte sie: Ich habe einen Mann vom Herrn erworben.
2 Sie gebar ein zweites Mal, nämlich Abel, seinen Bruder. Abel wurde Schafhirt und Kain Ackerbauer.
3 Nach einiger Zeit brachte Kain dem Herrn ein Opfer von den Früchten des Feldes dar;
4 auch Abel brachte eines dar von den Erstlingen seiner Herde und von ihrem Fett. Der Herr schaute auf Abel und sein Opfer,
5 aber auf Kain und sein Opfer schaute er nicht. Da überlief es Kain ganz heiß, und sein Blick senkte sich.
6 Der Herr sprach zu Kain: Warum überläuft es dich heiß, und warum senkt sich dein Blick?
7 Nicht wahr, wenn du recht tust, darfst du aufblicken; wenn du nicht recht tust, lauert an der Tür die Sünde als Dämon. Auf dich hat er es abgesehen, doch du werde Herr über ihn!
8 Hierauf sagte Kain zu seinem Bruder Abel: Gehen wir aufs Feld! Als sie auf dem Feld waren, griff Kain seinen Bruder Abel an und erschlug ihn.
9 Da sprach der Herr zu Kain: Wo ist dein Bruder Abel? Er entgegnete: Ich weiß es nicht. Bin ich der Hüter meines Bruders?
10 Der Herr sprach: Was hast du getan? Das Blut deines Bruders schreit zu mir vom Ackerboden.
11 So bist du verflucht, verbannt vom Ackerboden, der seinen Mund aufgesperrt hat, um aus deiner Hand das Blut deines Bruders aufzunehmen.
12 Wenn du den Ackerboden bestellst, wird er dir keinen Ertrag mehr bringen. Rastlos und ruhelos wirst du auf der Erde sein.
13 Kain antwortete dem Herrn: Zu groß ist meine Schuld, als dass ich sie tragen könnte.
14 Du hast mich heute vom Ackerland verjagt, und ich muss mich vor deinem Angesicht verbergen; rastlos und ruhelos werde ich auf der Erde sein, und wer mich findet, wird mich erschlagen.

Der Herr aber sprach zu ihm: Darum soll jeder, der Kain erschlägt, siebenfacher
15 Rache verfallen. Darauf machte der Herr dem Kain ein Zeichen, damit ihn kei-
ner erschlage, der ihn finde.
Dann ging Kain vom Herrn weg und ließ sich im Land Nod nieder, östlich von
16 Eden.

Kain begreift, dass Gott sein Opfer zurückweist (rechts); voll Zorn stürzt er sich auf seinen Bruder Abel und erschlägt ihn (links); Illustration aus einer Bibelhandschrift, 14. Jhd.

Schon zu Beginn dieser Erzählung zeigt sich die große Entfremdung zwischen Gott und Mensch infolge des Sündenfalls. Nur vor diesem Hintergrund ist es zu verstehen, dass Kain und Abel versuchen, die gestörte Beziehung zu Gott mithilfe von Opfern neu anzuknüpfen. Die Tatsache, dass Gott das Opfer Kains offenbar nicht annimmt – eine Feststellung, die in der Theologiegeschichte zu vielfältigen Spekulationen Anlass gab, die im Kontext der Geschichte jedoch ausdrücklich nicht hinterfragt oder kommentiert wird –, führt aufseiten Kains zu Eifersucht und blindwütigem Hass gegenüber dem offensichtlich bevorzugten Bruder. Es wird jedoch klar herausgestellt, dass die Tat selbst keineswegs als bloße Affekthandlung angesehen werden kann. Vielmehr geht dem Mord Kains an seinem Bruder Abel ein kurzer Dialog mit Gott voraus, der hier die Funktion des der Tat vorausgehenden, mahnenden Gewissens übernimmt. Trotz dieser „Atempause" setzt Kain seinen Tötungsplan gezielt um, indem er seinen Bruder aufs Feld hinauslockt und erschlägt. Es folgt ein zweiter Dialog, in dem Kain von Gott für seine Tat zur Rechenschaft gezogen wird. Hier wird noch einmal sichtbar, was das Wort „Verantwortung" im Kern meint: Aus der Gerichtssprache stammend, umschreibt es die Situation des Angeklagten, der

Fragen des Richters nach seinem Tun und Lassen be-antworten muss.[6] Erst im Laufe dieses Gesprächs, dem zugleich die Funktion des der Tat nachfolgenden, urteilenden Gewissens zukommt, wird Kain sich seiner Schuld bewusst und übernimmt nun in der Tat die Verantwortung für den Mord an seinem Bruder. Aber noch in der Strafe, die ihm auferlegt wird, bleibt er von der besonderen Fürsorge Gottes – seines Richters – umfangen; er erhält das so genannte „Kains-Zeichen", das ausdrücklich nicht der Brandmarkung, sondern dem Schutz des Täters dient.[7]

In dieser Geschichte zeigt sich auf beispielhafte Weise die Komplexität einer schuldhaften Tat, bei der sowohl affektive (gefühlsbetonte) als auch kognitive (verstandesbetonte) Elemente eine entscheidende Rolle spielen. Deshalb muss der Mensch auch für die unheilvollen Folgen seiner Tat die Verantwortung übernehmen. Es wird deutlich, dass von **Schuld** nur dann gesprochen werden kann, wenn die Tat mit der ausdrücklichen *inneren Zustimmung des Menschen* vollzogen wurde. Geschieht sie *im vollen Bewusstsein, dass dabei dem Willen Gottes zuwider gehandelt wird,* ist sie im biblischen Kontext darüber hinaus auch als **Sünde,** also als „Absonderung"[8] von Gott, zu bezeichnen. So definiert auch der frühscholastische Theologe Peter Abaelard eine Sünde ausdrücklich als eine Handlung, die in Widerspruch zu dem steht, was der Mensch selbst als Wille Gottes erkannt hat.

In jeder konkreten Sünde kommt letztlich diese bewusste Abkehr des Menschen von Gott zum Tragen, der im Kern eine tiefe Verachtung Gottes zugrunde liegt. In der Sünde wird die enge Beziehung zwischen Gott und Mensch verleugnet, die schöpfungstheologisch begründet ist und sich im Laufe der Heilsgeschichte immer wieder aufs Neue verwirklicht.

An dieser Stelle knüpft auch das neutestamentliche Verständnis von der Sündhaftigkeit des Menschen an, das die Vorstellungen der alttestamentlichen Urgeschichte aufgreift und ausdrücklich bestätigt, wenn Sünde hier als **Verweigerung der gnadenhaften Selbstmitteilung Gottes** in der Menschwerdung Jesu Christi gedeutet wird. Indem der Mensch sich erneut dem Erlösungsangebot Gottes versagt, verfehlt er seine Bestimmung, die Gottebenbildlichkeit in der Gotteskindschaft zu verwirklichen, und verstrickt sich auf diese Weise in einen unheilvollen Selbstwiderspruch, der nicht zuletzt in dem von Paulus

6 Die Bedeutung der alten Vorsilbe *ver-* entspricht im Deutschen der heutigen Vorsilbe *be-*.

7 Dass der Mörder hier ausdrücklich dem besonderen Schutz Gottes unterstellt wird, um zu verhindern, dass dieser nun seinerseits getötet wird, spielt auch in der nach wie vor aktuellen Diskussion über die Todesstrafe eine wichtige Rolle.

8 Etymologisch (wortgeschichtlich) gesehen gibt es einen unmittelbaren Zusammenhang zwischen dem Wort „Sünde" und dem deutschen Verb „(sich) absondern".

eindrucksvoll beschriebenen inneren Zwiespalt zwischen dem menschlichen Wollen auf der einen Seite und dem menschlichen Können auf der anderen Seite zum Ausdruck kommt (vgl. Röm 7,14–25). Paulus konkretisiert diesen ethischen Zwiespalt in der Gegenüberstellung von so genannten **Tugend- und Lasterkatalogen** wie in dem folgenden Beispiel aus Gal 5, 19–25.

Lasterkatalog

Gal 5,19 Die Werke des Fleisches sind deut-
lich erkennbar: Unzucht, Unsitt-
lichkeit, ausschweifendes Leben,
20 Götzendienst, Zauberei, Feind-
schaften, Streit, Eifersucht, Jäh-
zorn, Eigennutz, Spaltungen, Par-
teiungen,
21 Neid und Missgunst, Trink- und
Essgelage und ähnliches mehr. Ich
wiederhole, was ich euch schon
früher gesagt habe: Wer so etwas
tut, wird das Reich Gottes nicht
erben.

Tugendkatalog

Gal 5,22 Die Frucht des Geistes aber ist
Liebe, Freude, Friede, Langmut,
Freundlichkeit, Güte, Treue,
23 Sanftmut und Selbstbeherrschung;
dem allem widerspricht das Gesetz
nicht.
24 Alle, die zu Christus Jesus gehören,
haben das Fleisch und damit ihre
Leidenschaften gekreuzigt.
25 Wenn wir aus dem Geist leben,
dann wollen wir dem Geist auch
folgen.

Auch diese paulinische Gegenüberstellung spiegelt letztlich noch einmal den bereits in der alttestamentlichen Urgeschichte beschriebenen Widerspruch zwischen zwei grundlegenden Lebenshaltungen wider; auf der einen Seite die Abkehr von Gott und seiner Schöpfungsordnung, die eine Reihe von Entfremdungsprozessen nach sich zieht, und auf der anderen Seite die im Vertrauen auf Gott begründete innere Gelassenheit, die auch in einer offenen, liebevollen Zuwendung zum Mitmenschen zum Ausdruck kommt.

Vor diesem Hintergrund erscheint die Schuldfähigkeit des Menschen als der tiefste Ausdruck seiner Bedingtheit im Spannungsfeld zwischen Größe und Begrenztheit, Freiheit und Unfreiheit, zwischen seiner moralischen Kompetenz auf der einen Seite und den vielfältigen Möglichkeiten der Fremdbestimmung auf der anderen Seite. Der Mensch, der in seiner Maßlosigkeit danach strebt, selbst unendlich zu sein, weiß sich nicht länger in der Unendlichkeit Gottes geborgen. Dies führt zu schwerwiegenden Existenzängsten, die immer wieder zur Quelle destruktiver Selbstzerstörung werden. „Hier haben [...] menschliche Brutalität, Aggression, Ohnmacht, Unterdrückung und Hass ihre Wurzeln. Sie sind geboren aus dem hilflosen Scheitern des auf sich selbst gestellten Menschen, der größer zu sein versucht als er ist.“[9]

9 Josef Römelt: Vom Sinn moralischer Verantwortung. Zu den Grundlagen christlicher Ethik in komplexer Gesellschaft, Verlag Friedrich Pustet: Regensburg 1996, S. 148.

1.4.2 Ethisch-theologische Folgerungen

Die christliche Ethik thematisiert die biblisch begründete Überzeugung von der zum Wesen des Menschen gehörenden Sündhaftigkeit in der Lehre von der so genannten **„Erbsünde“.** Es ist zu beachten, dass hier eine analoge Sprechweise vorliegt, da die menschliche Befindlichkeit, die mit diesem Fachbegriff umschrieben wird, der freien, persönlichen Entscheidung, dem Willen Gottes zuwider zu handeln – also der Sünde im eigentlichen Wortsinn –, vorausgeht. Tatsächlich handelt es sich hier im Sinne der präziseren lateinischen Formulierung *peccatum originale* (wörtlich „die Ursprungssünde“) um eine Verhaltensdisposition des Menschen, die einer jeden konkreten Sünde zugrunde liegt, die darin aber auch immer aufs Neue ihre Bestätigung findet. Wenn in diesem Zusammenhang im Deutschen von „Erbsünde“ gesprochen wird, so meint diese Ausdrucksweise eine **allgemeine Unheilssituation,** der die gesamte Menschheit von Anbeginn an unterworfen ist. Ist die *Neigung* zum Sündigen den Menschen also auch gewissermaßen „angeboren“, so wird diese jedoch erst im tatsächlichen Vollzug der schuldhaften Tat konkret, die aus dieser bleibenden Versuchung resultiert. Obwohl in dem Wort „Erbsünde“ der Einfluss neuplatonischer Leibfeindlichkeit spürbar wird, die den Ursprung menschlichen Lebens mit dem Makel der geschlechtlichen Fortpflanzung behaftet sieht, so kann doch auch in diesem Zusammenhang ausdrücklich daran festgehalten werden, dass eine Sünde der christlichen Ethik zufolge immer die **freie Entscheidung** des Menschen voraussetzt, **bewusst und mit voller Absicht gegen den Willen Gottes zu verstoßen.** Sie ist weder in der Triebstruktur des Menschen begründet noch ist sie Ausdruck eines metaphysischen Prinzips des Bösen, dem der Mensch ohne sein Zutun ausgeliefert ist; sondern sie ist immer als ein *geistiger*

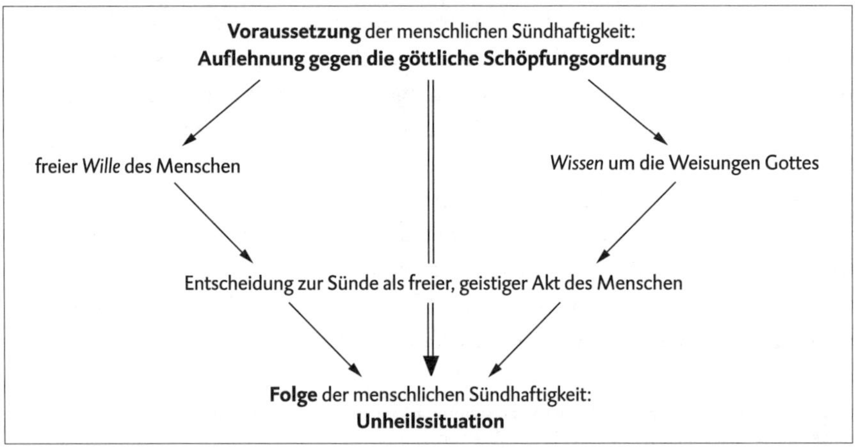

Akt zu verstehen, als eine Tat, die sich der Mensch zurechnen lassen und für die er vor Gott Rede und Antwort stehen muss. Die menschliche Sündhaftigkeit ist damit selbst noch einmal Ausdruck der göttlichen Bestimmung des Menschen, die ihn dazu befähigt, sein Leben frei zu gestalten und sich dabei auch bewusst für oder gegen Gott und seine Schöpfungsordnung zu entscheiden.

Nach Überzeugung der mittelalterlichen Theologie zieht der Mensch mit seiner Entscheidung gegen Gott das Schlechtere dem Besseren vor und verkehrt so die ewige Ordnung der Dinge. Sowohl Augustinus als auch Thomas von Aquin sprechen in diesem Zusammenhang von der *„aversio a Deo"*, also der „Abkehr von Gott", und der *„conversio inordinata ad creaturas"*, also der „ungeordneten Hinwendung zu den geschaffenen Dingen". Bei Augustinus kann geradezu von einer „Entmoralisierung der Tat" (Michael Hauskeller) gesprochen werden, da seiner Auffassung nach allein die *Gesinnung* über die sittliche Bewertung des menschlichen Handelns entscheidet. Oberstes Handlungsprinzip einer der Schöpfungsordnung gemäßen Grundeinstellung des Menschen ist ihm die „Regel der Liebe" *(regula dilectionis)*, die auch in dem viel zitierten Satz „Liebe, und dann tue, was du willst" *(Dilige, et quod vis, fac)* zum Ausdruck kommt. Die Ursünde – gleichsam die „Urmutter aller Sünden" (Michael Hauskeller) – besteht demzufolge darin, dass der Mensch gegen diese Grundhaltung einer bedingungslosen Zuwendung zum Mitmenschen als Ausdruck der Gottesliebe verstößt, indem er sich in **maßloser Egozentrik** in sich selbst verschließt. In dieser völlig verfehlten, absolut ichzentrierten Grundeinstellung, die in der mittelalterlichen Theologie auch als Verkehrung des menschlichen Willens (lat. *deprevatio* bzw. *perversitas voluntatis*) bezeichnet wurde, sieht die theologische Ethik den Wesenskern menschlicher Schuld und Sünde.

Ist damit jede Einzelsünde letztlich nichts anderes als eine Konkretisierung einer verfehlten Grundhaltung des Menschen in seiner Beziehung zu Gott, so spricht die theologische Tradition immer dann von einer **Todsünde,** wenn das menschliche Handeln so geartet ist, dass die Trennung von Gott als endgültig angesehen werden muss. Zu den Sünden, die diese Trennung des Menschen von Gott in besonderem Maße bewirken und ihn in seiner Haltung der Gottlosigkeit bestärken können, gehören auch die so genannten schweren Sünden oder **Kapitalsünden,** denen traditionsgemäß der Hochmut, der Neid, der Zorn, der Geiz, die Unkeuschheit, die Unmäßigkeit und die Trägheit zugerechnet werden. Die Trägheit (lat. *acedia*) ist in diesem Zusammenhang als eine in tiefer Verzweiflung begründete Resignation zu verstehen und wird deshalb auch in religiösem Sinn als völliger Verlust des Glaubens bzw. des aus dem Glauben resultierenden Gottvertrauens interpretiert.

Als ein Versuch heutiger Moraltheologie, das Problem der „Erbsünde" zu aktualisieren, ist schließlich noch die ethische Auseinandersetzung mit der so genannten **„strukturellen"** oder auch **„sozialen Sünde"** anzusprechen. Diese Lehre von der strukturellen Sünde beruht auf der Erkenntnis, dass menschliche Freiheit sich immer nur im Kontext gesellschaftlicher, geschichtlich gewachsener Strukturen vollzieht. Dies wirkt sich dann zwangsläufig auch auf die Schuldfrage aus. Einerseits setzt menschliches Handeln bestimmte Strukturzusammenhänge voraus, die in der Regel auch schuldhafte Verflechtungen mit einschließen, an denen der Handelnde zwangsläufig teilhat, andererseits übt jede schuldhafte Tat auf direkte oder indirekte Weise einen negativen Einfluss auf die menschliche Gemeinschaft aus und trägt so in erheblichem Maße dazu bei, die Menschen zu einer großen **Unheilsgemeinschaft** zusammenzuschließen. Wer zum Beispiel darauf bedacht ist, Kaffee oder Bananen besonders günstig im Supermarkt einzukaufen, wirkt – wenn auch ohne böse Absicht – daran mit, die Lebensbedingungen der Produzenten dieser Nahrungsmittel in den Ländern der so genannten „Dritten Welt" noch weiter zu verschlechtern. So werden die Menschen auch und gerade durch die Sünde zu einer solidarischen Gemeinschaft, in die der einzelne Mensch als soziales Wesen zwangsläufig hineingeboren wird, die jede Generation aber auch aufs Neue durch ihr Verhalten bestätigt und verfestigt. Angesichts der globalen, weltweiten Verflechtungen, die das Leben in der Moderne kennzeichnen, kann die Erbsünde als ein „Milieu der Schuld" (Josef Römelt) gedeutet werden, dem sich niemand entziehen kann.

Zusammenfassend kann festgestellt werden, dass sich das christliche Denken durch eine **umfassende und ganzheitliche Sicht menschlicher Schulderfahrung** auszeichnet. Obwohl die christliche Ethik mit Nachdruck an der Überzeugung von der personalen Würde und der Freiheit des Menschen festhält, sieht sie auch ganz realistisch seine „konstitutionelle Schwäche und Begrenztheit", die ihn immer wieder zum moralischen Scheitern verurteilt. Freiheit und Sünde werden damit im biblisch-christlichen Menschenbild unmittelbar aufeinander bezogen. Einerseits setzen Schuld und Sünde als bewusste Entscheidung des Menschen die Freiheit voraus, andererseits meint Freiheit immer auch Freiheit zum Sündigen und ist gerade so Ausdruck der Gottebenbildlichkeit des Menschen, die ihn zum „ersten Freigelassenen der Schöpfung" (Johann Gottfried Herder) macht.

Gleichzeitig ist in dieser engen Beziehung zwischen Gott und Mensch, die menschliche Freiheit überhaupt erst ermöglicht, auch die Chance zur Überwindung von Schuld und Sünde begründet, sofern der Mensch ernsthaft an der Verwirklichung der Freiheit in seinem Leben arbeitet und die durch die Menschwerdung Jesu Christi eröffnete Chance zu einem radikalen Neuanfang auch tatsächlich wahrnimmt, sich also wie im Gleichnis vom barmherzigen Vater (vgl. Lk 15,11–32) der liebevollen Zuwendung Gottes überlässt. Auch und gerade in der „Tragik seiner Schuld“ weiß die christliche Ethik den Menschen noch „von der schöpferischen Macht und geschichtlichen Treue Gottes umfasst.“[10]

1.5 Der Mensch – zur Gottebenbildlichkeit berufen

Wie sich schon mehrfach gezeigt hat, kommt der biblischen Lehre von der Gottebenbildlichkeit des Menschen in Bezug auf die christliche Ethik eine Schlüsselrolle zu, da sie dem Menschen eine in seiner Personalität begründete einzigartige Würde zuspricht und ihn damit zugleich als verantwortlichen Schöpfungspartner Gottes in die Pflicht nimmt, der sich in der verbindlichen Fürsorge für Natur und Umwelt selbst verwirklicht. Dieser schöpfungstheologische Ausgangspunkt menschlichen Daseins mündet in eine **heilsgeschichtliche Perspektive** ein, die es der christlichen Ethik ermöglicht, über alle schuldhafte Verstrickung und strukturelle Bedingtheit hinweg an der ursprünglichen Bestimmung des Menschen, der Berufung zur Gotteskindschaft, festzuhalten.

Der Weg zur Überwindung menschlicher Sündhaftigkeit ist eine radikale **Umkehr,** die der Rückkehr zu Gott notwendig vorausgehen muss. Im Sinnhorizont der Berufung des Menschen zur Gottebenbildlichkeit ist diese Umkehr auch als *imitatio Dei,* also als „Nachahmung“ der liebenden Zuwendung Gottes zu seiner Schöpfung, zu interpretieren. Im Rahmen der christlichen Ethik wird diese *imitatio Dei* als **imitatio Christi,** als Nachahmung des Wirkens Jesu Christi, konkret. Jesus von Nazareth hat den Menschen die vollkommene Erfüllung des göttlichen Willens vorgelebt und hat ihnen so den Weg gewiesen, der sie endgültig zu Gott zurückführen kann. „Für den, der Gott liebt, wird die Liebe, die ihm Gott erweist, zum selbstverständlichen Vorbild seines Umgangs mit anderen Menschen. So wie Gott den Menschen liebt, so soll der Mensch Gott lieben, und so wie er Gott liebt, so soll er auch andere Menschen lieben.“[11]

Bevor diese biblischen Perspektiven der christlichen Ethik jedoch genauer verfolgt werden können, sind einige grundsätzliche ethische Fragen zu klären,

10 Josef Römelt: Vom Sinn moralischer Verantwortung, a. a. O., S. 171.
11 Michael Hauskeller: Geschichte der Ethik. Mittelalter, Deutscher Taschenbuch Verlag: München 1999, S. 109.

da das dabei gewonnene Begriffsgerüst sowie der problemgeschichtliche Hintergrund, der in diesem Zusammenhang entfaltet werden wird, wichtige Voraussetzungen für ein besseres Verständnis der christlichen Ethik darstellen.

Zusammenfassung: Das christliche Verständnis vom Menschen

Das christliche Menschenbild sieht den Menschen in erster Linie als **Person,** was im Wesentlichen auch dem heutigen Verständnis der Gottebenbildlichkeit entspricht. In dieser Charakteristik sind sein Selbstbewusstsein, seine Individualität und seine Verantwortlichkeit mit eingeschlossen, die ihn dazu befähigen, bewusst zu handeln und kritisch über das eigene Verhalten zu reflektieren.
Das **Gewissen** gilt als das zentrale Organ dieser moralischen Kompetenz und wird in der christlichen Ethik zugleich als wichtiges Bindeglied zwischen Mensch und Gott gedeutet, da der Mensch im Gewissen die Stimme Gottes vernimmt und zur Rechtfertigung seines Tuns aufgerufen wird.
Damit wird vorausgesetzt, dass der Mensch bis zu einem gewissen Grad frei über sein Leben und Handeln bestimmen kann; diese **Freiheit** ist jedoch zugleich Bedingung seiner **Schuldfähigkeit,** da menschliche Schuld bzw. Sünde im bewussten Vorsatz gründet, dem Willen Gottes zuwiderzuhandeln. In diesem **Spannungsfeld zwischen Schuld und Freiheit** sieht sich der Mensch vor die Aufgabe gestellt, seiner in der Gottebenbildlichkeit begründeten Bestimmung zur **Gotteskindschaft** gerecht zu werden.

2 Grundfragen der Ethik

Die traditionelle philosophische Ethik unterscheidet drei thematische Schwerpunkte:

- das Nachdenken über die **Normen** (Pflichtenlehre),
- das Nachdenken über die **Tugend** (Tugendlehre),
- das Nachdenken über die **Handlungszwecke** (Güterlehre).

In dieser Differenzierung zeigt sich die Komplexität jeder sittlichen Handlung, in der stets *subjektive* und *objektive* Momente zusammenwirken. Zu den subjektiven Voraussetzungen gehören sowohl die persönlichen *Motive,* also die Beweggründe, die einer Handlung zugrunde liegen, als auch die *Intention,* also die Handlungsabsicht, die dabei verfolgt wird. Auf der objektiven Seite stehen die *Handlungsfolgen,* also die Auswirkungen und Konsequenzen, die sich aus dem Handeln ergeben und die mit der Handlungsabsicht nicht unbedingt identisch sein müssen.

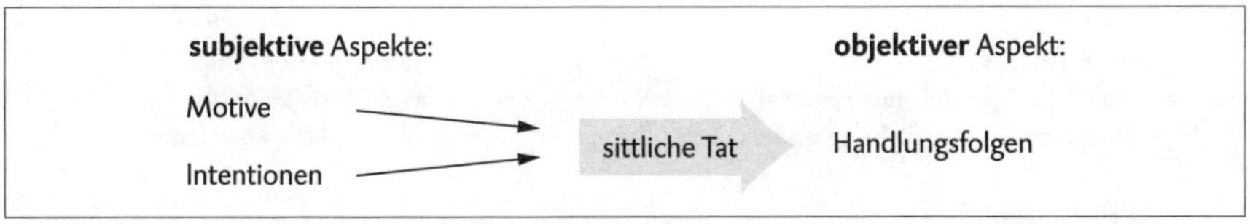

In dieser Komplexität ist letztlich auch die menschliche Verantwortlichkeit begründet, auf die im letzten Abschnitt dieses Kapitels noch genauer eingegangen wird.

Bevor nun einige zentrale ethische Aspekte aufgegriffen werden, die in diesem Zusammenhang eine Rolle spielen, ist noch eine weitere wichtige Unterscheidung einzuführen, die sich als Ordnungsmuster für die unterschiedlichen ethischen Argumentationsformen bewährt hat und die im Laufe dieser Ausführungen immer wieder eine Rolle spielen wird: die Unterscheidung zwischen dem deontologischen und dem teleologischen Ansatz der Normbegründung.

Die **deontologische Ethik** leitet sich von dem griechischen Wort *to deon* (die Pflicht, das Schuldige) her und umfasst damit alle normativen Vorgaben und Regelungen, die einer konkreten Handlung zugrunde liegen. Ein Beispiel für diese Art und Weise der ethischen Argumentation ist die *Pflichtethik,* derzufolge eine Tat dann und nur dann als sittlich gut einzustufen ist, wenn sie der Erfüllung einer vorgegebenen Pflicht dient; die möglichen Folgen der Tat bleiben in diesem Zusammenhang unberücksichtigt.

In der **teleologischen Ethik** (abgeleitet von griech. *telos:* das Ziel) sind dagegen die zu erreichenden Handlungsziele oberster Maßstab für die Bewertung einer Handlung; eine Handlungsweise kann demzufolge dann und nur dann als gut angesehen werden, wenn sie in der gegebenen Situation zweckmäßig ist. Ein typisches Beispiel dafür ist der *Utilitarismus* (abgeleitet von lat. *utilis:* nützlich), der das gesamte Verhalten eines Menschen dem Nutzenkalkül unterwirft; in extremer Zuspitzung könnte man diese Einstellung auch mit dem Grundsatz „Der Zweck heiligt die Mittel" umschreiben.

Kehren wir zu den drei Themenschwerpunkten ethischer Reflexion zurück, so ist die Normenproblematik – in Verbindung mit Fragen der Wertorientierung – ebenso wie die Tugendlehre eher der deontologischen Argumentationsweise zuzuordnen; in beiden Fällen werden *Voraussetzungen* für die sittliche Handlung thematisiert, die allerdings im ersten Fall objektiv vorgegeben, im zweiten Fall im Subjekt selbst zugrunde gelegt sind. Dagegen ist die Erörterung der Handlungszwecke bzw. die so genannte Güterlehre eher teleologisch ausgerichtet.

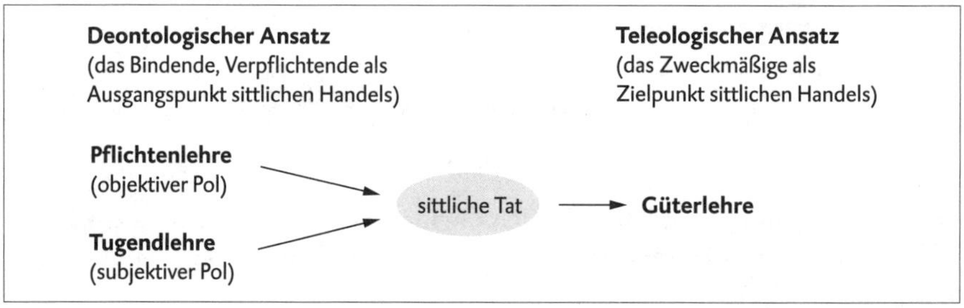

An erster Stelle werden nun Fragen der Wertorientierung und Normbegründung behandelt, die als Voraussetzung einer jeden Pflichtenlehre zu den unabdingbaren Grundlagen eines deontologisch begründeten Ethos zu rechnen sind.

2.1 Wertorientierung und Normbegründung

Menschen werden in Gemeinschaften bzw. Gesellschaften hineingeboren, die sich durch ganz bestimmte Wertordnungen definieren. In den **Werten** einer Gemeinschaft spiegelt sich wider, was in ihr als gut bzw. unbedingt erstrebenswert gilt. In der Wertordnung kommt demnach der in einem bestimmten sozialen Kontext verbindliche und allseits anerkannte Sinngehalt der Wirklichkeit zum Ausdruck, an dem sich das konkrete Verhalten orientiert. Nur auf der Grundlage gemeinsamer Wertvorstellungen erlangt eine Gemeinschaft ihre spezifische Identität, die wiederum unabdingbare Voraussetzung für ihr Überleben im Kontext konkurrierender Gesellschaftsformen ist.

Wert: Unter einem Wert versteht man das, was in einer Gesellschaft als bedeutsam, sinnvoll und unbedingt erstrebenswert gilt und woran sich das konkrete Verhalten gleichsam wie an einer Zielmarke ausrichten kann. Hier berührt sich die Wertorientierung auch mit der so genannten **Güterlehre.**
Unter den Gütern sind geistige, kulturelle oder auch materielle Gegenstände und Sachverhalte zu verstehen, die durch die Werte in besonderer Weise geschützt werden sollen.

In der ethischen Grundfrage „Wie muss ich mich verhalten, damit mein Leben gelingt?" werden Werte, Güter und Normen konkret aufeinander bezogen. Jedes ethische Modell versucht, auf diese Frage möglichst allgemeine, tragfähige Antworten zu finden.

Unter einer **Norm** verstand man ursprünglich das „Winkelmaß", mit dem der Zimmermann überprüfen konnte, ob die neu errichtete Mauer auch tatsächlich „im Lot" war, und noch heute spielen Normen im naturwissenschaftlich-technischen Zusammenhang eine wichtige Rolle als feste Größen, deren Einhaltung in funktioneller Hinsicht zweckmäßig ist; der Begriff ist insofern ein typisches Produkt der technischen Entwicklung der Neuzeit. Erst sekundär wird er seit dem 19. Jahrhundert auch zunehmend im Sinne einer verbindlichen Vorgabe für das menschliche Verhalten als ethischer Fachausdruck benutzt. Die *sittlichen* Normen übernehmen damit die Funktion, die in den früheren, vorbürgerlichen Gesellschaftsformen den Gesetzen zukam. Ihren höchsten Stellenwert erhielten die Normen allerdings erst im Kontext der christlichen Ethik, und zwar als im „Gesetz Gottes" begründete *religiöse* Norm.

Vor dem Hintergrund dieser Entwicklung können die Normen heute als wichtige Elemente des sozialen Ethos angesehen werden. In Bezug auf die allgemeine Wertorientierung einer Gesellschaft einerseits und die konkrete Gewissensentscheidung des Einzelnen andererseits kommt ihnen eine wichtige Vermittlerrolle zu.

> **Norm** (abgeleitet von lat. *norma:* das Winkelmaß): Die Normen übersetzen die in der Wertordnung einer Gesellschaft vorgegebenen Zielvorstellungen in konkrete Maximen und Handlungsrichtlinien, die der Gewissensentscheidung des Einzelnen zugrunde liegen und damit auch im ethischen Sinn als Maßstab für das in einer bestimmten Situation richtige und angemessene Verhalten eines Menschen dienen können.

Den Normen kommt demnach keine eigenständige Bedeutung zu, sondern sie sind als konkrete Verhaltensrichtlinien stets den in einer Gemeinschaft geltenden Werten zugeordnet. Sie werden also durch die Werte überhaupt erst begründet und legitimiert und erfüllen gleichzeitig die Aufgabe, diese im konkreten Handlungszusammenhang zu schützen und zu verwirklichen. Im Einzelnen erfüllen die Normen damit drei gewichtige **Funktionen:**

- Sie *entlasten* den Einzelnen von dem Zwang, selbst in alltäglichen Lebenssituationen immer wieder aufs Neue über sein konkretes Vorgehen entscheiden zu müssen, indem sie ihm als Maßstab und Orientierung dienen.
- Sie *sichern* und *schützen* das menschliche Zusammenleben, indem sie einen ethischen Minimalkonsens gewährleisten, an den sich alle Mitglieder einer Gemeinschaft zu halten haben.
- Sie *fordern* aber auch dazu *heraus,* die vorgegebenen Verhaltensmuster immer aufs Neue an der Wirklichkeit zu überprüfen und gegebenenfalls neue Strategien und Richtlinien zu entwickeln, um die Wertmaßstäbe auch unter veränderten Bedingungen aufrechterhalten zu können. An dieser Stelle treten die Prinzipien des Normenwandels in Kraft, auf die weiter unten noch genauer eingegangen werden wird.

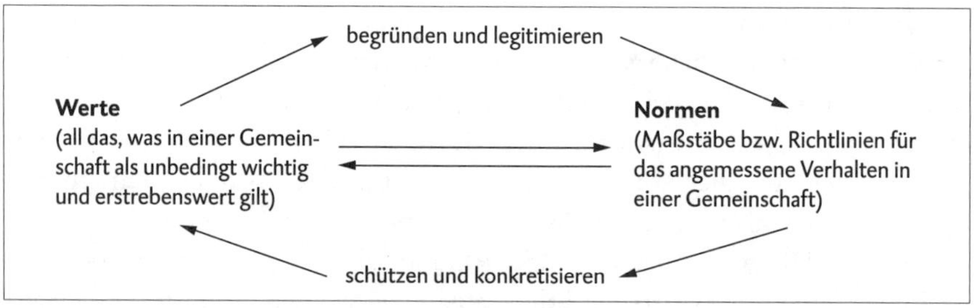

Vor dem Hintergrund dieser Zuordnung von Werten und Normen kann man im Einzelnen folgende **Möglichkeiten der Normbegründung** unterscheiden:

Normbegründung durch Autoritäten

Diese Form der Normbegründung spielte in der traditionellen Ethik die dominierende Rolle; heute wird sie in erster Linie noch im religiösen Bereich angewandt. Unter einer Autorität versteht man in diesem Zusammenhang eine durch Ansehen bzw. Glaubwürdigkeit (lat. *auctoritas*) legitimierte Instanz oder Institution, die den Normen allein durch das große Vertrauen, das sie genießt, die notwendige gesellschaftliche Anerkennung verschaffen kann. Darunter sind zu verstehen:

- Personen (informell oder formell, d. h. in ihrer Rolle als Privatpersonen oder als Amtspersonen, wie dies etwa beim Lehramt der Kirche der Fall ist),
- Texte (zum Beispiel die Heilige Schrift),
- Recht und Gesetz (zum Beispiel das deutsche Grundgesetz),
- Wissenschaft (zum Beispiel Forschungseinrichtungen und Universitäten),
- Traditionen, die noch fest im Bewusstsein der Menschen verankert sind.

Normbegründung durch Diskurs

Angesichts neuzeitlicher Entwicklungstendenzen, die besonders durch zunehmende Flexibilität und Mobilität, durch Individualismus, weltweite Vernetzung und einen ausgeprägten gesellschaftlichen Pluralismus gekennzeichnet sind, hat die Normbegründung durch Autoritäten ihre ursprüngliche Bedeutung weitgehend eingebüßt. In der so genannten Diskursethik[12] wird heute stattdessen gefordert, die von den ethischen Festlegungen Betroffenen durch eine möglichst schlüssige Argumentation vom Sinn dieser Normen zu überzeugen und auf diese Weise die notwendige Zustimmung aller Beteiligten zu gewinnen. Eine zunehmende Bedeutung gewinnen vor diesem Hintergrund auch Expertengremien[13] oder die Medien mit ihrer öffentlichkeitsbildenden Funktion.

In der philosophischen Ethik gibt es verschiedene Argumentationsformen, mit denen versucht werden kann, die für die Ethosbildung geforderte Akzeptanz von Normen zu erlangen:

12 Vgl. S. 71, Übersicht über „Philosophische Entwürfe ethischer Argumentation".
13 Ein Beispiel dafür ist der neu konstituierte Nationale Ethikrat, ein Expertengremium, dessen Aufgabe es ist, die Bundesregierung in Bezug auf den wissenschaftlich-technischen Fortschritt zu beraten (Beispiel: Klonen, Benutzung von Stammzellen zu Forschungszwecken, Umgang mit menschlichen Embryonen usw.).

- die **utilitaristische Argumentationsform,** die sich allein auf das Nutzenkalkül bezieht; hier soll die Normenakzeptanz durch die Einsicht gewonnen werden, dass bei Durchsetzung bestimmter Normen eine Maximierung der sozialen Nutzensumme – also des Nutzens aller – oder aber ein maximaler Durchschnittsnutzen für den Einzelnen erzielt werden kann;
- die **gerechtigkeitstheoretische Argumentationsform;** die modernen Diskurs- bzw. Gerechtigkeitstheorien suchen nach einem konsensfähigen Ausgleich zwischen unterschiedlichen Interessen, der in einem auf faire Weise geführten, bestimmten Kommunikationsregeln folgenden Dialog gefunden werden soll;
- die **klassische naturrechtliche Argumentationsform,** die daran festhält, dass es bestimmte Konstanten der Humanität gibt, die in einer Gesellschaft unbedingt verwirklicht sein müssen, um sowohl ein gutes Leben für den Einzelnen als auch ein funktionierendes Zusammenleben in der Gemeinschaft zu gewährleisten. An diesen Konstanten ist diesem Ansatz zufolge auch in einem möglichen ethischen Diskurs grundsätzlich festzuhalten, sie werden also keineswegs ins Belieben der Kommunikationspartner gestellt.

Der Mensch ist in seinem Verhalten zwar durch gesellschaftliche Normen beeinflusst, bleibt für seine Taten jedoch persönlich verantwortlich.

All diese Formen der Normbegründung setzen letztlich die Rückbindung der Normen an eine bestimmte Wertordnung voraus, also die **Frage nach möglichen Kriterien** für ein gutes, gelingendes Leben, die in der jeweiligen Wertorientierung begründet sind.

Nach diesen ersten grundlegenden Überlegungen zu Fragen der Wertorientierung und Normbegründung sind nun noch einige ethische Bezüge der Normenlehre genauer zu betrachten; an erster Stelle steht hier der mögliche Widerstreit zwischen Normen und Werten, dem mit Blick auf mögliche geschichtliche Veränderungen und der dadurch bedingten Notwendigkeit des Normenwandels eine große ethische Bedeutung zukommt.

2.1.1 Werte und Normen im Widerstreit

Wie wir gesehen haben, ist es die primäre Aufgabe der Normen, also der konkreten Verhaltensrichtlinien, die Werte einer Gemeinschaft zu schützen und in das alltägliche Leben hinein zu „übersetzen". Das traditionelle Ethos kann jedoch in bestimmten Situationen rasch an seine Grenzen stoßen; dies ist besonders in **historischen Umbruchsituationen** der Fall, die zum Beispiel durch geschichtliche Entwicklungen, durch den technischen und den damit verbundenen ökonomischen Fortschritt oder auch durch andere Krisenphänomene ausgelöst werden können. Tritt eine solche Situation ein, können neue Wertvorstellungen in den Vordergrund treten, die den überlieferten Verhaltensrichtlinien widersprechen: Das traditionelle Ethos wird im wahrsten Sinne des Wortes frag-würdig.

So gewinnen zum Beispiel vor dem Hintergrund der Industrialisierung zu Beginn der Neuzeit materielle Werte und Güter zunehmend an Bedeutung, die in Widerspruch zum christlich geprägten Ethos der mittelalterlichen Gesellschaft stehen und ganz neue Verhaltensrichtlinien nach sich ziehen: An die Stelle von Demut, Genügsamkeit und gesellschaftlicher Anpassung, wie sie dem mittelalterlichen Ethos entsprachen, traten Ehrgeiz, Macht- und Gewinnstreben und Unternehmungsgeist. Hier ist es nun Aufgabe der Ethik als der wissenschaftlichen Reflexion eines gesellschaftlichen Ethos, darüber zu befinden, welche Werte in Zukunft gelten sollen und welche Verhaltensregeln diesen neuen Wertvorstellungen entsprechen. Der Widerstreit zwischen Werten und Normen wird so zur unabdingbaren Voraussetzung eines Normenwandels, wie er vor dem Hintergrund der angedeuteten geschichtlichen Entwicklungsprozesse unvermeidlich erscheint; erst der **Normenwandel** verleiht einer Gemeinschaft die notwendige Flexibilität, um auf geschichtliche Veränderungen angemessen reagieren und das Überleben durch Anpassung sichern zu können.

Eine neue Situation ergab sich darüber hinaus im Verlauf des 20. Jahrhunderts vor dem Hintergrund aktueller **Globalisierungstendenzen,** die mit einer enorm gesteigerten Mobilität und Flexibilität weiter Bevölkerungsschichten sowie mit ganz neuen Möglichkeiten einer weltweiten Vernetzung auf der Grundlage innovativer Kommunikationstechniken einhergingen. Diese Entwicklung führte zu einer neuen Form des Widerstreits zwischen Werten und Normen, indem sich hier innerhalb *einer* Gesellschaft **konkurrierende Wertordnungen** mit den dazugehörigen normativen Regelungen herausbildeten. An diesem Punkt setzt auch die moderne philosophische Ethik an, die den Zweifel und die Unsicherheit, die aus diesem **Pluralismus** einander widersprechender Meinungen resultieren, ausdrücklich zu ihrem Thema macht. „In einer Situation, in der das Ethos Risse bekommt und dann auch schon nicht mehr als Ethos zu retten ist, versucht die philosophische Ethik, neue Klarheit zu schaffen und schwankend gewordenen Überzeugungen ein tragfähiges Fundament zu geben."[14] Im Einzelnen gibt es folgende Möglichkeiten, mit dieser neuen Situation umzugehen:

- Es können **Konfliktmodelle** entwickelt werden, in denen die unterschiedlichen Ethosformen unmittelbar miteinander konfrontiert werden.
- Es kann versucht werden, durch die schon angesprochenen **diskursethischen Ansätze** eine Verständigung über einen ethischen Minimalkonsens herbeizuführen.
- Man kann in die so genannte **„postmoderne Beliebigkeit"** ausweichen, die sich am besten durch das viel zitierte Schlagwort *„Anything goes!"* („Alles geht!" bzw. „Alles ist erlaubt!") kennzeichnen lässt.

Neben diesen durch *geschichtliche Veränderungen* hervorgerufenen Schwierigkeiten können Probleme der Normbegründung jedoch auch aus der *Entstehung neuer Praxisfelder* resultieren – hier ist zum Beispiel der komplexe Bereich der modernen Intensivmedizin als Folge des medizinisch-technischen Fortschritts anzusprechen. Vor dem Hintergrund zunehmender Differenzierungen innerhalb eines Gesellschaftssystems ergibt sich ein weiterer Problembereich aus der *Bildung gesellschaftlicher Subsysteme,* die je für sich eigenständige Ethosformen entwickeln.

14 Michael Hauskeller: Geschichte der Ethik. Antike, Deutscher Taschenbuch Verlag: München 1997, S. 13.

Die einzige Autorität, der sich die *philosophische* Ethik in diesen Konfliktfällen unterwirft, ist die Autorität der Vernunft. Dagegen weiß sich die *christliche* Ethik bei diesen grundlegenden ethischen Fragen stets auf die Offenbarung, also die göttliche Autorität, zurückverwiesen und entwickelt auf dieser Grundlage ihre eigene Wertordnung, die sich in der Konfrontation mit dem neuzeitlichen Pluralismus, also in der argumentativen Auseinandersetzung mit konkurrierenden ethischen Argumentationsformen, zu bewähren hat. Es wird sich zeigen, dass das in der Offenbarung begründete religiöse Ethos gerade in diesem diskursethischen Zusammenhang heute die Funktion einer so genannten **Letztbegründung** für gesellschaftlich sanktionierte Grundwerte übernehmen kann. Will man der postmodernen Ausflucht in die moralische Beliebigkeit einen deontologischen Riegel vorschieben, scheint diese Funktion für die Festlegung und Sicherstellung eines ethischen Minimalkonsenses unverzichtbar zu sein.

In erster Linie sind es Fragen des technischen Fortschritts oder auch aktuelle gesellschaftspolitische Probleme, die es der christlichen Ethik ermöglichen, in der diskursethischen Auseinandersetzung über Werte und Normen sowohl ihr eigenes Profil zu schärfen als auch ihren Beitrag zur Bewältigung anstehender Zukunftsaufgaben zu leisten. Gerade in diesen Bereichen ist jedoch immer wieder festzustellen, dass selbst gemeinsame, unstrittige Wertvorstellungen – zum Beispiel die Schutzwürdigkeit menschlichen Lebens – unter Umständen nicht mehr ausreichen, um eine Einigung über die notwendigen ethischen Folgerungen, etwa in Bezug auf intensivmedizinische Maßnahmen, zu erzielen. Hier kommt es immer wieder zu einer **Kollision von Normen und Handlungsrichtlinien,** die alle jeweils für sich in Anspruch nehmen, dem Schutz menschlichen Lebens am besten gerecht zu werden. Umso dringlicher erscheint vor diesem Hintergrund die Diskussion über den ethischen Grundkonsens.

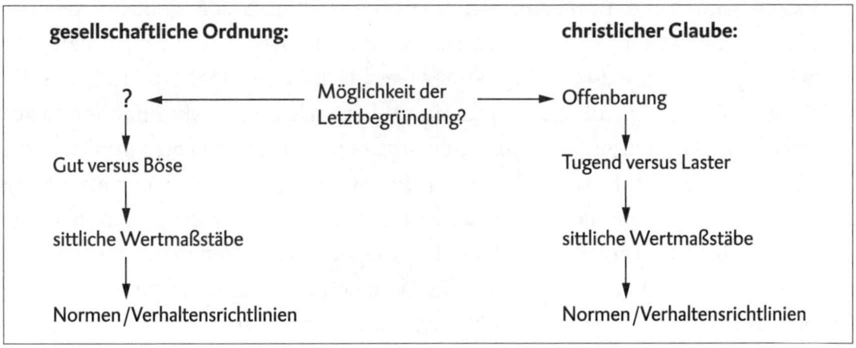

2.1.2 Die Frage nach dem ethischen Grundkonsens in einer pluralen Gesellschaft

Wie bereits deutlich wurde, entwickeln moderne Gesellschaften eine **Pluralität von Ethosformen,** die zum **Dissens in Bezug auf den Geltungsanspruch von Normen** führen kann. Man spricht in diesem Zusammenhang auch von *wertpluralistischen, heterogenen* (also uneinheitlichen) Gesellschaften. So hat sich in Deutschland infolge der Immigrationsbewegungen in der zweiten Hälfte des 20. Jahrhunderts – vor allem nach der gezielten Anwerbung türkischer Gastarbeiter – zum Teil ein Nebeneinander der angestammten christlichen Lebensform mit der islamischen Lebensform ergeben. In den Großstädten hat sich durch die verstärkte Zuwanderung ausländischer Mitbürgerinnen und Mitbürger eine einzigartige, wenn auch sicherlich nicht immer spannungsfreie kulturelle Vielfalt entwickelt. Auch die Zunahme nichtreligiöser Lebensformen – nicht zuletzt im Zuge der deutschen Wiedervereinigung im Jahr 1990 – hat dazu beigetragen, in der deutschen Gesellschaft einen solchen Wertepluralismus zu verankern. Man kann in Bezug auf diese Entwicklung mit dem Philosophen Immanuel Kant von einem „ethischen Naturzustand" sprechen, da der Einzelne nach dem Verlust einer einzigen, allseits anerkannten Ethosform bei der Entscheidung über seine persönliche Lebensweise auf das eigene Gewissen zurückverwiesen wird.

Ist diese moderne Entwicklung auch als Voraussetzung für die Verwirklichung der Gewissensfreiheit durchaus als Fortschritt anzusehen, so stellt die damit verbundene scheinbare Beliebigkeit von Wertvorstellungen und Verhaltensrichtlinien, wie auch der aktuelle Streit über die rechtliche Anerkennung gleichgeschlechtlicher Lebensgemeinschaften belegt, für viele Menschen eine Überforderung dar. Mit dem zunehmenden ethischen Pluralismus werden auch die Grundfunktionen der Normen infrage gestellt, die ja an sich Entlastung, Schutz und Sicherheit bieten sollten. Das gesellschaftliche Zusammenleben kann jedoch nur funktionieren, wenn bestimmte Spielregeln eingehalten werden. Dazu ist ein Mindeststandard von Prinzipien und Verhaltensregeln notwendig, die von jedem Mitglied der Gesellschaft zu beachten sind, um die öffentliche Ordnung aufrechtzuerhalten und ein friedliches Miteinander zu gewährleisten. Die Freiheit des Einzelnen stößt spätestens dort an ihre Grenzen, wo die Freiheit des Mitmenschen berührt wird. In diesem Zusammenhang spricht man heute von der Notwendigkeit, in einer Gesellschaft zu einem **ethischen Grundkonsens** zu finden, an den alle gleichermaßen gebunden sind.

Wie bereits in Verbindung mit den Möglichkeiten der Normbegründung gezeigt, ist die **Festlegung eines Normenkonsenses** grundsätzlich entweder *durch einen autoritativen Akt* oder infolge einer *durch Überzeugung gewonnenen Zustimmung* möglich. Im Rahmen der freiheitlich-demokratischen Grundordnung, wie sie das deutsche Staatswesen kennzeichnet, sind diskursethische Lösungen sicherlich vorzuziehen, wie sie zum Beispiel in jedem Gesetzgebungsverfahren angewandt werden. Zu den **Grundwerten,** die heute mit Blick auf den ethischen Grundkonsens diskutiert werden, zählen vor allem der Respekt vor der Würde des Mitmenschen, Toleranz, auch und gerade in Bezug auf andere Religionen und Weltanschauungen, die Wahrung elementarer Freiheitsrechte sowie die Bereitschaft zur Übernahme von Verantwortung.

Auch Entscheidungsfindungen in einer parlamentarischen Demokratie folgen letztlich dem Modell der Diskursethik, wenn hier nach einem möglichen Konsens in ethischen Fragen gesucht wird. Debatte im Deutschen Bundestag zur Vertrauensfrage am 16. November 2001.

2.1.3 Vernunft und Offenbarung als Quellen christlicher Ethik

Da die christliche Ethik im christlichen Glauben verankert ist, gewinnt sie von ihm her ihre ethischen Maßstäbe und Richtlinien. Die **Offenbarung** gilt deshalb auch als die primäre *materiale* (d. h. greifbare, inhaltlich konkrete) Quelle für das Ethos eines Christen. Zur Offenbarung zählen nach katholischem Verständnis die gesamte *Heilige Schrift* – also sowohl das Alte als auch das Neue Testament – sowie die *mündliche Überlieferung;* die Offenbarung als erste materiale Quelle der Normbegründung schließt darüber hinaus auch die in der Theologiegeschichte greifbare Auslegung der Heiligen Schrift mit ein. Damit verfügt die christliche Ethik in Bezug auf die Festlegung ethischer Prinzipien und Handlungsmaximen über eine konkrete, inhaltlich profilierte Ausgangsbasis; sie ist von ihrem Ansatz her eindeutig *deontologisch* ausgerichtet.

In der Umsetzung bzw. der konkreten Anwendung der auf diese Weise gewonnenen Handlungsprinzipien wirkt die Offenbarung jedoch mit einer zweiten materialen Quelle zusammen, der **menschlichen Vernunft.** Die zweite Quelle der Moral ist also in der menschlichen Erkenntnisfähigkeit begründet und bezieht vor allem wissenschaftliche Erkenntnisse, geschichtliche Erfahrungen und überlieferte oder durch eigene Erfahrungen gewonnene Lebensweisheiten in den konkreten Entscheidungsprozess mit ein. Aufgabe der menschlichen Vernunft ist es, auf der Grundlage des aktuellen Wissensstandards die sachlichen Voraussetzungen zu klären und die konkreten Fakten zu erhellen, die man kennen muss, um eine Entscheidungssituation richtig einschätzen zu können. Gerade durch dieses Zusammenspiel *zweier* materialer Quellen gewinnt die christliche Normbegründung moraltheologisch gesehen die notwendige Praktikabilität, die es ihr erlaubt, die – oft recht allgemein gefassten – biblisch begründeten Prinzipien und Richtlinien auch unter veränderten geschichtlichen Bedingungen adäquat auszulegen und zu verwirklichen. So wird zum Beispiel die Selbsttötung heute vom katholischen Lehramt in der Regel nicht mehr als schwere Sünde verurteilt, da – wie wir gesehen haben – jede Sünde moraltheologisch gesehen eine freie und bewusste Entscheidung voraussetzt, ein Suizid jedoch heutigen psychologischen Erkenntnissen zufolge in der Regel auf eine psychische Ausnahmesituation mit deutlich eingeschränkter Zurechnungsfähigkeit zurückzuführen ist. Auch die Umsetzung des so zentralen Tötungsverbotes setzt vor dem Hintergrund des medizinisch-technischen Fortschritts präzise wissenschaftliche Erkenntnisse über den Beginn und das Ende menschlichen Lebens voraus, wie sie etwa in Verbindung mit der in Bezug auf Organtransplantationen so bedeutsamen Unterscheidung zwischen Herztod und Hirntod eines Menschen diskutiert werden.

Aufgabe des **kirchlichen Lehramtes,** also des Papstes in Zusammenarbeit mit dem Bischofskollegium und unter Einbeziehung sowohl theologischer als auch wissenschaftlicher Beraterinnen und Berater, ist es, die aus den beiden materialen Quellen gewonnenen Erkenntnisse sorgfältig zu sichten und auszuwerten und den Gläubigen auf dieser Grundlage *verbindliche* Richtlinien für die eigene Gewissensentscheidung vorzulegen. Da das Lehramt letztlich in seinen Entscheidungen an die Aussagen der beiden materialen Quellen gebunden ist – vor allem an die Aussagen der Heiligen Schrift, der die christliche Ethik ihre grundlegenden inhaltlichen Prinzipien verdankt –, spricht man in Bezug auf das Lehramt auch von einer *formalen* Quelle der christlichen Moral. Dennoch kommt dieser Quelle aufgrund des verbindlichen Charakters ihrer Beschlüsse und Festlegungen nach katholischem Verständnis mit Blick auf die konkrete Entscheidungssituation eine Schlüsselrolle zu.

In letzter Instanz ist es jedoch die Aufgabe eines jeden Gläubigen, diese verbindlichen ethischen Vorgaben kraft seiner verantwortlichen **Gewissensent-**

scheidung mit Blick auf die konkreten Umstände adäquat umzusetzen und das christliche Ethos auf diese Weise zu verwirklichen. An diesem Punkt öffnet sich die christliche Ethik auch ein Stück weit der *teleologischen* Sichtweise, da auf dieser letzten Entscheidungsebene die möglichen Handlungsfolgen in das ethische Kalkül mit einzubeziehen sind; diese Zusammenhänge werden im Abschnitt über die christliche Verantwortungsethik genauer zu erläutern sein.

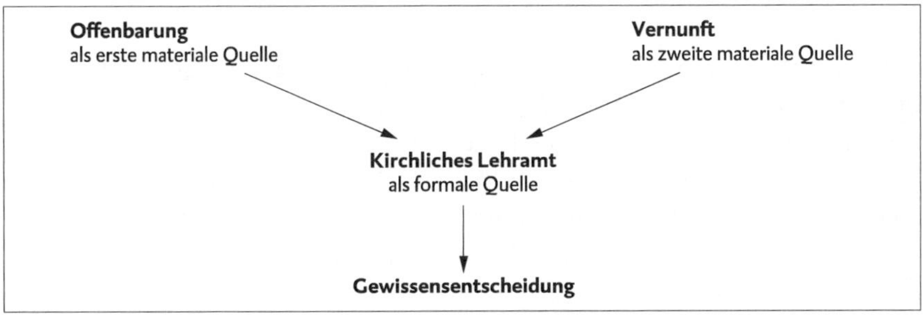

2.2 Aspekte einer Tugendlehre

Nach Klärung der *objektiven* Vorgaben für den konkreten sittlichen Entscheidungsprozess sind nun im Rahmen der Tugendlehre auch die *subjektiven* Voraussetzungen für das sittliche Handeln anzusprechen, die sowohl die Frage nach den Motiven als auch die Frage nach den Intentionen einer konkreten Tat in sich einschließen. Nach der Dimension des *Sollens* kommt hier nun die Dimension des *Könnens* ins Spiel. Es wird sich zeigen, dass die Werte, Güter und Normen als objektive Rahmenbedingungen für die Beurteilung des sittlichen Handelns zwar notwendig, jedoch keineswegs ausreichend sind.

Unter den angesprochenen subjektiven Voraussetzungen sind in erster Linie die persönlichen Überzeugungen bzw. **Grundeinstellungen des ethischen Subjekts** gemeint, die sich im menschlichen Handeln konkretisieren. In der traditionellen Tugendlehre werden sie unter dem Begriff der *Tugend* zusammengefasst, der im Folgenden genauer zu bestimmen ist.

2.2.1 Die Frage nach der Tugend aus begriffsgeschichtlicher Sicht

Das deutsche Wort Tugend kommt von „taugen" im Sinne von „brauchbar sein" und ist auch mit dem Wort „Tüchtigkeit" verwandt. Dieser sprachliche Zusammenhang betont den Charakter des Fähigen und Kraftvollen und deutet die **Tauglichkeit** als Entfaltung der in einer Person – oder auch einer Sache –

vorhandenen Wesens- oder Machtfülle. Diesem Deutungsmuster steht auch das lateinische Wort *virtus* nahe, das von *vir* (der Mann) abgeleitet ist und ursprünglich im Sinne von „Männlichkeit“ all die Eigenschaften umfasste, die den damaligen Vorstellungen zufolge einen Mann auszeichneten. Erst in späterer Zeit wird *virtus* als ethischer Fachausdruck zum Inbegriff aller Verhaltensmöglichkeiten, die in der Handlungsweise eines Menschen zum Ausdruck kommen, wobei körperliche, geistige und moralische Fähigkeiten gleichermaßen mit einbezogen werden.

Dem griechischen Wort *areté* kommt von vornherein ein größeres Bedeutungsspektrum zu, das durch deutsche Entsprechungen wie „Tugend“ oder „Tüchtigkeit“ nur unzureichend erfasst wird. Konkret handelt es sich dabei um den substantivierten Superlativ des griechischen Wortes für „gut“ im Sinne von „Bestheit“ (Wolfgang Schadewaldt) bzw. **Vortrefflichkeit.** Deshalb kann das griechische Wort nicht nur in Bezug auf Menschen, sondern auch für Tiere und Gegenstände benutzt werden; in diesem Zusammenhang bezeichnet es – je nach semantischem Kontext – das funktional Angemessene bzw. das Richtige, das Geglückte oder das Schöne. Da der Mensch im Kontext der antiken Philosophie primär als das Wesen anzusehen ist, das sich in der Gemeinschaft verwirklicht, versteht diese unter der *areté* des Menschen in erster Linie den vorbildlichen Staatsbürger; sie bezeichnet damit also die Summe der Fähigkeiten und Verhaltensweisen, die insbesondere dem Stammesverband oder der Polis zugute kommen. Aufgrund dieses Bedeutungsspektrums eignet sich der Begriff der Tugend besonders gut als Schlüsselbegriff für die ethische Reflexion.

Ein Blick auf die weitere begriffsgeschichtliche Entwicklung kann uns dabei helfen, ein tieferes Verständnis für die ethische Bedeutung der Tugend als Ausgangspunkt der Tugendethik zu gewinnen.[15]

In der Auseinandersetzung mit den Sophisten, die ihre ethischen Vorstellungen im Sinne des Utilitarismus einseitig am persönlichen Nutzen des Einzelnen – etwa an der Gewinnung von Macht und Reichtum – ausrichteten, ist Platon (427–347 v. Chr.) bestrebt, die Tugend als innere, von äußeren Faktoren unabhängige Haltung neu zu begründen. Er macht sie zum **Leitbegriff seiner Vorstellungen über die richtige Erziehung des Menschen.** Von diesen Vorstellungen ist auch noch die Philosophie des Aristoteles (384–322 v. Chr.) nachhaltig geprägt. Auch dessen ethisches Denken kreist um die Frage nach dem höchsten Gut, die mit der Frage nach dem besten Leben gleichgesetzt

15 Begriffsgeschichtlicher Überblick in Anlehnung an Jean-Pierre Wils/Dietmar Mieth: Tugend, in: Grundbegriffe der christlichen Ethik, hrsg. von Jean-Pierre Wils und Dietmar Mieth, a. a. O., S. 182–198.

wird. Die Aufgabe der Ethik als einer wissenschaftlichen Disziplin ist es, die Voraussetzungen eines gelungenen Lebens zu erkunden, wobei ein Leben dann als geglückt angesehen wird, wenn ein Mensch das höchste Gut zu erlangen vermag. Es ist bezeichnend für das Denken des Aristoteles, dass er dieses höchste Gut mit der vollkommenen Glückseligkeit identifiziert und auf diese Weise eine **sittliche Idealvorstellung** umschreibt, die in dem griechischen Wort *Eudämonie* zum Ausdruck kommt. Das im moralischen Sinne *gute* Handeln wird jedoch zugleich als *vernunftgeleitetes* Handeln definiert, da der Mensch als Wesen der Vernunft sich nur auf diese Weise seiner Bestimmung gemäß verhält. Anders als im klassischen Eudämonismus ist die Freude oder Glückseligkeit hier also nicht das angestrebte *Ziel* moralisch guten Handelns, sondern vielmehr dessen unmittelbare, implizite *Folge*. Die Tugend wird allein um ihrer selbst willen angestrebt, da der Mensch dem griechischen Tugendbegriff zufolge allein im sittlichen Handeln zu seiner „Bestheit“ gelangt, zu einer Seins- und Wesensfülle also, in der sich sein Menschsein überhaupt erst vollendet.

Aristoteles

Vor diesem Hintergrund kann Aristoteles in der „Nikomachischen Ethik“ die Tugend als jene Grundhaltung des Menschen definieren, in der er seiner Bestimmung auf vollkommene Weise gerecht wird. Konkret handelt es sich seiner Auffassung zufolge darum, die persönliche Lebensgestaltung ganz der Vernunft zu unterwerfen – eine Fähigkeit, die dem Menschen keineswegs von Natur aus zukommt, sondern die er im Laufe der Erziehung erwerben bzw. einüben muss. Man kann also dann und nur dann von einem tugendhaften Leben sprechen, wenn sich der Mensch kraft seiner Vernunft gegen die Leidenschaften der Seele zu behaupten und auf diese Weise das rechte Maß, die viel zitierte **„Mitte zwischen den Extremen“**, zu finden vermag, als die das Gute in der aristotelischen Ethik letztlich bestimmt ist und an der folglich auch die Richtigkeit einer Handlung allein bemessen werden kann. Die Affekte sind so zu instrumentalisieren, dass sie dem sittlich Guten dienen. Dabei kommt alles darauf an, in einer konkreten Situation zwischen dem Angemessenen und dem Unangemessenen zu unterscheiden und sich stets so zu verhalten, dass das sittlich Schöne und Angemessene Wirklichkeit wird. Eine Schlüsselrolle kommt in diesem Zusammenhang der Klugheit zu, da sie als menschliches Reflexionsvermögen die für den Entscheidungsprozess notwendige Abwägung vornimmt.

Der aristotelische Ansatz spiegelt sich auch im Tugendbegriff des mittelalterlichen Theologen Peter Abaelard wider, wenn dieser die Tugend als „beste Grundhaltung der Seele" *(habitus animi optimus)* definiert, die in einer freien, autonomen, also durch keinerlei Voraussetzungen bedingten **Entscheidung zum Guten** ihren Ausdruck findet. Gerade in der Betonung der menschlichen Gesinnung, also des subjektiven Momentes im sittlichen Handeln, sieht Abaelard den entscheidenden Ansatz einer neuen „wahren Ethik" *(vera ethica)*. Diese richtet sich weniger am Prinzip der Gerechtigkeit aus als vielmehr an der göttlichen Barmherzigkeit als dem obersten Maßstab moralischen Handelns. Sie steht damit im Gegensatz zum alttestamentlichen Nomismus und zu einer einseitigen Ausrichtung an der Gesetzlichkeit, wie Abaelard sie in der hebräischen Bibel verwirklicht sieht.

Im Kontext der höfischen Tugendlehre, wie sie vor allem durch die mittelalterliche Dichtung propagiert wurde, wird die Tugend unter dem Einfluss der Stoa als die den Vertretern des Adels zukommende **Vortrefflichkeit** besonders in ethischer Hinsicht verstanden, also als moralische Auszeichnung, wie sie damaligen Vorstellungen zufolge der Wesensgestalt eines adligen Menschen entsprach. Dieses Verständnis wird von Thomas von Aquin insofern sittlich-religiös vertieft, als dieser im Adel eines Menschen nicht mehr die *Bedingung*, sondern vielmehr die *Folge* eines tugendhaften Lebens sieht. Konkret bezeichnet Thomas im Anschluss an die „Nikomachische Ethik" des Aristoteles die Tugend in seiner „Summa Theologiae" als *„dispositio perfecti ad optimum"*[16], also als „Verwirklichung des höchsten menschlichen Seinkönnens", und greift damit auf den umfassenden Bedeutungsumfang zurück, der dem Begriff der Tugend bei den Griechen zugewachsen ist. Gegenüber Aristoteles betont Thomas jedoch auch die ethische Qualität der Tugend, indem er den *rechten Vollzug* des sittlich guten Handelns ausdrücklich mit einbezieht, sowie deren *Gratuität* (von lat. *gratis:* frei, unentgeltlich), da der Mensch seine Fähigkeit, ein wahrhaft tugendhaftes Leben zu führen, letztlich allein der göttlichen Gnade verdankt.

In der weiteren Entwicklung zur Neuzeit hin verflacht dieser Tugendbegriff zusehends in Form der so genannten **bürgerlichen Sekundärtugenden** wie Bescheidenheit, Fleiß und Ehrlichkeit, die soziologisch betrachtet als unmittelbares Spiegelbild der bürgerlichen Gesellschaft gedeutet werden können. Die konsequente Ethisierung des Begriffs in der mittelalterlichen Theologie wird auf diese Weise teilweise wieder rückgängig gemacht. Diese Tendenz wird durch die Aufklärung noch bestärkt, da hier – vor allem durch Gotthold

16 Thomas von Aquin: Summa Theologiae II-II, q. 45, 1 ad 1.

Ephraim Lessing (1729–1781) und Christian Fürchtegott Gellert (1715–1769) – ein tugendhaftes Leben als unmittelbare Voraussetzung menschlicher Glückseligkeit angesehen wurde. Diesem für die Zeit der Aufklärung typischen Eudämonismus suchte Immanuel Kant einen Riegel vorzuschieben, indem er die Tugend in sein streng an der Pflichtethik ausgerichtetes Moralsystem integrierte. So definiert er die Tugend als feste moralische Gesinnung, die bewirkt, dass der Mensch die **„Achtung vor der Pflicht"** zum obersten Maßstab seines Handelns macht. Die Verwirklichung einer solchen tugendhaften Haltung setzt die Fähigkeit des Menschen zur Selbstbeherrschung und zur Selbstüberwindung voraus und ist auch für Kant – wie schon für Aristoteles – sowohl ihr eigener Zweck als auch ihr eigener Lohn. Dagegen betont die Romantik wiederum die Differenz zur Pflichtenlehre, indem sie die Tugend als erworbene sittliche Kompetenz eines jeden Einzelnen interpretiert und auf diese Weise das subjektive Moment erneut in den Vordergrund rückt. Es sind gerade diese Ambivalenzen und Bedeutungsschwankungen, die im Grunde bis heute die Komplexität der Tugend als eines ethischen Grundbegriffs kennzeichnen.

Tugend: sprachlich verwandt mit „Tauglichkeit" bzw. „Tüchtigkeit"
Als ethischer Schlüsselbegriff bezeichnet die Tugend die erworbene Fähigkeit eines Menschen, aus innerster Überzeugung heraus sittlich gut zu handeln und auf diese Weise zur Seins- und Wesensfülle seiner Existenz zu gelangen. Voraussetzungen für ein solches tugendhaftes Verhalten sind sowohl die innere Unabhängigkeit gegenüber äußeren Einflussfaktoren als auch die wirksame Kontrolle der eigenen Affekte im Sinne einer vernunftgemäßen Lebensweise.

2.2.2 Die Tugendlehre als ethische Entfaltung des Tugendbegriffs

Die begriffsgeschichtlich erschlossene Bedeutung der Tugend als eines ethischen Schlüsselbegriffs ist nun noch mit Blick auf die Tugendlehre zu konkretisieren. Es wird sich zeigen, dass die einzelnen Tugenden dabei auf ganz unterschiedliche Weise systematisiert werden.

Der klassische Tugendbegriff kann folgendermaßen zusammengefasst werden: Mithilfe der Tugend werden die sinnlichen Neigungen bzw. die menschlichen Leidenschaften so erzogen und gestaltet, dass sie sich im sittlichen Handeln der Vernunft unterordnen. Sowohl für Platon als auch für Aristoteles ist es die moralische Aufgabe des Menschen, dafür zu sorgen, dass sein Handeln durch keine pflichtwidrigen Affekte beeinträchtigt wird. Damit wird die Tugend zu einer **Verhaltensdisposition** bzw. zu einer durch Einübung erworbenen Haltung, die den Menschen überhaupt erst dazu befähigt, ein in sittlicher Hinsicht gutes Leben zu führen.

Was darunter konkret zu verstehen ist, ergibt sich aus den so genannten **Tugendtafeln,** unter denen Platons Auflistung der **Kardinaltugenden** als besonders beispielhaft und einflussreich angesehen werden kann. Ihre Wirkungsgeschichte dauert bis heute an, wie sich beim Blick auf die postmodernen Ansätze philosophischer Ethik noch genauer zeigen wird. Der Begriff „Kardinaltugend" ist abgeleitet von dem lateinischen Wort *cardo* (Türangel) und bringt auf diese Weise bildhaft zum Ausdruck, dass das sittliche Handeln mit diesem System von Verhaltensdispositionen über eine stabilisierende innere Achse verfügt, die zugleich als unabdingbare Voraussetzung für die notwendige Flexibilität und Beweglichkeit angesehen werden kann. Im Einzelnen handelt es sich dabei um folgende Tugenden, in denen sich auch das Menschenbild Platons widerspiegelt:

- Weisheit (bei Aristoteles: Klugheit) *(sapientia* bzw. *prudentia),*
- Tapferkeit *(fortitudo),*
- Mäßigung *(temperantia),*
- Gerechtigkeit *(iustitia).*

Der Gerechtigkeit kommt bei Platon wegen ihrer besonderen Relevanz für das politische Leben eine Schlüsselrolle zu. Dies gilt auch, wie schon angesprochen, für die Klugheit, die Aristoteles an die Stelle der Weisheit setzt, da ihr letztlich die Aufgabe zukommt, in einer konkreten Handlungssituation die rechte Mitte zu finden. Sie kann also in besonderem Maße als die Tugend der praktischen Vernunft angesehen werden.

Thomas von Aquin übernimmt dieses klassische System der vier Kardinaltugenden und bestimmt diese genauer als die **sittlichen Grundtugenden** *(virtutes morales),* stellt ihnen jedoch zugleich drei **theologische Tugenden** *(virtutes theologicae)* zur Seite, in denen gleichsam das besondere Profil christlicher Ethik zum Ausdruck kommt. Es sind dies

- der Glaube *(fides),*
- die Hoffnung *(spes)* und
- die Liebe *(caritas).*

Die theologischen Tugenden werden dem Menschen als göttliches Gnadengeschenk „eingegossen" und haben die Aufgabe, die sittlichen Tugenden zu vollenden. Wie diese den Menschen auf das natürliche Ziel seines Lebens hinordnen, so sind die theologischen Tugenden auf das höchste, das übernatürliche Ziel hin ausgerichtet, also auf Gott. Sie verhelfen dem Menschen dazu, das Ziel, das ihm von Gott gesetzt wurde, auch tatsächlich zu erreichen. Setzt jedes zum Habitus, also zur bleibenden Verfasstheit eines Menschen gewordene tugendhafte Verhalten das Vermögen voraus, die Leidenschaften der Kontrolle durch die Vernunft und den freien Willen zu unterwerfen, so obliegt es den theologischen Tugenden, diesen „guten Willen" insofern zu vollenden, als sie ihn zum Ausdruck der tiefsten, innersten Überzeugung von der Richtigkeit des Handelns werden lassen. In diesem Zusammenhang kommt der **Liebe** unter den theologischen Tugenden eine Schlüsselrolle zu, da sie den Menschen zum tugendhaften Verhalten motiviert und zugleich als das eigentliche Ziel menschlicher Bestimmung angesehen werden kann. Begründet ist sie in der Gottesliebe, die bei Thomas als Wesensform aller Tugenden, sowohl der natürlichen als auch der übernatürlichen, fungiert: *„Charitas omnium virtutum forma est."*[17] Wahrhaft tugendhaft ist dieser theologischen Weiterführung zufolge also nicht derjenige, der das Gute tut, sondern derjenige, der es von ganzem Herzen tut. Es sind jedoch die theologischen Tugenden, die im Menschen letztlich sowohl diese **Liebe zum Guten** als auch den **Hass gegen das Böse** bewirken. Wer über diese Tugenden verfügt, braucht kein Gesetz mehr, das ihn zum rechten Handeln zwingen müsste; das vom Gesetz Gebotene ist ihm so sehr zur zweiten Natur geworden, dass er das Gute mit größter Selbstverständlichkeit und Leichtigkeit zu vollbringen vermag.

2.2.3 Ethische Folgerungen

Aus der Hochschätzung des *subjektiven* Momentes im sittlichen Handeln, die in der Tugendlehre zum Ausdruck kommt – und zwar sowohl in der philosophischen als auch der christlichen Ethik –, ergeben sich einige wichtige Folgerungen, die nun noch kurz anzusprechen sind. Man kann sie in Form der so genannten **moralischen Anwendungsregeln** zusammenfassen, die in einer konkreten Entscheidungssituation eine Rolle spielen können. In erster Linie sind dabei folgende Prinzipien zu nennen:

- die **Güterabwägung:** d. h. im Konfliktfall ist der höhere Wert, zum Beispiel die Rettung eines Menschenlebens, dem niedrigeren, zum Beispiel einem materiellen Vorteil, vorzuziehen;
- die **Wahl des geringeren Übels:** d. h. im Fall einer lebensgefährlichen Erkrankung ist zum Beispiel ein schwerer Eingriff, selbst eine Amputation, als geringeres Übel dem drohenden Tod des Menschen vorzuziehen;

17 Thomas von Aquin: Summa Theologiae II-II, hier zitiert nach: Michael Hauskeller: Geschichte der Ethik. Mittelalter, a. a. O., S. 222.

- die **Regel der Doppelwirkung:** d. h. im Konfliktfall kann eine negative Folgewirkung in Kauf genommen werden, um ein angestrebtes positives Ergebnis zu erzielen; so kann einem unheilbar Kranken ein Schmerz stillendes Medikament zur Erleichterung seiner Lage auch dann verabreicht werden, wenn dadurch indirekt und ungewollt die ihm verbliebene Lebenszeit verkürzt wird;
- die **Regel der Epikie** (griech. „Nachsicht"): d. h. im Konfliktfall kann unter Umständen dem Wortlaut eines Gesetzes oder einer Vorschrift zuwidergehandelt werden, wenn die strikte Befolgung in einer konkreten Situation der Intention der Vorschrift widersprechen würde; so kann zum Beispiel in Zeiten einer Gewaltherrschaft dem Gebot der Wahrhaftigkeit zuwidergehandelt werden, um ein Menschenleben zu retten.

Da es die Aufgabe der **Gerechtigkeit** ist, in solchen Konfliktsituationen über das sittlich angemessene, „gerechte" Verhalten zu reflektieren und für die korrekte Umsetzung der moralischen Anwendungsregeln zu sorgen, kommt dieser Tugend auch im Kontext der christlichen Ethik eine bedeutsame Rolle zu.

Die beschriebenen Anwendungsregeln lassen klar erkennen, dass in all diesen Fällen das sittliche Subjekt über das angemessene Verhalten entscheidet und auch die Verantwortung für die möglichen Folgen seines Tuns übernimmt, was uns noch einmal auf die **Bedeutung der verantwortlichen Gewissensentscheidung** im Rahmen der christlichen Ethik zurückverweist. Eine ganz neue, aktuelle Bedeutung gewinnen diese Aspekte vor dem Hintergrund der häufig äußerst komplexen und unübersichtlichen Entscheidungssituationen der Gegenwart, aus denen ebenfalls eine zunehmende Verantwortlichkeit des Einzelnen resultiert, weshalb man heute in Anlehnung an den Moralphilosophen Alasdair MacIntyre auch gerne von einer **„Renaissance der Tugendethik"** spricht. Wo die Verhaltensrichtlinien mit den rasanten geschichtlichen, wissenschaftlich-technischen und politischen Veränderungen nicht mehr Schritt halten können, wird der Mensch zwangsläufig auf seine elementare Sittlichkeit zurückverwiesen. Auch vor dem Hintergrund des schon wiederholt angesprochenen Pluralismus von Ethosformen kann die im ethischen Grundkonsens verankerte Sinn- und Wertorientierung einer Gesellschaft nur verwirklicht werden, wenn sie in der Gesinnung des Einzelnen verwurzelt ist, dem im konkreten Entscheidungsprozess eine immer größere Selbstständigkeit zukommt. Gerade als **Ausdruck persönlicher Wertpräferenzen** gewinnen die Tugenden auf diese Weise eine neue Aktualität.

In Bezug auf die Einhaltung der Normen kann der Tugendethik darüber hinaus die wichtige **Funktion eines Korrektivs** zukommen, da sie einer zu engen, einseitigen Ausrichtung des Verhaltens an normativen Vorgaben vorbeugt. Legt der Nomismus, also die Gesetzesethik, den Menschen auf die strikte Befolgung vorgegebener ethischer Vorschriften fest, so erinnert die Tugendethik an die sittlichen Kräfte im Menschen, deren Ausbildung und Entfaltung ihm zur Lebensaufgabe werden sollte, die ihn aber zugleich auch für die Motive und Intentionen seines Tuns haftbar machen. Erneut erscheint hier die persönliche Verantwortung im Sinnhorizont des sittlichen Handelns, der gerade deshalb eine so herausragende Bedeutung zukommt, weil sie die subjektiven und die objektiven Momente im konkreten Tun aufeinander bezieht.

Zusammenfassend kann festgestellt werden, dass die Tugendethik im Vergleich zu Fragen der Wertorientierung und Normbegründung den Schwerpunkt ihrer ethischen Reflexionen auf die **sittlichen Kräfte** im Menschen lenkt und damit die subjektiven Aspekte einer sittlichen Handlung in den Vordergrund rückt. In diesem Kontext wird die Tugend als die erworbene Fähigkeit des Menschen verstanden, seinem Handeln die in der persönlichen Gesinnung verankerten Wertmaßstäbe zugrunde zu legen und diese in den konkreten Entscheidungssituationen eigenständig und verantwortlich umzusetzen.

2.3 Philosophische Entwürfe ethischer Argumentation

Nach der Klärung grundlegender ethischer Begriffe können nun – gleichsam als Folie und Deutungshorizont der biblisch begründeten christlichen Ethik – die wichtigsten Modelle und Argumentationsformen der philosophischen Ethik vorgestellt werden. Es wird sich zeigen, dass diese sich gerade dadurch am wirkungsvollsten voneinander unterscheiden, dass sie ihren Reflexionen in der Regel jeweils nur *einen* der im vorangehenden Abschnitt behandelten Gesichtspunkte zugrunde legen.

2.3.1 Naturrechtsethik

Schon in der Antike werden Kosmologie und Ethik in der philosophischen Reflexion unmittelbar aufeinander bezogen. Vor diesem Hintergrund stellt auch der Theologe und Kirchenvater Aurelius Augustinus (354–430) einen Zusammenhang her zwischen dem kosmologisch erschlossenen Weltplan Gottes, der **lex aeterna** (ewiges Gesetz), und der **lex naturalis** (natürliches Gesetz), die er als Widerspiegelung der *lex aeterna* im menschlichen Gewissen interpretiert. Aufgrund ihres göttlichen Ursprungs sind die in der *lex naturalis* (bzw. *lex naturae*) verankerten Maximen und Regeln Augustinus zufolge als unbedingt verpflichtend anzuerkennen. Von der *lex aeterna* ist noch einmal die **lex divina** (göttliches Gesetz) zu unterscheiden; darunter sind alle sittlichen Gebote zu verstehen, die in der Heiligen Schrift überliefert sind und die deshalb auch dem

Gott als Baumeister des Universums; Bildseite aus einer Bibel des 13. Jahrhunderts.

positiven Recht zugeordnet werden können. Es ist diese schöpfungstheologisch begründete Konzeption, die im Hochmittelalter von Thomas von Aquin aufgegriffen und zum klassischen Naturrechtsdenken weiterentwickelt wurde.

Das Naturrechtsdenken geht davon aus, dass die gesamte Schöpfungswirklichkeit die **Weisheit der göttlichen Vorsehung** widerspiegelt, sowohl der Bereich der Natur als auch der Bereich des Menschen. Dabei werden dem Bereich der Natur die Bewegungen und dem Menschen als dem Wesen der Vernunft die Handlungen – gleichsam als vernünftig gesteuerte Bewegungen – zugeordnet; in dieser Unterscheidung kommt bereits die Sonderstellung des Menschen zum Ausdruck, die das Menschenbild der mittelalterlichen Theologie generell kennzeichnet. Während die Geschöpfe, die den vorgegebenen Gesetzmäßigkeiten unterliegen, nur ganz allgemein an der Schöpfungsordnung teilhaben, kommt dem Menschen darüber hinaus eine **spezielle Teilhabe** an der Schöpfungsordnung zu. Dies bedeutet, dass seine Handlungen allein der Ordnung durch Vernunft unterworfen sind; d. h. der Mensch wirkt kraft seiner Vernunft selbst gesetzgebend, verleiht der menschlichen Praxis „Regel und Maß". Es sind diese Gebote und Verhaltensrichtlinien der praktischen Vernunft, die im Kontext des Naturrechtsdenkens letztlich mit dem **ewigen Gesetz** gleichgesetzt und auf diese Weise der Verfügungsgewalt anderer Instanzen entzogen werden.

Ausgangspunkt:
Schöpfungsplan, wirksam als göttliche Vorsehung in
Natur und **Geschichte**

natürliche Ordnung (allgemeine Partizipation)	**Ordnung durch Vernunft** (spezielle Partizipation)
Bewegungen (Bereich der Natur)	**Handlungen** (Bereich des Menschen)
heteronom bestimmt (d. h. den Naturgesetzen unterworfen)	**autonom wirkend** (d. h. selbst als Gesetzgeber tätig)

Als **oberstes Grundprinzip** der praktischen Vernunft gilt Thomas von Aquin der Grundsatz, dass das Gute und das Nicht-Gute, also das Böse, sich gegenseitig ausschließen. Aus diesem Grundsatz lassen sich im Naturrecht folgende ethische Prinzipien und Richtlinien ableiten:

- Der Mensch steht in seinem Leben stets vor der Aufgabe, das Gute zu erstreben und nach Möglichkeit zu verwirklichen sowie das Böse zu meiden.
- Aus diesem obersten Leitprinzip lassen sich alle anderen Gebote des natürlichen Gesetzes herleiten.
- Dieses Prinzip ist auch auf alle Güter (die so genannten *bona humana*) anzuwenden; d. h. alle Güter sind stets so zu gebrauchen, dass sie auf das Gute hingeordnet werden, und das heißt konkret: dass sie letztlich dem Wohl des Menschen dienen.

Gerade aufgrund dieses zuletzt genannten Grundsatzes kommt dem Allgemeinwohl (lat. *bonum commune*) im Denken von Thomas von Aquin eine große Bedeutung zu, die sich auch heute noch in den zentralen Prinzipien der katholischen Soziallehre widerspiegelt.

Da der Mensch seiner Bestimmung gemäß an der Ordnung der Vernunft teilhat, ist ihm das **natürliche Sittengesetz** unmittelbar einsichtig; es bedarf dazu keiner zusätzlichen Legitimation. Jedem Geschöpf ist der göttlichen Vorsehung zufolge innerhalb der Schöpfungsordnung ein bestimmter Platz zugewiesen, den es in seinem Leben ausfüllen muss. So ist auch der Lebenszweck eines jeden Geschöpfes in der *lex naturalis* verankert, die auf diese Weise zugleich die letzte Sinnhaftigkeit menschlichen Daseins garantiert.

Aufgabe der menschlichen Vernunft ist es, die sehr allgemein formulierten, naturrechtlich begründeten Gebote im konkreten Handlungsbezug adäquat umzusetzen. Dieses Problem der Anwendung bzw. Umsetzung zeigt sich heute besonders deutlich in Verbindung mit den Erkenntnissen und Anforderungen der modernen Medizinethik. Selbst wenn zum Beispiel Einigkeit darüber bestehen sollte, dass es grundsätzlich nicht erlaubt ist, einen Menschen zu töten, reicht dieses Wissen angesichts der heutigen technischen Möglichkeiten nicht mehr aus, um in jedem Fall die richtige Entscheidung zu treffen. So kann es durchaus umstritten sein, wann es sittlich geboten erscheint, intensivmedizinische Maßnahmen durchzuführen, und unter welchen Bedingungen die Würde des Menschen eher den Verzicht auf eben diese Maßnahmen nahe legt. Schon Thomas von Aquin hat dieses grundsätzliche Problem erkannt und deshalb gefordert, dass das natürliche Gesetz durch ein **menschliches Gesetz** (lat. *lex humana*) ergänzt werden müsse, das gleichsam die Funktion konkreter Ausführungsbestimmungen übernimmt und darüber hinaus mithilfe von Strafandrohungen die Einhaltung der gesetzlichen Bestimmungen erzwingt.

Zusammenfassend ist zu bemerken, dass das Naturrechtsdenken als ein besonders prägnantes Beispiel für eine **deontologisch ausgerichtete Ethik** angesehen werden kann, die zugleich darum bemüht ist, die Normen sittlichen Handelns auf durchaus eigenständige, nicht-empiristische Weise zu begründen, d. h. die Unabhängigkeit ihres Geltungsanspruchs von jedem Erfahrungsbezug unter allen Umständen zu wahren und aufrechtzuerhalten.

2.3.2 Vertragsethik

Schon der griechische Philosoph Epikur (341–270 v. Chr.) war der Meinung, dass vollkommene Glückseligkeit nur erlangt werden kann, wenn man entweder selbst zur Herrschaft gelangt – was jedoch nur wenigen Menschen möglich ist – oder wenn es starke Gesetze gibt, die die allgemeine Sicherheit gewährleisten und den Einzelnen auf diese Weise vor den Übergriffen anderer schützen. Genau darin besteht für Epikur die einzige Aufgabe einer jeden staatlichen Ordnung und damit auch die Aufgabe von Recht und Moral. Um die Interessen aller Beteiligten zu wahren, sollte die Grundlage dieser staatlichen Ordnung ein gemeinsam abgeschlossener Vertrag sein.

Das vertragstheoretische Modell, das uns heute vor allem aus der Zeit der Frühaufklärung vertraut ist, geht also bereits auf die ältere Sophistik zurück. Es löste damals ein ethisches Modell ab, in dem das bestehende Recht noch unmittelbar auf den göttlichen Willen zurückgeführt wurde, und hat in dieser Hinsicht außerordentlich befreiend gewirkt. Zuvor hatte der Einzelne nämlich nur die Möglichkeit, sich entweder dem göttlichen Recht zu beugen oder aber schwere Konflikte auf sich zu nehmen, wie wir es am Schicksal des Sokrates verfolgen können. Das göttliche Recht bedurfte keiner Rechtfertigung und blieb der menschlichen Verfügungsgewalt grundsätzlich entzogen. Indem das Recht durch Epikur auf einen Vertrag zurückgeführt wird, den Menschen miteinander abschließen, verliert es diesen Status der Unverfügbarkeit, des fraglos Gegebenen; es wird zum Ausdruck menschlicher Autonomie. Damit ist zugleich eine **Relativierung** in Bezug auf den Geltungsanspruch dieser gesetzlichen Regelungen verbunden, da diese ja nun jederzeit geändert werden können, wenn sie ihrem Zweck nicht mehr entsprechen. Folglich ist in diesem Modell der Nutzen, den der Einzelne durch die allgemeine Befolgung der Gesetze hat, oberster Maßstab des Rechtes. Mit diesem **utilitaristischen Ansatz** ist zugleich eine Wende von einer deontologischen Form der Normbegründung zu einer streng **teleologischen Sichtweise** verbunden. Damit fällt jedoch der absolute Geltungsanspruch der klassischen Tugendlehre. Zwar fordert auch Epikur, der Mensch solle ein tugendhaftes Leben führen, aber das eigentliche *Ziel* dieser Lebensweise ist seiner Auffassung nach – im Gegensatz zur Tugendethik des Aristoteles – das persönliche Lebensglück. Ein glückliches Leben ist also nur deshalb zugleich ein tugendhaftes Leben, weil nur derjenige, der sich jederzeit tugendhaft verhält – also zum Beispiel ganz im Sinne des Aristoteles dem Prinzip des rechten Maßes folgt –, sicher sein kann, dass sein Leben nicht von Unlust getrübt werden wird. Mit dieser Position wird Epikur zum Begründer des klassischen **Eudämonismus.**

Auch in der Neuzeit wird die Vertragstheorie vor dem Hintergrund der Religionskriege und der schweren politischen Unruhen des 17. Jahrhunderts bei Thomas Hobbes (1588–1679) zunächst zum Sicherungsinstrument, das den Einzelnen vor dem Egoismus und dem hemmungslosen Machtstreben seiner Mitmenschen schützt. Im **Interesse der Selbsterhaltung** verzichten die Menschen auf ihre Freiheitsrechte und beenden auf diese Weise den „Krieg aller gegen alle" *(bellum omnium contra omnes),* der Hobbes zufolge den so genannten Naturzustand kennzeichnet. Sie erhoffen sich dadurch, dass sie sich einem staatlichen Gemeinwesen unterordnen, persönlichen Schutz und Sicherheit. Dies setzt jedoch eine Regierungsform voraus, in der der oberste Souverän im absolutistischen Sinn über den Gesetzen steht.

Eine solche Konzeption, die dem politischen Herrscher eine der religiösen Ethik vor Epikur vergleichbare absolute Gesetzgebungsfunktion zugestand, war jedoch mit der von der Aufklärung propagierten **Autonomie des Menschen** nicht zu vereinbaren. Vor diesem geistesgeschichtlichen Hintergrund entwickelten sowohl der englische Philosoph John Locke (1632–1704) als auch der französische Philosoph Jean-Jacques Rousseau (1712–1778) moderne Vertragstheorien, die ausdrücklich *gegen* den Absolutismus gerichtet waren. Beide verbindet, dass sie die Idee des freien Subjekts zum obersten Prinzip ihres politischen Denkens erheben und auf dieser Grundlage die Rechte des Volkes gegen die Rechte des Königs bzw. des Herrschers ausspielen. Zu bedeutsamen Abweichungen kommt es dann allerdings im Detail ihrer Ausführungen, die hier nur knapp angedeutet werden können. So sieht John Locke den einzigen Grund, der die Menschen dazu veranlassen könnte, sich in einem Staatswesen zusammenzuschließen und auf diese Weise vom Naturzustand in den Gesellschaftszustand überzugehen, in der **Sicherung des Eigentums.** Im Gesellschaftsvertrag, der diesen Übergang gestaltet, verzichten die Menschen freiwillig auf einen Teil ihrer natürlichen Rechte und übertragen diese auf den Staat, dem auf diese Weise das notwendige Gewaltmonopol zum Erhalt der inneren und der äußeren Sicherheit zufällt. Zugleich fordert Locke jedoch auch eine strikte **Gewaltenteilung,** um die persönliche Freiheit der Menschen nicht zu gefährden. Die von ihm vertretene Trennung zwischen gesetzgebender (legislativer) Gewalt einerseits und ausübender (exekutiver) Gewalt andererseits gehört zu den Wurzeln des politischen Liberalismus.

John Locke

Für Jean-Jacques Rousseau, der als wichtigster Mentor der französischen Revolution angesehen werden kann, ist es nicht in erster Linie das Privateigentum, sondern vielmehr das **Gemeinwohl,** das durch den Gesellschaftsvertrag gewährleistet werden soll. Dennoch hält auch er in seinem politischen Hauptwerk „Der Gesellschaftsvertrag" („Du Contrat Social ou Principes du Droit Politique") aus dem Jahr 1762 (1754 verfasst, 1762 erschienen) – zumindest in seiner Zielsetzung – ausdrücklich am Ideal der persönlichen **Freiheit** des Menschen fest. Er verstärkt diese Tendenz sogar, da für ihn – anders als bei Hobbes und Locke – die Unterwerfung des Einzelnen unter die staatliche Ordnungsmacht ausdrücklich kein Bestandteil des Gesellschaftsvertrags ist. Seiner Auffassung nach sollte jeder Bürger unmittelbar an der Herrschaftsfunktion beteiligt werden, wobei Rousseau offenbar die antike Polis als Idealbild vor Augen stand: „Es ist eine Form der Vergesellschaftung zu finden, die mit der gesamten gemeinsamen Kraft die Person und die Habe jedes Teilhabers verteidigt und beschützt. In ihr soll sich jeder mit allen vereinigen und dennoch nur sich selbst gehorchen und ebenso frei bleiben wie zuvor. So lautet das Grundproblem, dessen Lösung der Gesellschaftsvertrag darstellt."[18] Dieses System kann jedoch nur funktionieren, wenn die Menschen von Haus aus völlig gleichgestellt sind, und zwar sowohl in rechtlicher Hinsicht als auch in Bezug auf ihre Besitzverhältnisse.

Jean-Jacques Rousseau

Auch Immanuel Kant teilt noch diese hohe Wertschätzung des Freiheitsgedankens, die für die Vertragsethik des 18. Jahrhunderts insgesamt so kennzeichnend ist; Kant zufolge schreibt der Gesellschaftsvertrag die Bedingungen für das allgemeine „Gesetz der Freiheit" fest, demzufolge die „Willkür" (also der freie Wille) des einen stets mit der Freiheit des anderen vereinbar sein muss.

Die Probleme, die sich daraus ergeben, können an dieser Stelle nicht weiter verfolgt werden. Wichtig ist jedoch festzuhalten, dass der Gesellschaftsvertrag bei all diesen Theoretikern nie wirklich als historisches Faktum verstanden wurde, sondern vielmehr als ein wichtiges Instrument der politischen Ethik, dessen Zielrichtung es war, ein friedliches Zusammenleben der Menschen zu gewährleisten und die persönliche Freiheit des Einzelnen zu schützen. Dabei

18 Jean-Jacques Rousseau: Staat und Gesellschaft („Contrat Social"). Grundlegende Gedanken zur Gesellschaftsordnung, übersetzt und kommentiert von Kurt Weigand, Goldmann Verlag: München o. J., S. 18.

setzt die **Vertragsethik** letztlich voraus, dass ihre ethischen Richtlinien sowohl im Interesse des Einzelnen als auch der Gemeinschaft liegen und man sich deshalb der allgemeinen Zustimmung zu ihrem Geltungsanspruch sicher sein kann. So verstanden kann die Vertragsethik auch als eine Vorläuferin der Diskursethik angesehen werden, die sich heute um einen ethischen Grundkonsens in der Gesellschaft bemüht. In Zukunft könnte sich im Bereich der internationalen Zusammenarbeit für die Vertragsethik ein weiteres, ganz neues Anwendungsfeld ergeben.

Zusammenfassend kann festgestellt werden, dass die Vertragsethik mit ihrer Ausrichtung am persönlichen oder sozialen Nutzen einen konsequent **teleologischen Ansatz** verfolgt und in Form des politischen Liberalismus bis heute die öffentliche Diskussion beeinflusst.

2.3.3 Pflichtethik

Am Ende des 18. Jahrhunderts kam es vor dem Hintergrund der Philosophie der Aufklärung zu einer großen Kontroverse zwischen dem Philosophen Immanuel Kant und dem Dichter Friedrich Schiller (1859–1805) über die Frage nach der Beziehung – bzw. dem inneren Zusammenhang – zwischen Pflicht und Neigung. Für Kant war es die unabdingbare Voraussetzung einer sittlich guten Tat, dass hier *allein* aus Pflicht gehandelt wird, also aus **Achtung vor dem Sittengesetz,** nicht jedoch *aus* innerer Neigung. Allenfalls konnte die Handlung Kant zufolge *mit* Neigung, also gleichsam in zufälliger Übereinstimmung mit der Neigung, erfolgen, ohne dass dadurch ihr sittlicher Wert eingeschränkt würde. In dieser rein pflichtethischen Konzeption sah Schiller eine extreme Zuspitzung des Leib-Seele-Dualismus, den er – auf der Grundlage der gemeinsam mit Goethe entwickelten Ästhetik der Hochklassik – im Ideal der „schönen Seele" zu überwinden suchte. Die „schöne Seele" ist dadurch charakterisiert, dass in ihr Neigung (bzw. Lust) und Pflichtbewusstsein harmonisch zusammenstimmen. Diese Synthese setzt jedoch die Möglichkeit voraus, dass ein Mensch sehr wohl *aus* Neigung gut handeln kann, also aus innerer Überzeugung heraus, und auf diese Weise den anthropologischen Dua-

Immanuel Kant

lismus zwischen der körperlichen und der geistigen Natur des Menschen überwindet.

In dieser Kontroverse spiegelt sich unmittelbar das besondere Anliegen der Pflichtethik wider, die für uns heute untrennbar mit der Philosophie Immanuel Kants verknüpft ist. Für Kant ist der **Maßstab der Pflicht** das einzige legitime **Kriterium für die moralische Beurteilung einer Handlung.** Demnach ist eine Handlung nur dann moralisch gut zu nennen, wenn sie mit dem festen Vorsatz geschieht, die Pflichten zu erfüllen, die im Sittengesetz verankert sind; weder die konkreten Umstände noch persönliche Zielsetzungen dürfen in diesem Zusammenhang die geringste Rolle spielen. Würde man nämlich die möglichen Folgen einer Tat mit ins Kalkül ziehen, wie dies in der teleologischen Sichtweise geschieht, so würde sich der handelnde Mensch von den konkreten Umständen abhängig machen und auf diese Weise den empirisch vorgegebenen Naturkausalitäten unterwerfen. „Alles also, was empirisch ist, ist, als Zutat zum Prinzip der Sittlichkeit, nicht allein dazu ganz untauglich, sondern der Lauterkeit der Sitten selbst höchst nachteilig, an welchen der eigentliche und über allen Preis erhabene Wert eines schlechterdings guten Willens eben darin besteht, dass das Prinzip der Handlung von allen Einflüssen zufälliger Gründe, die nur Erfahrung an die Hand geben kann, frei sei.“[19] Für Kant hätte diese Unterwerfung den Verlust der Personwürde zur Folge und damit die völlige Selbstaufgabe des Menschen als intelligibles, vernunftbegabtes Lebewesen. Diese Überzeugung bringen auch seine Äußerungen über die Pflicht in der „Kritik der praktischen Vernunft“ eindrucksvoll zur Geltung:

Es ist von der größten Wichtigkeit in allen moralischen Beurteilungen, auf das subjektive Prinzip aller Maximen mit der äußersten Genauigkeit Acht zu haben, damit alle Moralität der Handlungen in der Notwendigkeit derselben aus *Pflicht* und aus Achtung fürs Gesetz, nicht aus Liebe und Zuneigung zu dem, was die Handlungen hervorbringen sollen, gesetzt werde. […]

Pflicht! du erhabener großer Name, der du nichts Beliebtes, was Einschmeichelung bei sich führt, in dir fassest, sondern Unterwerfung verlangst, […] vor dem alle Neigungen verstummen, wenn sie gleich in Geheim ihm entgegen wirken, welches ist der deiner würdige Ursprung, und wo findet man die Wurzel deiner edlen Abkunft, welche alle Verwandtschaft mit Neigungen stolz ausschlägt, und von welcher Wurzel abzustammen die unnachlässliche Bedingung desjenigen Werts ist, den sich Menschen allein selbst geben können?

Es kann nichts Minderes sein, als was den Menschen über sich selbst (als einen Teil der Sinnenwelt) erhebt, was ihn an eine Ordnung der Dinge knüpft, die nur der Verstand denken kann, und die zugleich die ganze Sinnenwelt, mit ihr

19 Immanuel Kant: Grundlegung zur Metaphysik der Sitten, in: I. Kant: Werke in zehn Bänden, hrsg. von Wilhelm Weischedel, Wissenschaftliche Buchgesellschaft: Darmstadt 1975, Bd. VI, S. 57.

das empirisch-bestimmbare Dasein des Menschen in der Zeit und das Ganze aller Zwecke […] unter sich hat. Es ist nichts anders als die *Persönlichkeit,* d. i. die Freiheit und Unabhängigkeit von dem Mechanismus der ganzen Natur, doch zugleich als ein Vermögen eines Wesens betrachtet, welches eigentümlichen, nämlich von seiner eigenen Vernunft gegebenen reinen praktischen Gesetzen, die Person also, als zur Sinnenwelt gehörig, ihrer eigenen Persönlichkeit unterworfen ist, so fern sie zugleich zur intellegiblen Welt gehört; da es denn nicht zu verwundern ist, wenn der Mensch, als zu beiden Welten gehörig, sein eigenes Wesen, in Beziehung auf seine zweite und höchste Bestimmung, nicht anders, als mit Verehrung und die Gesetze derselben mit der höchsten Achtung betrachten muss.

Immanuel Kant: Kritik der praktischen Vernunft, Bd. VI, S. 203, 209 f.

Nur wenn ein Mensch gewillt ist, die Pflicht zum alleinigen Maßstab seines Handelns zu machen, kann er demnach sein Menschsein vollenden. Als rein *subjektives,* von den persönlichen Neigungen jedoch völlig unabhängiges Prinzip der Sittlichkeit entscheidet sie allein über die Moralität eines Menschen. Das persönliche Lebensglück ist für die Pflichtethik keineswegs von konstitutiver Bedeutung, sondern kommt allenfalls als mögliche Folge einer konsequenten Ausrichtung des Handelns am Sittengesetz ins Spiel.

Wegen dieser besonderen **Hochschätzung des Willens** kann die Pflichtethik Kants letztlich auch der *Gesinnungsethik* zugerechnet werden, die im folgenden Abschnitt noch eigens zur Sprache kommen wird. Sie ist gewissermaßen die Spielart der Gesinnungsethik, bei der die Achtung vor dem Sittengesetz zur einzigen moralisch anerkannten Gesinnung wird.

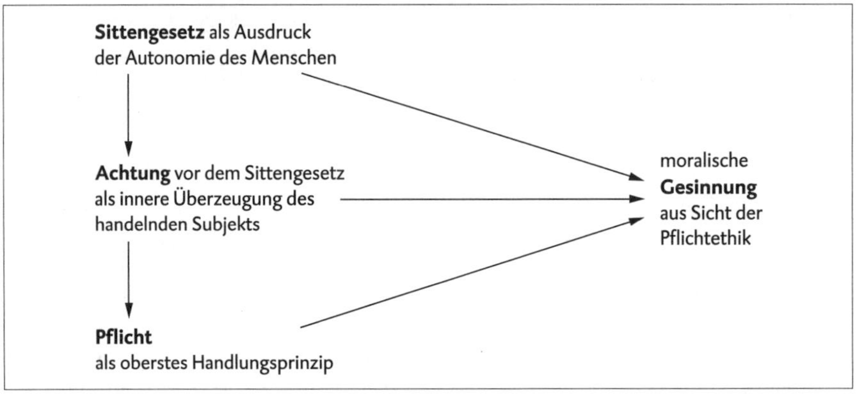

Darüber hinaus berührt sich die Pflichtethik jedoch auch mit der *Tugendethik,* da sie genau wie die Tugendethik die innere Einstellung des handelnden Subjekts zur Grundlage für die moralische Beurteilung einer Handlung macht. Alle drei hier aufgeführten Formen der ethischen Argumentation verbindet demnach, dass sie die **innere Überzeugung** als Handlungsprinzip über den äußeren Gesetzesgehorsam stellen und auf diese Weise den möglichen Gefahren einer einseitig legalistischen Gesetzesethik vorbeugen. Dem Menschen wird zugetraut – aber auch zugemutet –, sich kraft seiner Vernunft das Gesetz seines Handelns selbst vorzuschreiben.

Zusammenfassend kann damit festgestellt werden, dass die Pflichtethik das sittliche Handeln **rein deontologisch** an den Prinzipien und Grundsätzen ausrichtet, die der inneren Überzeugung des handelnden Subjekts zufolge als richtig erkannt wurden.

2.3.4 Gesinnungsethik

Das deutsche Wort „Gesinnung" als ethischer Fachausdruck kann als Übersetzung des lateinischen Wortes *animus* angesehen werden, dem ein außerordentlich breites Bedeutungsspektrum zuzuordnen ist.

Gesinnung: deutsche Entsprechung für lat. *animus*
Das lateinische Wort *animus* meint zunächst die „Seele" oder den „Geist" des Menschen im Gegensatz zu seinem Körper. Als **geistiges Vermögen,** das den Menschen von allen anderen Lebewesen unterscheidet, schließt der Begriff die Bereiche des Denkens, Fühlens und Wollens gleichermaßen mit ein und eröffnet so vielfältige Deutungsmöglichkeiten. Darunter sind zum Beispiel zu verstehen:

- **geistige Fähigkeiten** im engeren Sinne wie Denkkraft, Bewusstsein, Überzeugung, Ansicht, Gedächtnis
- **Gefühle** im Sinne von Stimmung, Sinnesart, Selbstvertrauen (auch übersteigertes Selbstvertrauen), Gesinnung
- das **Begehren** oder **Verlangen** im Sinne von Wunsch, Absicht, Entschluss, Neigung

Aus diesem großen Bedeutungsspektrum steht in der Gesinnungsethik die **Absicht** bzw. die **Intention** im Vordergrund, die dem Handeln zugrunde liegt und damit gleichsam auch den „Geist" des Handelns prägt.

Mit der Gesinnung eines Menschen ist also in erster Linie die **Absicht** gemeint, **die das handelnde Subjekt zu seinem Tun veranlasst.** Allein diese Intention, nicht jedoch das konkrete Ergebnis, entscheidet der Gesinnungsethik zufolge über die moralische Qualität einer Handlung. Ein guter Mensch ist demnach derjenige, der mit guter Absicht handelt, nicht jedoch derjenige, der – aus welchen Gründen auch immer – faktisch Gutes tut. Eine ähnliche Tendenz finden wir bereits bei dem mittelalterlichen Theologen Peter Abaelard, der in genau diesem Sinne die Güte und Barmherzigkeit Gottes zum obersten Maßstab eines moralisch guten Handelns erhebt; die feste Absicht, diesem göttlichen Maßstab zu folgen, wiegt für Abaelard in moralischer Hinsicht schwerer als jede vollbrachte Tat.

Obwohl auch die Gesinnungsethik letztlich *deontologisch,* also von den *Voraussetzungen* ethischen Handelns her, argumentiert, schließt sie mit ihrer **intentionalen, zielgerichteten Ausrichtung** implizit auch ein *teleologisches* Element mit ein. Darin unterscheidet sie sich wiederum von der Pflichtethik, die – genau wie die Tugendethik – die Handlungsmotivation in den Vordergrund rückt.

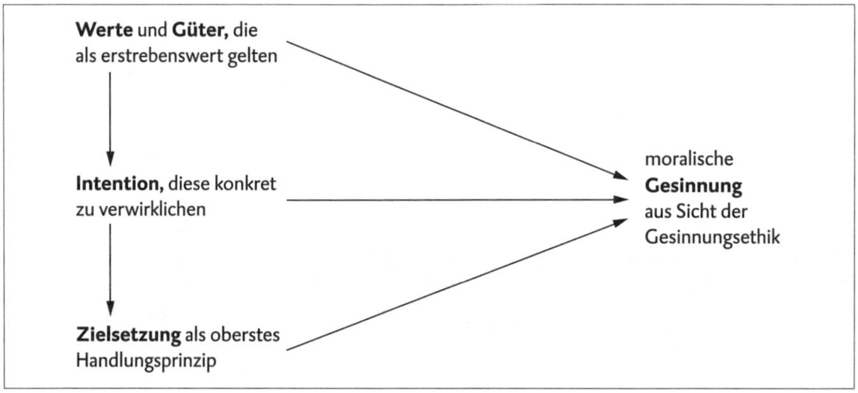

Da bei der Verwirklichung dieser Zielsetzung die konkreten Umstände und damit auch mögliche Folgen und „Nebenwirkungen" in der strengen Form der Gesinnungsethik nicht berücksichtigt werden, ist diese im ethischen Diskurs des letzten Jahrhunderts stark kritisiert worden. Als Wortführer dieser **kritischen Einwendungen** ist hier in erster Linie Max Weber (1864–1920) zu nennen, der uns in anderem Zusammenhang noch einmal begegnen wird. Dieser stellt der Gesinnungsethik als positives Gegenbild die Verantwortungsethik gegenüber, die alle voraussehbaren Konsequenzen einer Tat ausdrücklich in das ethische Kalkül mit einbezieht.

In neuerer Zeit spricht man in Verbindung mit der Gesinnungsethik auch von einem **ethischen Utopismus;** damit soll zum Ausdruck gebracht werden, dass hier ethische Idealvorstellungen auf letztlich unrealistische Weise verabsolutiert werden. Als negatives Beispiel für eine solche extrem zugespitzte Haltung wird häufig der Terrorismus angeführt, der bei der Verwirklichung seiner Zielsetzungen unter Umständen vor keinem Mittel der Gewalt zurückschreckt, da hier – ideologisch betrachtet – der Zweck wirklich jedes Mittel „heiligt".

Abschließend kann festgestellt werden, dass die Gesinnungsethik in erster Linie durch ihre strikte Trennung zwischen der Handlungsabsicht – die hier zum obersten Maßstab des sittlichen Handelns wird – einerseits und den konkreten Handlungsfolgen andererseits charakterisiert ist. Damit steht sie zugleich im Gegensatz zur nun folgenden utilitaristischen Ethik, bei der die Zielorientierung, die in der Gesinnungsethik nur *implizit* angelegt war, zum *expliziten,* objektiv greifbaren Handlungsprinzip wird.

2.3.5 Utilitaristische Ethik

Der Utilitarismus ist als ethisches Prinzip im Laufe dieser Ausführungen schon mehrfach zur Sprache gekommen. Er leitet sich von dem lateinischen Wort *utilis* (nützlich) ab und ist damit als ein philosophisches System zu definieren, das den praktischen Nutzen – wie auch immer er im Einzelnen aussehen mag – zum obersten Prinzip sittlichen Handelns macht. Vor diesem Hintergrund kann der Utilitarismus als die ethische Argumentationsweise charakterisiert werden, die genau das Verhalten als moralisch gut qualifiziert, das *im Ergebnis* den **optimalen Nutzen** für den Einzelnen oder die Gesellschaft garantiert. Die utilitaristische Ethik ist also ausgesprochen **teleologisch ausgerichtet.**

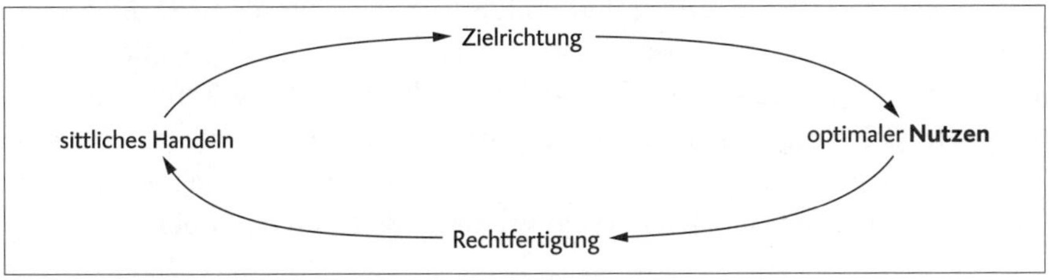

In der traditionellen Ethik gilt der **Hedonismus** (abgeleitet von griech. *hedoné:* Lust; vgl. auch lat. *voluptas*) als Muster einer utilitaristischen Ethik. Wie der Name bereits zum Ausdruck bringt, wird hier die **Lust** oder **Lebensfreude** als das höchste Gut bzw. als der höchste Wert definiert, an dem sich das menschliche Verhalten zu orientieren vermag. Das sittliche Handeln ist demnach ganz darauf ausgerichtet, das persönliche Wohlsein zu erhalten und jede Form von

Leid oder Schmerz zu vermeiden. In diesem Ethos gilt die Tugend nicht um ihrer selbst willen als erstrebenswert, sondern nur, insofern sie dem Menschen dazu verhelfen kann, ein lustvolles Leben zu führen.

Mit dieser Position steht der Hedonismus dem schon mehrfach angesprochenen **Eudämonismus** nahe. Auch der Eudämonismus identifiziert das Glück mit dem Zustand höchster Lust bzw. mit der völligen Abwesenheit von Unlust. Seine sittliche Idealvorstellung ist demnach die **vollkommene innere Seelenruhe,** also die *Freiheit von Leidenschaft* (griech. *ataraxia*) einerseits sowie die *Freiheit von körperlichem Schmerz* (griech. *aponia*) andererseits. Oberstes Ziel der ethischen Praxis ist es, die Lebenstüchtigkeit zu erlangen, die notwendig ist, um ein glückliches Leben in dem eben skizzierten Sinne führen zu können.

Im 18. Jahrhundert wird der Eudämonismus im Fortschrittsoptimismus der Aufklärung wieder zu neuem Leben erweckt. Die Philosophie der Aufklärung war von der festen Überzeugung geprägt, dass ein glückliches und zufriedenes Leben die höchste Zielsetzung menschlicher Existenz ist. Eine vernünftige Lebensweise galt als der sicherste Weg zur Verwirklichung dieses Lebensglücks. Obwohl Immanuel Kant diesem Eudämonismus am Ende des Jahrhunderts noch einmal seine in der Pflichtethik begründete Moralphilosophie entgegenstellte, entwickelte sich im Laufe des 19. Jahrhunderts eine **moderne Form des Utilitarismus,** die ganz im Zeichen der neuen Zuwendung zur konkreten Lebenswirklichkeit steht und auch als eine erste Reaktion auf den wissenschaftlich-technischen Fortschritt und die damit einhergehende zunehmende Industrialisierung angesehen werden kann. Vor dem Hintergrund dieser Entwicklung mit ihren erheblichen gesellschaftspolitischen Konsequenzen definieren Jeremy Bentham (1748–1832) und John Stuart Mill (1806–1873) die oberste Zielsetzung der von ihnen begründeten utilitaristischen Ethik als **„das größtmögliche Glück für die größtmögliche Zahl von Menschen".** In diesem Nutzenkalkül spiegelt sich bereits das für die Neuzeit so charakteristische quantifizierende Denken wider. Was darunter konkret zu verstehen ist, bringt Mill in einem grundlegenden Essay folgendermaßen zum Ausdruck:

> Nach dem Prinzip des größten Glücks ist […] der letzte Zweck, bezüglich dessen und um dessentwillen alles andere wünschenswert ist (sei dies unser eigenes Wohl oder das Wohl anderer), ein Leben, das so weit wie möglich frei von Unlust und in quantitativer wie in qualitativer Hinsicht so reich wie möglich an Lust ist; wobei der Maßstab, an dem Qualität gemessen und mit der Quantität verglichen wird, die Bevorzugung derer ist, die ihrem Erfahrungshorizont nach – einschließlich Selbsterfahrung und Selbstbeobachtung – die besten Vergleichsmöglichkeiten besitzen. […] Moral kann also definiert werden als die

Gesamtheit der Handlungsregeln und Handlungsvorschriften, durch deren Befolgung ein Leben der angegebenen Art für die gesamte Menschheit im größtmöglichen Umfange erreichbar ist; und nicht nur für sie, sondern, soweit es die Umstände erlauben, für die gesamte fühlende Natur.

John S. Mill, zitiert nach: Christoph Helferich: Geschichte der Philosophie, S. 452.

Eine noch aktuellere Form des Utilitarismus vertritt der australische Philosoph Peter Singer (geb. 1946) in dem 1979 erstmals erschienenen Buch „Praktische Ethik". Seine charakteristische Argumentationsweise kommt besonders deutlich in seinen heftig umstrittenen Ausführungen zur aktiven Euthanasie zum Ausdruck. Singers Position ist im Wesentlichen in seiner Vorstellung vom Wert des Lebens begründet, der ausdrücklich an das Vorhandensein von Selbstbewusstsein geknüpft wird. Auf dieser Grundlage spricht Singer den Menschen zwar das Recht ab, Tiere zu töten, die über ein gewisses Maß an Empfindung und Selbstbewusstsein verfügen, sieht es jedoch als moralisch vertretbar an, behinderte Säuglinge zu töten, die diesem Kriterium nicht entsprechen, für deren Leben niemand eintritt und deren Leben er deshalb als nicht lebenswert ansieht. Man spricht in diesem Zusammenhang auch von einem **Präferenz-Utilitarismus,** da Singer die maximale Erfüllung bestimmter *Präferenzen,* die durch eine gerechte Abwägung von Wünschen und Interessen gewonnen werden, zum obersten Maßstab sittlichen Handelns macht.

Gerade in der Diskussion über die Thesen von Peter Singer werden die Grenzen einer solchen rein utilitaristischen Argumentationsweise offenbar: „Offensichtlich ist er nicht in der Lage, fundamentale ethische Grundsätze wie das Tötungsverbot angemessen zu begreifen. Statt dessen hat man bei der Lektüre Singers häufig den Eindruck, als handele es sich bei der Erwägung solcher Fragen um besonders komplizierte Rechenaufgaben. In gewisser Weise verkörpern die Überlegungen Singers die in unserer Welt zunehmende Tendenz, Probleme rein technisch zu verstehen und lösen zu wollen."[20]

Abschließend ist festzuhalten, dass die utilitaristische Ethik als ein exemplarisches Paradigma für eine **rein teleologische** Form der Normbegründung angesehen werden kann. Gerade infolge ihrer zugespitzten Argumentationsweise wirft sie jedoch erneut die Frage nach möglichen letztverbindlichen Grundprinzipien sittlichen Handelns auf, die zu Beginn des 20. Jahrhunderts von der phänomenologischen Wertethik aufgegriffen wird.

20 Christoph Helferich: Geschichte der Philosophie. Von den Anfängen bis zur Gegenwart und Östliches Denken, Deutscher Taschenbuch Verlag: München 1998, S. 463.

2.3.6 Phänomenologische Wertethik

Wie der Name *phänomenologische* Wertethik bereits zum Ausdruck bringt, beruft sich diese Form der ethischen Argumentation auf die Phänomenologie, die von Franz Brentano (1838–1917) und Edmund Husserl (1859–1938) begründet wurde. Vor dem Hintergrund positivistischer Engführungen des ausgehenden 19. Jahrhunderts waren diese beiden Philosophen darum bemüht, in einer erkenntnistheoretischen **Wesensschau** die tiefere Wahrheit des Seins zu erschließen, und zwar in Form von Wesenheiten, die sowohl der inneren als auch der äußeren Erfahrung letztlich zugrunde liegen sollten. Die *Wertethik,* als deren Hauptvertreter Max Scheler (1874–1928), Paul Nicolai Hartmann (1882–1950) und Dietrich von Hildebrand (1889–1977) anzusehen sind, greift diesen Ansatz auf, indem sie versucht, auch das sittliche Handeln auf solche allgemein gültige, von der Erfahrung unabhängige Wesenheiten zurückzuführen, die als **Werte** bezeichnet werden. Zu diesen Werten gehören zum Beispiel Liebe, Freiheit und Gerechtigkeit. Vor dem Hintergrund der Weltoffenheit des Menschen dienen sie dem handelnden Subjekt als wichtige Orientierungshilfe.

Es ist die zentrale These der Wertethik, dass die Werte – analog zur rational erkennenden Wesensschau – durch das irrational erkennende **„Wertfühlen"** erfasst werden; sie sind also allein dem Gefühl des Menschen zugänglich. Dabei wird jedoch stets betont, dass damit kein Subjektivismus bzw. kein Relativismus in Bezug auf die Werte verbunden ist. Da diese *a priori* existieren, also *vor* jeder Erfahrung, wird ihnen vielmehr ein **objektiver Geltungsanspruch** zuerkannt. Nicolai Hartmann spricht in diesem Zusammenhang vom „idealen Sein" der Werte; dem Reich der Werte kommt demnach eine eigene, gleichsam ideelle Wirklichkeit zu, wobei noch einmal ausdrücklich zwischen den *sittlichen Werten* im engeren Sinn und den so genannten *vorsittlichen Gütern* unterschieden wird. So kann das persönliche Eigentum als ein vorsittliches Gut angesehen werden, das durch ethische Forderungen wie das Grundrecht auf Eigentum einerseits oder die Sozialpflichtigkeit des Eigentums andererseits in einen wertbezogenen Sinnzusammenhang gerückt wird.

Max Scheler

Im Einzelnen zeichnet sich die Wertethik durch äußerst differenzierte Analysen von Wertvorstellungen aus, die zur Grundlage einer komplexen Rangordnung werden. Bei Max Scheler finden wir zum Beispiel die folgende **Wertehierarchie** mit deutlich steigender Tendenz:

- **sinnliche Werte** wie das Angenehme,
- **biologische** oder **vitale Werte** wie ein positives Lebensgefühl,
- **geistige Werte,** darunter
  moralische Werte, die das Sollen implizieren, also das Gute, das Sittliche,
  rechtliche Werte wie Gerechtigkeit,
  ästhetische Werte wie das Schöne,
  wissenschaftliche Werte wie das Wahre,
- **religiöse Werte** wie das Heilige.

Diese recht allgemein gefassten Grundwerte sind im konkreten Ethos an den elementaren individuellen, sozialen und politischen Bedürfnissen auszurichten, was vor dem Hintergrund eines modernen Gemeinwesens mit seinem Pluralismus von Weltanschauungen jedoch noch einer eingehenden Wertediskussion bedarf. Dabei kann die Wertethik mit ihren begrifflichen Unterscheidungen sicherlich auch heute noch einen wichtigen Beitrag leisten, wenn auch der unklare ontologische (wesensmäßige) Status der Werte, also ihr postulierter Apriorismus, aus heutiger Sicht problematisch erscheint.

Man kann zusammenfassend feststellen, dass die Wertethik ernsthaft darum bemüht ist, dem sittlichen Handeln vor dem Hintergrund des weltanschaulichen Pluralismus der Moderne noch einmal eine feste **deontologische Basis** zu verschaffen. Indem das Reich der Werte jedoch auf dem „Wertfühlen" begründet und damit aus dem unmittelbaren Erfahrungsbezug herausgelöst wird, leistet sie – entgegen ihrer ursprünglichen Intention – einem ethischen Relativismus Vorschub, der in der postmodernen Ethik programmatische Bedeutung gewinnt.

2.3.7 Theorieansätze postmoderner Ethik

Der entscheidende Ausgangspunkt für die Philosophie der Postmoderne ist die These vom **Ende der großen „Meta-Erzählungen"**, die auf sehr engagierte Weise von dem französischen Philosophen Jean-Francois Lyotard (geb. 1924) in seinem Werk „La condition postmoderne" (deutsch: „Das postmoderne Wissen") vertreten wurde. Unter einer *Meta-Erzählung* versteht Lyotard jeden Versuch, alle Bereiche der Wirklichkeit einem einheitlichen Deutungsmuster zu unterwerfen, wie dies zum Beispiel in den geschlossenen philosophischen Systemen des deutschen Idealismus, des Marxismus oder des Existenzialismus der Fall war. Im Auseinanderbrechen dieser Systeme mit ihrem universalen Wahrheitsanspruch sieht er keinen Verlust, sondern vielmehr eine Chance, die „Monokultur" des technologischen Zeitalters (Wolfgang Welsch) und damit das eindimensionale, reduktionistische Denken der Neuzeit zu überwinden. In seinem programmatischen Aufsatz „Beantwortung der Frage: Was ist postmodern?" schreibt Lyotard: „Wir haben die Sehnsucht nach dem Ganzen und Einen, nach der Versöhnung von Begriff und Sinnlichkeit, [...] teuer bezahlt. [...] Die Antwort darauf lautet: Krieg dem Ganzen, zeugen wir für das Nicht-Darstellbare, aktivieren wir die Widerstreite."[21]

Damit plädiert die philosophische Postmoderne für einen **radikalen Pluralismus** wissenschaftlicher Methoden, Ausdrucksformen und Denkstrukturen, die in einer lebendigen, spannungsvollen Beziehung zueinander stehen und auf diese Weise allen Formen des Totalitarismus Widerstand leisten.

Wendet man diese konsequente „Pluralisierung der Vernunft" auf die Ethik an, so wird man hier mit einer **Pluralität von Wertvorstellungen und Ethosformen** konfrontiert, die von vornherein auf jeden Ausschließlichkeitsanspruch verzichten. Aus der damit verbundenen Relativierung und Infragestellung aller überlieferten Werte und Normen erwächst die Forderung nach einer neuen Ethik, die ein geregeltes Zusammenleben in der Gesellschaft gewährleistet, ohne die Rechte der freien und ungebundenen Subjekte zu beeinträchtigen.

Jürgen Habermas

An genau dieser Stelle setzt die so genannte **Diskurs- bzw. Kommunikationsethik** an, die im Laufe des 20. Jahrhunderts in erster Linie von Jürgen Habermas (geb. 1929) und Karl-Otto Apel (geb. 1922) entwickelt wurde; beide Philosophen sind auf unterschiedliche Weise darum bemüht, eine neue Form des Umgangs mit der neu gewonnenen ethischen Vielfalt einzuüben, indem sie die Moralphilosophie Kants mit dem modernen Streben nach einer Demokratisierung aller Gesellschaftsbereiche verknüpfen.

Der Theorie von Jürgen Habermas liegt die Unterscheidung zwischen strategischem und kommunikativem Handeln zugrunde. Ist das *strategische* Handeln ausgesprochen erfolgsorientiert, so ist das **kommunikative Handeln** um

21 Jean-Francois Lyotard: Beantwortung der Frage: Was ist postmodern?, in: Wege aus der Moderne. Schlüsseltexte der Postmoderne-Diskussion, hrsg. von Wolfgang Welsch, VCH (Acta Humaniora): Weinheim 1988, S. 193–203, hier S. 203.

Verständigung bemüht, indem es versucht, das eigene Handeln auf die Ansprüche und Verhaltensweisen der anderen abzustimmen. Vor dem Hintergrund dieser Unterscheidung lautet die **Grundthese** der Diskursethik: „Dem kommunikativen Handeln kommt der normative Vorzug gegenüber dem strategischen Handeln zu.“ Diese Forderung setzt voraus, dass bei allen ethischen Fragestellungen die Verständigung mit den anderen gesucht wird, und zwar in Form offener Diskurse, in denen sich auch die unterschiedlichen Lebenswelten der jeweiligen Gesprächsteilnehmer widerspiegeln. Dabei werden die überlieferten Normen und Wertvorstellungen zum Ausgangspunkt gemeinsamer Überzeugungen, die unter Einbeziehung subjektiver Interessen und Zielsetzungen zur Grundlage einer ethischen Vereinbarung werden können. Eine solche Vereinbarung ist allerdings nur gültig, wenn sie das folgende **Universalisierungsprinzip** erfüllt: „Jede gültige Norm muss der Bedingung genügen, dass die Folgen und Nebenwirkungen, die sich aus ihrer *allgemeinen* Befolgung für die Befriedigung der Interessen *jedes* Einzelnen voraussichtlich ergeben, von *allen* Betroffenen zwanglos akzeptiert werden können.“[22] Alle ethischen Richtlinien werden demnach im Rahmen der Diskursethik allein durch die Zustimmung aller Betroffenen legitimiert; konkrete inhaltliche Vorgaben sind damit nicht verbunden. Während Immanuel Kant immer nur den Einzelnen als handelndes Subjekt in den Mittelpunkt seiner Moralphilosophie stellt, spielt für Habermas der **soziale Kontext** bei allen Fragen der Normbegründung eine entscheidende Rolle.

strategisches Handeln	versus	**kommunikatives Handeln**
↓		↓
durch Manipulation der Wirklichkeit		durch Ringen um allgemeine Zustimmung im Diskurs
↓		↓
zum persönlichen Erfolg		zur Verständigung mit den Handlungspartnern

Damit der intersubjektive Verständigungsprozess, der von der Diskursethik gefordert wird, auch tatsächlich gelingen kann, müssen einige **notwendige Voraussetzungen** erfüllt sein:

- Die Diskursteilnehmer müssen dazu fähig sein, ihre Argumentation schlüssig vorzutragen (*logische* Ebene).

22 Jürgen Habermas: Moralbewußtsein und kommunikatives Handeln, Frankfurt 1983, S. 131.

- Sie müssen persönlich sowohl zurechnungsfähig als auch wahrhaftig sein (*dialektische* Ebene).
- Sie müssen eine ideale Sprechsituation anstreben (*rhetorische* Ebene).

Diese **ideale Sprechsituation** schließt überdies ein, dass alle Teilnehmerinnen und Teilnehmer stets die gleichen Chancen haben, sich mit ihrer Position und mit ihren Argumenten in den Verständigungsprozess einzubringen; der Diskurs darf also von niemandem so stark dominiert werden, dass die Rechte der anderen dadurch beeinträchtigt werden.

Die hier aufgeführten idealen Gesprächsbedingungen sollten im realen Diskurs so weit wie möglich erfüllt werden. Gelingt dies nicht, so ist nach Auffassung von Habermas die politische Ethik gefordert; dieser kommt dann die primäre Aufgabe zu, durch die Beseitigung aller unterdrückenden Maßnahmen die Voraussetzungen für eine faire Verständigung zu schaffen. Habermas fasst in diesem Zusammenhang eine große Bandbreite von Möglichkeiten ins Auge, von verschiedenen Formen zivilen Ungehorsams angefangen bis hin zu großen revolutionären Veränderungen. Dies unterstreicht noch einmal die große Bedeutung, die er seiner Forderung nach einem solchen idealen Diskurs in ethischer Hinsicht beimisst, wenn er auch konsequent darauf verzichtet, dieses Postulat in irgendeiner Form metaphysisch zu begründen.

Die **Kommunikationsethik** von Karl-Otto Apel geht von einem ganz anderen Ansatz aus, nämlich von der engen Verschränkung von Sprache und Denken. Einerseits ist das menschliche Denken immer schon an Sprache gebunden, andererseits kommt der Sprache von vornherein ein kommunikativer Charakter zu. Deshalb muss nach Auffassung von Apel noch über die Erkenntnistheorie Kants hinaus nach den Bedingungen der Möglichkeit sprachlicher Kommunikation gefragt werden. Für Apel handelt es sich dabei um die **Idee einer idealen Kommunikationsgemeinschaft;** diese schließt alle Bedingungen ein, die einer jeden menschlichen Kommunikation a priori zugrunde liegen. Grundlage der Kommunikationsethik ist also nicht die transzendentale *Subjektivität* wie bei Kant, sondern vielmehr die transzendentale *Intersubjektivität.* Aus diesem Ansatz ergeben sich in Bezug auf die Kommunikationsethik die folgenden **sittlich-normativen Grundsätze:**

- In einer idealen Kommunikationsgemeinschaft sind alle Betroffenen stets gleichberechtigte Kommunikationspartner; zu den Betroffenen zählen auch die künftigen Generationen, weshalb deren Rechte in Vertretung wahrgenommen werden müssen. Ihre Interessen sind ebenso relevant wie die der gegenwärtigen Generation.

- Alle Kommunikationsteilnehmer sind unbedingt zur Wahrhaftigkeit verpflichtet.
- Alle Ansprüche und Behauptungen, die aufgestellt werden, sind argumentativ zu rechtfertigen.

Aus diesen Grundsätzen einer idealen Kommunikationsgemeinschaft ergeben sich wiederum folgende **regulative Prinzipien** für die konkrete Kommunikation, die zugleich als langfristige moralische Handlungsstrategien aufgefasst werden können:

- Bei allem menschlichen Handeln muss es stets darum gehen, das Überleben der menschlichen Gattung als realer Kommunikationsgemeinschaft zu sichern.
- In der realen Kommunikationsgemeinschaft sollte so weit wie möglich die ideale Kommunikationsgemeinschaft verwirklicht werden.

Da die genannten Grundsätze und Prinzipien nach Auffassung von Apel als die grundlegenden, apriorischen Bedingungen einer jeden Kommunikation aufzufassen sind, kommt ihnen ein absoluter und umfassender Geltungsanspruch zu. Auf diese Weise sichert Apel im Kontext der postmodernen Ethik noch einmal die Legitimationskraft ethischer Richtlinien.

Wie sich gezeigt hat, ist die philosophische Ethik des 20. Jahrhunderts darum bemüht, den Bedingungen der Postmoderne mithilfe sowohl sprachphilosophischer als auch kommunikationstheoretischer Überlegungen gerecht zu werden. Dabei tritt die *Intersubjektivität der Kommunikationsgemeinschaft* an die Stelle des handelnden Subjekts in der ethischen Tradition. Allerdings kommt dem einzelnen Subjekt im Rahmen des Verständigungsprozesses über das gesellschaftliche Ethos nach wie vor eine zentrale Rolle zu, da es an der Konsensfindung unmittelbar beteiligt ist. Gerade in der Kommunikation mit den anderen muss sich der Einzelne als sittliche Instanz bewähren und behaupten, da das Inkrafttreten ethischer Richtlinien und Prinzipien an seine persönliche Zustimmung gebunden ist; die ethische Reflexion und die damit verbundene Verantwortung kann damit auf keinen Fall auf andere Personen und Instanzen verlagert werden. Damit stehen dem Pluralismus und Subjektivismus der Postmoderne klare **ethische Fixpunkte** gegenüber, denen elementare Bedeutung zukommt und die deshalb als unverzichtbar anzusehen sind; in erster Linie ist dies die Idee von der Menschenwürde, die auch die Vorstellung von den unveräußerlichen Menschenrechten einschließt. Allerdings sind diese Vorgaben recht abstrakt formuliert und deshalb bei der Lösung konkreter ethischer Probleme auf den ersten Blick wenig hilfreich.

Mit Blick auf die Ethik, insbesondere auch die christliche Ethik, kann abschließend festgestellt werden, dass diese durch die Philosophie der Postmoderne auf ganz neue Weise herausgefordert werden. Indem die Postmoderne die Vorstellung einer universalen Vernunft ebenso verwirft wie die Vorstellung vom autonomen Subjekt, erscheint die **christliche Ethik** im Kontext des postmodernen Pluralismus mit seiner Fragmentarisierung der Wirklichkeit als **„besondere Erzählgemeinschaft“**, also als ein Sprachspiel neben anderen, gleichwertigen Sprachspielen. Gerade in dieser Funktion gewinnt sie jedoch als ein besonders prägnantes „Fragment“ der Gesamtwirklichkeit aufs Neue an Bedeutung. Dies kommt nicht zuletzt in der schon angesprochenen Rückkehr zu einer neuen Tugendethik zum Ausdruck, die aristotelische und christliche Motive miteinander verknüpft. Indem die Postmoderne das Ethos generell wieder in den sozialen Kontext hineinstellt, dem es ursprünglich erwachsen ist, wirkt sie letztlich sowohl den subjektivistischen Tendenzen der Moderne als auch der Beliebigkeit des „Anything goes“ entgegen.

2.4 Das Modell der personalen Verantwortungsethik als Paradigma moraltheologischer Argumentation

Alle in dieser Übersicht beschriebenen ethischen Modelle und Argumentationsformen bewegen sich, wie wir gesehen haben, auf unterschiedliche Weise im Spannungsfeld zwischen der deontologischen Normbegründung einerseits und der teleologischen Normbegründung andererseits; d. h. sie legen den Hauptakzent entweder auf die subjektiven bzw. die objektiven Vorgaben, die einer sittlichen Tat zugrunde liegen, oder auf die Handlungsfolgen, die ebenfalls entweder der subjektiven Intention entsprechen oder als objektives Resultat des Handlungsgeschehens anzusehen sind. Im Fadenkreuz dieser vier Eckpunkte steht jedoch die Frage nach der **Verantwortung** des handelnden Subjekts.

Der zentrale Stellenwert menschlicher Verantwortung ist darin begründet, dass diese sowohl einen reflektierten Handlungswillen mit einer nachvollziehbaren Zielsetzung voraussetzt als auch den Handelnden für die – beabsichtigten und unbeabsichtigten – Folgen und Auswirkungen seines Tuns haftbar macht. In dieser Perspektive treffen somit alle subjektiven und objektiven Aspekte zusammen, die in einer konkreten Handlungssituation gegeben sind. Die **Verant-**

wortungsethik erkennt die Freiheit des Menschen an; sie nimmt ihr jedoch gleichzeitig die individualistische, ausschließlich auf die persönlichen Bedürfnisse konzentrierte Unverbindlichkeit, die vielfach als ein Kennzeichen moderner Gesellschaften angesehen werden kann, indem sie dem Einzelnen auferlegt, für die Konsequenzen seines Handelns geradezustehen, und ihn auf diese Weise in die Pflicht nimmt. Zugleich wird er zur selbstständigen Auslegung vorgegebener Normen und Gesetze ermutigt, um deren ethischen Sinn wahrhaft einzulösen. Das **sittliche Urteil** wird vor diesem Hintergrund zu einem freien und schöpferischen Akt, der genauer dadurch gekennzeichnet ist, dass der Mensch die vorsittlichen Güter innerhalb einer konkreten Entscheidungssituation auf übergeordnete Zielsetzungen hin ausrichtet, in denen sich die menschliche Personalität verwirklicht.[23]

Ethische Modellvorstellungen in ihrer Zuordnung zur Verantwortungsethik

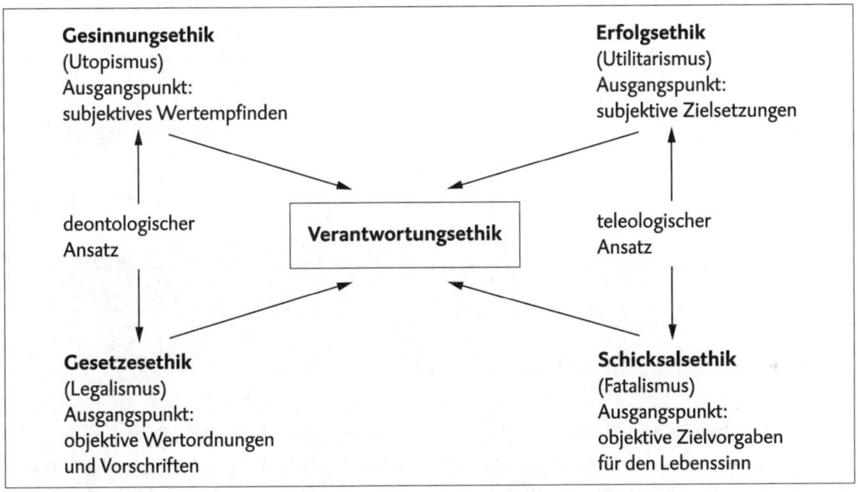

Aus moraltheologischer Sicht macht das Modell personaler Verantwortungsethik Ernst mit der **„unvertretbaren Berufung“** (Josef Römelt) eines jeden Menschen zum verantwortlichen Schöpfungspartner Gottes: „Menschliche Ethik erscheint im Horizont der Glaubenserfahrung als Suche nach moralischer Wahrheit in Verantwortung vor Gott.“[24] Für die theologische Ethik ist die hier vorausgesetzte moralische Kompetenz des Menschen im Versprechen Gottes begründet, dass er über alle schuldhaften Verfehlungen hinweg am Ja

23 Vgl. dazu Josef Römelt: Vom Sinn moralischer Verantwortung, a. a. O., S. 122 f.
24 Ebd., S. 133. Zu den folgenden Ausführungen vgl. auch ebd., S. 141.

zum Menschen und zur Welt festhalten wird. Es ist diese im Schöpfungsgeschehen begründete heilsgeschichtliche Perspektive, die das menschliche Handeln als Antwort auf den vorangegangenen Anruf Gottes deutet und die menschliche Verantwortlichkeit – und damit zugleich die Würde des Menschen – theonom verankert.

Die Verantwortungsethik in moraltheologischer Perspektive

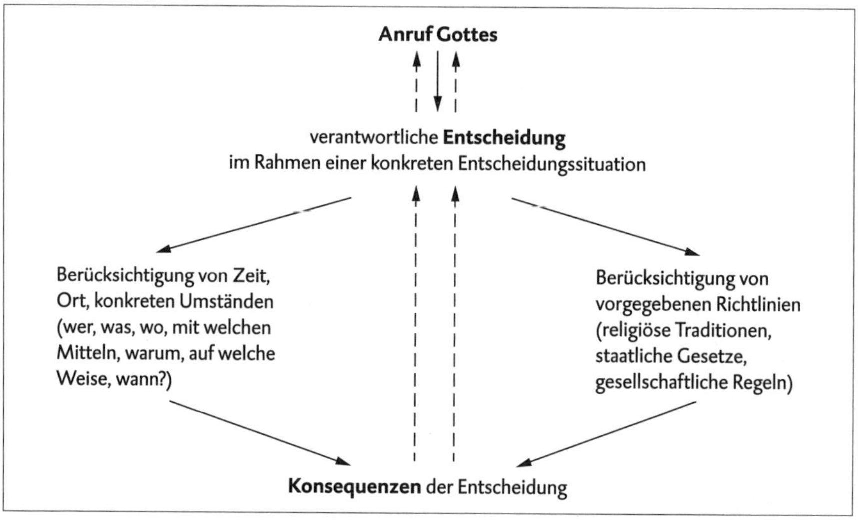

Zusammenfassung: Grundfragen der Ethik

Die **Grundfrage der Ethik** schlechthin ist die **Frage nach Gut und Böse;** eine Antwort findet diese Frage im konkreten Ethos einer Gesellschaft, das sich am unmittelbarsten in der jeweiligen Wertordnung widerspiegelt. Vor diesem Hintergrund gilt es in Bezug auf das sittliche Handeln des Einzelnen zwischen subjektiven und objektiven Aspekten zu unterscheiden, die im komplexen Modell der Verantwortungsethik in einer Gesamtschau zusammengeführt werden.

Was die Normbegründung anbelangt, so ist hier zwischen der deontologischen und der teleologischen Argumentationsform zu differenzieren, die sich in den philosophischen Entwürfen ethischer Argumentation mit unterschiedlichen Akzentsetzungen wiederfinden.

Philosophische Entwürfe ethischer Argumentation (Übersicht)

deontologischer Ansatz	teleologischer Ansatz
Tugendethik Ansatzpunkt: Handeln auf der Grundlage einer am Guten ausgerichteten inneren Haltung	**Vertragsethik** Ansatzpunkt: Handeln auf der Grundlage von festen Vereinbarungen zur Sicherung von persönlichen oder gesellschaftlichen Interessen
Pflichtethik Ansatzpunkt: Handeln aus Achtung vor dem Sittengesetz, das im Menschen verankert ist	
Gesinnungsethik Ansatzpunkt: Handeln aus der inneren Überzeugung heraus, eine gute Absicht zu verfolgen	**Utilitarismus** Ansatzpunkt: Handeln im Sinne des persönlichen oder sozialen Nutzens
phänomenologische Wertethik Ansatzpunkt: Handeln auf der Grundlage einer im „Wertfühlen" zugänglichen Wertehierarchie	

Der Pluralismus von Ansatzpunkten und Zielsetzungen, der aus dieser Übersicht spricht, wird von der **postmodernen Ethik** gleichsam selbst zum Programm erhoben; an die Stelle eines einheitlichen und universalen Ethos tritt hier die Forderung, die ethischen Wahrheiten, die in einem bestimmten sozialen Kontext und vor dem Hintergrund gewachsener Traditionen allgemeine Geltung beanspruchen können, in einem offenen Diskurs gemeinsam zu ergründen. Auch im Rahmen dieser Konsenstheorie stellt sich jedoch letztlich die Frage nach den metaphysischen Bedingungen eines solchen Ethos, dem jeder Einzelne aus innerer Überzeugung heraus zustimmen sollte und das überdies den Anspruch erhebt, auch die Interessen künftiger Generationen stellvertretend wahrzunehmen.

Die Frage nach einer möglichen **Letztbegründung ethischer Prinzipien,** die an dieser Stelle in den Vordergrund rückt, wird in der **christlichen Ethik** mit dem Verweis auf die Offenbarung als der ersten und entscheidenden Quelle ethischer Prinzipien und Handlungsrichtlinien beantwortet. Die christliche Ethik stellt damit auch im Kontext der philosophischen Entwürfe ethischer Argumentation ein in sich schlüssiges Modell dar, zumal die Vernunft, die zweite materiale Quelle der Normbegründung, im Rahmen der christlichen Ethik bei der Umsetzung der in der Offenbarung gewonnenen Prinzipien beteiligt ist und auf diese Weise eine verantwortliche Gewissensentscheidung des handelnden Subjekts gewährleistet.

3 Die ethische Dimension der biblischen Botschaft

Im Zusammenhang mit der ethischen Dimension der biblischen Botschaft ist die **enge Beziehung zwischen jüdischer und christlicher Überlieferung** stets im Blick zu behalten. Die christliche Ethik ist keinesfalls von ihren jüdischen Ursprüngen losgelöst zu denken, sondern knüpft unmittelbar an den Vorgaben und Strukturen der hebräischen Bibel – des Ersten oder so genannten Alten Testamentes – an, wenn dabei im Einzelnen auch durchaus eigene Schwerpunkte gesetzt werden. Aufgrund dieses engen entstehungsgeschichtlichen Zusammenhanges muss auch dieser Überblick über die ethische Dimension der biblischen Botschaft zunächst bei den Grundzügen alttestamentlicher Ethik ansetzen.

3.1 Grundzüge alttestamentlicher Ethik

Die hebräische Bibel sieht den Menschen primär als das Wesen der Gottebenbildlichkeit. Die Gottesnähe, also die enge, personale Beziehung des Menschen zu Gott, die in dieser Wendung zum Ausdruck kommt, spiegelt sich auch im alttestamentlichen Bundesgedanken wider, dem in Bezug auf das alttestamentliche Ethos eine Schlüsselrolle zukommt.

Der **Bund zwischen Gott und Mensch** (hebr. *berit,* griech. *diatheke,* lat. *testamentum*) ist dadurch charakterisiert, dass Gott sich als der überlegene Partner den Menschen zuwendet, ihnen seinen besonderen Schutz und seine Fürsorge anbietet, dafür jedoch seitens der Menschen absolute Treue und Ge-

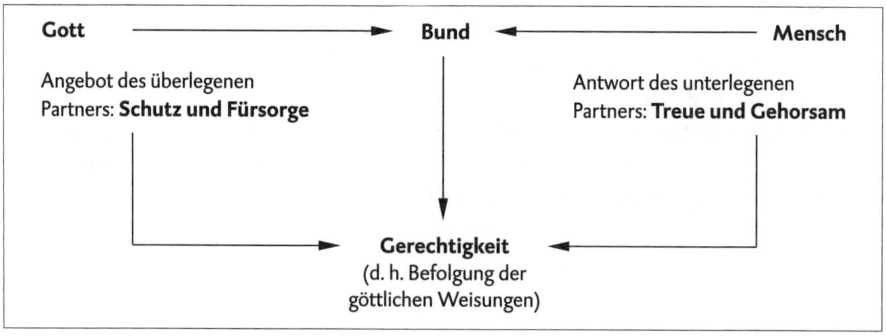

horsam gegenüber seinen Weisungen verlangt. **Gerechtigkeit** ist im alttestamentlichen Kontext in erster Linie als das dem Bund gemäße Verhalten zu verstehen.

Als verantwortlicher Bundespartner Gottes sieht sich der Mensch vor die Entscheidung gestellt, entweder dem Angebot Gottes zu folgen und sich auf diese Beziehung voll und ganz einzulassen oder aber sein Leben fern von Gott zu führen. Der erste Psalm mit der bezeichnenden Überschrift „Die beiden Wege" bringt diese ethische Alternative klar auf den Punkt und kann deshalb auch in Bezug auf die Grundzüge des alttestamentlichen Ethos als passende Einstimmung dienen.

> Ps 1,1 Wohl dem Mann, der nicht dem Rat der Frevler folgt, nicht auf dem Weg der Sünder geht, nicht im Kreis der Spötter sitzt,
> 2 sondern Freude hat an der Weisung des Herrn, über seine Weisung nachsinnt bei Tag und bei Nacht.
> 3 Er ist wie ein Baum, der an Wasserbächen gepflanzt ist, der zur rechten Zeit seine Frucht bringt und dessen Blätter nicht welken. Alles, was er tut, wird ihm gut gelingen.
> 4 Nicht so die Frevler: Sie sind wie Spreu, die der Wind verweht.
> 5 Darum werden die Frevler im Gericht nicht besteh'n noch die Sünder in der Gemeinde der Gerechten.
> 6 Denn der Herr kennt den Weg der Gerechten, der Weg der Frevler aber führt in den Abgrund.

Menschliches Leben kann demnach nur gelingen, wenn der Mensch den göttlichen Weisungen folgt. Sobald er sich von Gott abwendet, ist er zum Scheitern verurteilt; er verliert jeden Halt in seinem Leben und stürzt, bildhaft gesprochen, in den Abgrund.

Es ist vor diesem Hintergrund zu sehen, dass der jüdische Glaube vorrangig als ein **Festhalten an der Tora,** der göttlichen Weisung, zu verstehen ist. Dies bringt auch die viel zitierte, mehrfach überlieferte jüdische Legende zum Ausdruck, wonach einem Rabbi während eines Pogroms versprochen wird, ihn zu verschonen, falls er das Wesen der jüdischen Religion darlege, solange er auf einem Bein stehen könne. Die Antwort des Rabbiners lautet ebenso kurz wie prägnant: „Liebe deinen Nächsten wie dich selbst." Die Legende bezieht sich dabei auf Lev 19,18, wo es heißt: „Du sollst deinen Nächsten lieben wie dich selbst. Ich bin der Herr." Dieser Satz steht genau in der Mitte der Tora, also der fünf Bücher des Mose, und ist dadurch strukturanalytisch besonders hervorgehoben; das gesamte jüdische Glaubensleben ist auf dieses Zentrum hin ausgerichtet. Deshalb ist das Judentum auch primär mit ethischen Kategorien zu umschreiben und nicht mit dogmatischen Lehrsätzen, worauf der jüdische Theologe Martin Buber (1878–1965) in seinen Schriften wiederholt hingewiesen hat. Erst in der vertrauensvollen Beziehung zu Gott findet der Mensch seine wahre Identität, die jedoch immer auch die **Teilhabe an der umfassenden Schöpfungsordnung** mit einschließt.

3.1.1 Der Dekalog – Entstehung und Besonderheit

Als „Grundgesetz" oder Lebensordnung des Bundes kommt dem Dekalog im Rahmen des alttestamentlichen Ethos eine herausragende Bedeutung zu. Er fungiert gleichsam als ein **„ethisches Credo"** (Franz Böckle), in dem die Tora als **Bindeglied zwischen Gott und Mensch** auf einzigartige Weise konkret wird.

Marc Chagall: Rabbiner mit Thora, 1930.

Das Wort *Dekalog* ist griechischen Ursprungs und bedeutet wörtlich „Zehnwort"; im Deutschen spricht man aufgrund des Gebotscharakters dieser Zehnerreihe in der Regel von den „Zehn Geboten". Die Entstehungsgeschichte dieser Zehnerreihe, für deren ethische Forderungen sich in der Umwelt Israels viele Parallelen finden lassen, konnte noch nicht vollständig erhellt werden. Eine besondere Herausforderung stellt für die Literarkritik[25] überdies die Tatsache dar, dass der Dekalog innerhalb der hebräischen Bibel gleich in zwei unterschiedlichen Fassungen überliefert ist, deren jetzige Ausformung jeweils als Resultat eines längeren Entstehungsprozesses anzusehen ist: einmal im Buch Exodus (Ex 20,2–17) und einmal im Buch Deuteronomium (Dtn 5,6–21). Da die redaktionsgeschichtlichen Fragen, die sich daraus ergeben, an dieser Stelle nicht weiter verfolgt werden können, wird den folgenden Ausführungen – wie allgemein üblich – die Fassung aus dem Buch Exodus zugrunde gelegt.

25 Arbeitsschritt der historisch-kritischen Methode in der biblischen Exegese. Vgl. dazu den Band Abitur-Wissen Religion: „Die Bibel", Stark Verlag: Freising 2001, S. 30–45.

Die Zehn Gebote: Exodus 20,2–17 (vgl. Dtn 5,6–21)

Ex 20,2 Ich bin Jahwe, dein Gott, der dich aus Ägypten geführt hat, aus dem Sklavenhaus.
3 Du sollst neben mir keine anderen Götter haben.
4 Du sollst dir kein Gottesbild machen und keine Darstellung von irgendetwas am Himmel droben, auf der Erde unten oder im Wasser unter der Erde.
5 Du sollst dich nicht vor anderen Göttern niederwerfen und dich nicht verpflichten, ihnen zu dienen. Denn ich, der Herr, dein Gott, bin ein eifersüchtiger Gott: Bei denen, die mir feind sind, verfolge ich die Schuld der Väter an den Söhnen, an der dritten und vierten Generation;
6 bei denen, die mich lieben und auf meine Gebote achten, erweise ich Tausenden meine Huld.
7 Du sollst den Namen des Herrn, deines Gottes, nicht missbrauchen; denn der Herr lässt den nicht ungestraft, der seinen Namen missbraucht.
8 Gedenke des Sabbats: Halte ihn heilig!
9 Sechs Tage darfst du schaffen und jede Arbeit tun.
10 Der siebte Tag ist ein Ruhetag, dem Herrn, deinem Gott, geweiht. An ihm darfst du keine Arbeit tun: du, dein Sohn und deine Tochter, dein Sklave und deine Sklavin, dein Vieh und der Fremde, der in deinen Stadtbereichen Wohnrecht hat.
11 Denn in sechs Tagen hat der Herr Himmel, Erde und Meer gemacht und alles, was dazugehört; am siebten Tag ruhte er. Darum hat der Herr den Sabbattag gesegnet und ihn für heilig erklärt.
12 Ehre deinen Vater und deine Mutter, damit du lange lebst in dem Land, das der Herr, dein Gott, dir gibt.
13 Du sollst nicht morden.
14 Du sollst nicht die Ehe brechen.
15 Du sollst nicht stehlen.
16 Du sollst nicht falsch gegen deinen Nächsten aussagen.
17 Du sollst nicht nach dem Haus deines Nächsten verlangen. Du sollst nicht nach der Frau deines Nächsten verlangen, nach seinem Sklaven oder seiner Sklavin, seinem Rind oder seinem Esel oder nach irgendetwas, das deinem Nächsten gehört.

Aus strukturanalytischer Sicht lässt sich der Dekalog in **drei Sinnabschnitte** unterteilen.

- An erster Stelle steht die **Selbstvorstellung Jahwes** mit dem Hinweis auf sein befreiendes Eingreifen in die Geschichte des Volkes Israel: *„Ich bin Jahwe, dein Gott, der dich aus Ägypten geführt hat, aus dem Sklavenhaus."* Die rettende Zuwendung Jahwes, die auf beispielhafte Weise im Exodusgeschehen Gestalt gewonnen hat, wird damit zum **Ausgangspunkt des Forderungskatalogs,** der den Charakter des Dekalogs entscheidend prägt.

Auf diese Weise gewinnt die Erfüllung der Gebote von vornherein Antwortcharakter; sie ist nur als *Reaktion,* als Antwort des Volkes auf das hilfreiche Handeln Gottes, angemessen zu verstehen. In diesem heilsgeschichtlichen Zusammenhang ist es wohl auch begründet, dass die einzelnen Gebote dem hebräischen Wortlaut gemäß an sich mit der Formulierung „Du wirst …" eingeleitet werden, was weit mehr als die herkömmliche Übersetzung mit „Du sollst …" auf die *innere Bereitschaft* zum Gehorsam statt auf bloßen äußeren Zwang hindeutet.

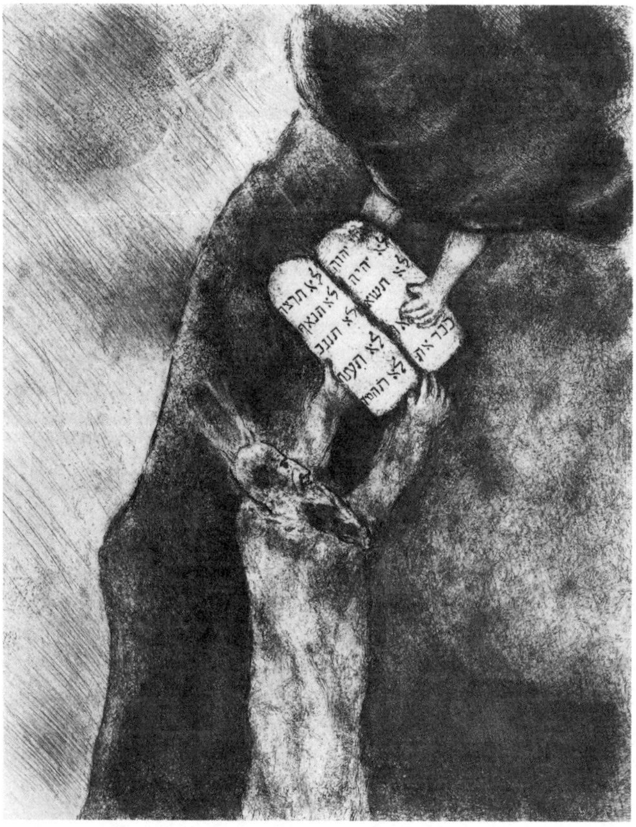

Marc Chagall: Mose am Sinai; Mose erhält von Gott die 10 Gebote.

In den beiden folgenden Sinnabschnitten werden die **Folgen der Gottesbeziehung** konkretisiert, und zwar mit Blick auf die *Beziehung des Menschen zu Gott* einerseits und die *Beziehung des Menschen zu seinen Mitmenschen* andererseits.

- Was die Beziehung des Menschen zu Gott anbelangt, so geht es in den ersten drei Geboten[26] jeweils – wenn auch mit unterschiedlichen Blickrichtungen – um die Einzigartigkeit und Ausschließlichkeit dieser Gottesbeziehung. Das rettende Eingreifen Gottes in die Geschichte Israels verlangt als Antwort die unbedingte Treue des Volkes, das Bekenntnis zum einen und einzigen Gott Jahwe, das auch im „Schᵉma Israel", dem jüdischen Hauptgebet, im Mittelpunkt steht: „Höre, Israel! Jahwe, unser Gott, Jahwe ist einzig. Darum sollst du den Herrn, deinen Gott, lieben mit ganzem Herzen, mit ganzer Seele und mit ganzer Kraft." (Dtn 6,4 f.). Die Beziehung zu Gott ist also letztlich durch das **monotheistische Credo** gekennzeichnet; in der Heiligung des Sabbats findet diese Verbundenheit mit Gott ihren besonderen Ausdruck.
- Die zweite Gebotstafel, die als dritter Sinnabschnitt innerhalb der Zehnerreihe angesehen werden kann, bringt die Konsequenzen dieser einzigartigen Gottesbeziehung für das **Zusammenleben der Menschen** zum Ausdruck. Die Forderungen, die hier erhoben werden, stellen eine prägnante Zusammenstellung elementarer Grundrechte dar, deren Einhaltung auch heute noch als unabdingbare Voraussetzung für ein Leben in Freiheit und Sicherheit gelten kann. Genau darin liegt auch die eigentliche Zielrichtung dieses Forderungskatalogs: Aus der einzigartigen Beziehung zu Gott erwächst eine präzise umschriebene Art und Weise der Mitmenschlichkeit, die das friedliche Zusammenleben in der gerade erst gewonnenen und neu zu gestaltenden Freiheit überhaupt erst gewährleistet. Deshalb können die Zehn Gebote auch als **„Schutzschilder des Lebens im Dienste Gottes"** gedeutet werden.[27] Zu den sozialen Mindeststandards, die auf diese Weise unter den besonderen Schutz Gottes gestellt werden, zählen demnach Leben, Ehe und Familie, Freiheit (das siebte Gebot bezog sich ursprünglich auf den Diebstahl und die Versklavung von Menschen), Ehre (also der Schutz vor Verleumdung bzw. vor falschen Zeugenaussagen vor Gericht) sowie das persönliche Eigentum. Dem Gebot der Heiligung des Sabbats kommt insofern eine besondere Gelenkfunktion zu, als die Sabbatruhe – schöpfungstheologisch betrachtet – Gott und Mensch verbindet und auf diese Weise einen dem normalen Arbeitsalltag enthobenen, sakralen Raum der Gottesbegeg-

26 Hier wird die katholische Zählweise zugrunde gelegt, der auch die lutherische Überlieferung entspricht. Die rabbinische und die reformierte Überlieferung interpretieren die Selbstvorstellung Jahwes als erstes Gebot, dem sich das Bilderverbot – das in der katholisch-lutherischen Tradition entfällt – als zweites anschließt; dafür wird hier das neunte und zehnte Gebot zu einem zusammengefasst.

27 So Peter von der Osten-Sacken: Katechismus und Siddur. Aufbrüche mit Martin Luther und den Lehrern Israels, 2., überarbeitete und erweiterte Aufl., Institut Kirche und Judentum, Berlin 1994, S. 335 (vgl. auch S. 57–59).

nung schafft, eine „Kathedrale in der Zeit“, wie es in der jüdischen Überlieferung heißt. Deshalb sind dem gläubigen Juden an diesem Tag auch alle Tätigkeiten verwehrt, denen eine unmittelbar „schöpferische“ Qualität zukommt, da sie einen verändernden Eingriff in die Wirklichkeit darstellen.

Zusammenfassend kann demnach festgestellt werden, dass Israel vor dem Hintergrund seiner polytheistisch geprägten Umwelt mit dem Dekalog überhaupt erst zu seiner religiösen Identität findet. Indem der Dekalog die Ausschließlichkeit dieser Gottesbeziehung und die Achtung vor dem Leben und der Würde des Mitmenschen unmittelbar in Beziehung setzt, wird er zum Garanten für ein Zusammenleben in Frieden, Freiheit und Gerechtigkeit. Hier zeigt sich, dass im jüdischen Ethos – und damit auch in der christlichen Ethik – die elementaren *Menschenrechte* von ihrem Ursprung her ausdrücklich als *Gottesrechte* zu verstehen sind und daher überhaupt erst ihre universale, unwiderrufliche Geltung erlangen. In der Begegnung mit Gott erfährt sich der Mensch im Kontext der jüdisch-christlichen Ethik als ein sittliches Subjekt, dem es aufgetragen ist, als Antwort auf das rettende Eingreifen Gottes in die Geschichte eine **Kultur der Freiheit** zu errichten.

Auf der Grundlage dieser Überlegungen kann man den Dekalog in der traditionellen Kurzform folgendermaßen strukturieren:

Ausgangspunkt:
Geschichte als Ort der Gotteserfahrung

Ich bin Jahwe, dein Gott, der dich aus Ägypten geführt hat, aus dem Sklavenhaus

Beziehung des Menschen zu Gott

1. Du sollst keine anderen Götter neben mir haben!
2. Du sollst den Namen Gottes nicht verunehren!
3. Gedenke, dass du den Sabbat heiligst!

Beziehung zu den Mitmenschen

4. Du sollst Vater und Mutter ehren!
5. Du sollst nicht töten!
6. Du sollst nicht ehebrechen!
7. Du sollst nicht stehlen!
8. Du sollst kein falsches Zeugnis geben wider deinen Nächsten!
9. Du sollst nicht begehren deines Nächsten Frau!
10. Du sollst nicht begehren deines Nächsten Hab und Gut!

Zielrichtung:

Einzigartigkeit und Ausschließlichkeit der Gottesbeziehung

Achtung vor dem Leben und der personalen Würde des Mitmenschen

3.1.2 Prophetische Kult- und Sozialkritik

Die hebräische Bibel zeigt uns in zahlreichen Facetten auf, wie eine solche „Kultur der Freiheit“ konkret aussehen könnte. Grundlegende Aussagen dazu finden sich besonders bei den Propheten, die den Dekalog mit ihrer Kultkritik auf der einen Seite und ihrer Sozialkritik auf der anderen Seite auf wertvolle Weise ergänzen. Gerade mit Blick auf die katholische Soziallehre kommt ihnen bis heute eine wegweisende Bedeutung zu.

Die Aufgabe der Propheten kann ganz allgemein dadurch charakterisiert werden, dass diese gleichsam als **„Sprachrohr Gottes“** fungieren; das bedeutet, dass sie dem Volk mit bewegenden und aussagekräftigen Worten und Zeichenhandlungen den Willen Gottes verkünden. Im Zentrum ihrer Botschaft steht dabei meist die ultimative Aufforderung, den eingeschlagenen Irrweg aufzugeben, der sie vom Bund mit Jahwe wegführt, und stattdessen den Weisungen der Tora zu folgen. Geschichtlicher Hintergrund für das prophetische Wirken ist zunächst die Besiedelung des Landes Kanaan, die eine Vermischung des Jahwe-Kultes mit den religiösen Bräuchen und Überlieferungen der dort ansässigen Bevölkerung zur Folge hatte. Eine besonders große Bedeutung kam dabei der Verehrung des Fruchtbarkeitsgottes Baal zu, die vor allem für die auf regelmäßige Niederschläge angewiesene Landbevölkerung zur ständigen Versuchung wurde. Die Ausbildung staatlicher Strukturen in Verbindung mit der Errichtung eines Königreiches um 1000 v. Chr. förderte zusätzlich die Integration fremder Kulte, besonders dann, wenn diese den dynastischen Interessen und Machtansprüchen der Könige dienten. Konkreter Ausgangspunkt der prophetischen Botschaft sind die vielfältigen religiösen, politischen und sozialen Missstände, die sich aus dieser Entwicklung ergaben und die von den Propheten sehr genau wahrgenommen und mit deutlichen Worten angeprangert wurden. Unter großen persönlichen Opfern – wie sich auf tragische Weise im Leben des Propheten Jeremia zeigt – rufen die Propheten in diesem geschichtlichen Umfeld das Volk und seine Herrscher immer wieder zur **Umkehr** auf, also zur Rückkehr zum Bund mit Jahwe. Ihre Botschaft ist demnach nicht in erster Linie auf die Vorhersage der Zukunft ausgerichtet, sondern zielt vielmehr auf die Gegenwart ab, auf eine **radikale Verhaltensänderung hier und jetzt.** Dabei gilt allerdings die Prämisse, dass die getroffene Entscheidung sehr wohl Folgen für die Zukunft des Volkes haben wird, weshalb Worte der Drohung und Worte der Verheißung hier beziehungsreich nebeneinander stehen: Ist das Volk zur Umkehr bereit und entscheidet sich dafür, in Zukunft nur noch Jahwe und seinen Weisungen zu folgen, so wird es in Frieden und Gerechtigkeit leben können; geht es jedoch weiterhin in die Irre, dann droht ihm der vollständige Untergang.

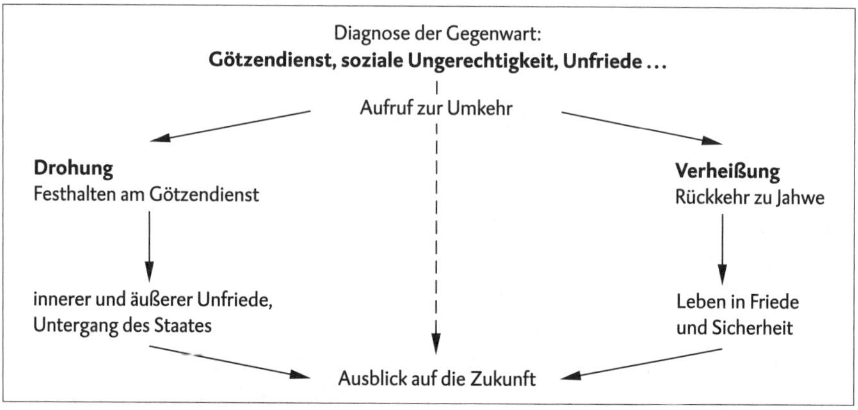

So werden auch die späteren geschichtlichen Katastrophen – also der Untergang des Nordreiches Israel im Jahr 722 v. Chr. sowie der Untergang des Südreiches Juda im Jahr 586 v. Chr. – in der **prophetischen Geschichtstheologie** als ein göttliches Strafgericht gedeutet, dem nach Ende des babylonischen Exils im Jahr 538 v. Chr. der Versuch eines radikalen Neuanfangs folgte.

Da die angesprochenen sozialen Missstände als direkte Folge der Abkehr von Jahwe gedeutet werden, besteht ein **enger Zusammenhang zwischen der Kultkritik und der Sozialkritik** der Propheten. Gerade hier zeigt sich, dass die soziale Dimension ein wesentliches Element des Jahwe-Glaubens darstellt, dem alttestamentlichen Credo also unmittelbar eingeschrieben ist. Nicht in der äußerlichen Erfüllung gesetzlicher Vorschriften, wie sie vor allem den Tempeldienst kennzeichnen, vollzieht sich demnach der wahre Gottesdienst, sondern vielmehr in der Art und Weise, wie die Menschen im Alltag miteinander umgehen.

Dieser Zusammenhang kommt auch deutlich beim Propheten Amos zum Ausdruck. In einer Reihe markanter Beispiele prangert dieser den Egoismus, die Habgier und die Ungerechtigkeit seiner Zeitgenossen an und sieht in diesem Verhalten nicht nur die unmittelbaren Folgen ihrer Gottlosigkeit – also der Aufkündigung des Bundes mit Jahwe –, sondern auch die Vorzeichen des drohenden Untergangs, da ein derart von moralischem Verfall und sozialer Ungerechtigkeit gekennzeichneter Staat auf Dauer nicht lebensfähig ist. Ein prägnantes Beispiel für diesen wichtigen Aspekt der Botschaft des Propheten Amos sind seine Worte gegen die Ausbeutung der Armen (vgl. auch Am 4,1–3).

Am 8,4 Hört dieses Wort, die ihr die Schwachen verfolgt und die Armen im Land unterdrückt.
5 Ihr sagt: Wann ist das Neumondfest vorbei? Wir wollen Getreide verkaufen. Und wann ist der Sabbat vorbei? Wir wollen den Kornspeicher öffnen, das Maß kleiner und den Preis größer machen und die Gewichte fälschen.
6 Wir wollen mit Geld die Hilflosen kaufen, für ein paar Sandalen die Armen. Sogar den Abfall des Getreides machen wir zu Geld.
7 Beim Stolz Jakobs hat der Herr geschworen: Keine ihrer Taten werde ich jemals vergessen.
8 Sollte deshalb die Erde nicht beben, sollten nicht alle ihre Bewohner voll Trauer sein? Sollte nicht die ganze Erde sich heben wie der Nil: [aufgewühlt sein] und sich wieder senken wie der Strom von Ägypten?
9 An jenem Tag – Spruch Gottes, des Herrn – lasse ich am Mittag die Sonne untergehen und breite am hellichten Tag über die Erde Finsternis aus.
10 Ich verwandle eure Feste in Trauer und all eure Lieder in Totenklage. Ich lege allen ein Trauergewand um und schere alle Köpfe kahl. Ich bringe Trauer über das Land wie die Trauer um den einzigen Sohn, und das Ende wird sein wie der bittere Tag (des Todes).
11 Seht, es kommen Tage – Spruch Gottes, des Herrn –, da schicke ich den Hunger ins Land, nicht den Hunger nach Brot, nicht Durst nach Wasser, sondern nach einem Wort des Herrn.
12 Dann wanken die Menschen von Meer zu Meer, sie ziehen von Norden nach Osten, um das Wort des Herrn zu suchen; doch sie finden es nicht.
13 An jenem Tag werden die schönen jungen Mädchen und die jungen Männer ohnmächtig vor Durst,
14 alle, die beim Götzenbild von Samaria schwören und sagen: So wahr dein Gott lebt, Dan, so wahr dein Geliebter lebt, Beerscheba!, sie werden zu Boden stürzen und sich nicht mehr erheben.

Neben der **Ausbeutung der Armen** ist die **Rechtsbeugung** ein weiteres großes Thema im Buch des Propheten Amos, da auch sie entscheidend zu Ungerechtigkeit und sozialem Unfrieden führt und auf diese Weise den Staat in seinen Grundfesten erschüttert.

Am 5,7 Weh denen, die das Recht in bitteren Wermut verwandeln und die Gerechtigkeit zu Boden schlagen.
10 Bei Gericht hassen sie den, der zur Gerechtigkeit mahnt, und wer Wahres redet, den verabscheuen sie.
11 Weil ihr von den Hilflosen Pachtgeld annehmt und ihr Getreide mit Steuern belegt, darum baut ihr Häuser aus behauenen Steinen – und wohnt nicht darin, legt ihr euch prächtige Weinberge an – und werdet den Wein nicht trinken.
12 Denn ich kenne eure vielen Vergehen und eure zahlreichen Sünden. Ihr bringt den Unschuldigen in Not, ihr lasst euch bestechen und weist den Armen ab bei Gericht.

13 Darum schweigt in dieser Zeit, wer klug ist; denn es ist eine böse Zeit.
14 Sucht das Gute, nicht das Böse; dann werdet ihr leben, und dann wird, wie ihr sagt, der Herr, der Gott der Heere, bei euch sein.
15 Hasst das Böse, liebt das Gute, und bringt bei Gericht das Recht zur Geltung! Vielleicht ist der Herr, der Gott der Heere, dem Rest Josefs dann gnädig.

Zusammenfassend ist festzuhalten, dass gerade die Botschaft der Propheten noch einmal den engen Zusammenhang zwischen aufrichtiger Gottesliebe einerseits und praktizierter Mitmenschlichkeit andererseits zum Ausdruck bringt, der auch schon an der Struktur des Dekalogs festgemacht werden konnte. Entscheidender Prüfstein für die Ernsthaftigkeit und Aufrichtigkeit des Glaubens an Gott ist demnach die wache Aufmerksamkeit für die Sorgen und Nöte der Mitmenschen, ist die Bereitschaft, all denen solidarisch beizustehen, die auf Hilfe angewiesen sind; die Bundestreue, das Festhalten an der Tora, schließt also das Engagement zugunsten menschenwürdiger Lebensverhältnisse ausdrücklich mit ein.

Im Zusammenhang mit dieser im Glauben an Gott begründeten Parteinahme für die Armen, Schwachen und Benachteiligten spricht man heute auch von der **Option für die Armen,** wie sie in der zweiten Hälfte des 20. Jahrhunderts vor allem in Lateinamerika von der so genannten „Theologie der Befreiung" gelehrt und vertreten wurde. Im nächsten Abschnitt wird sich zeigen, dass dieser religiös-soziale Maßstab auch im Kontext der neutestamentlichen Ethik seine Gültigkeit bewahrt.

3.2 Grundzüge neutestamentlicher Ethik

Bevor die neutestamentliche Ethik in ihren Grundzügen entfaltet werden kann, ist noch einmal ausdrücklich darauf hinzuweisen, dass das neutestamentliche Ethos fest im alttestamentlichen Ethos verwurzelt ist. Die frühere Sichtweise, die die eschatologische (endzeitliche) Liebesethik Jesu mit ihrem universalen Geltungsanspruch mit der angeblich partikularistischen Gesetzesethik des Alten Testaments konfrontierte, kann und darf aus heutiger Perspektive, nicht zuletzt vor dem Hintergrund einer „Theologie nach Auschwitz", nicht mehr länger aufrechterhalten werden. Vielmehr ist der enge, untrennbare Zusammenhang zwischen dem Glauben an Gott einerseits und dem Postulat der Nächstenliebe andererseits, wie er zuletzt noch einmal am Beispiel der Prophetie nachgezeichnet wurde, alttestamentliches Urgestein und gerade deshalb bleibendes Fundament auch der neutestamentlichen Ethik. Die Schöpfungsperspektive der hebräischen Bibel, die den zerstörerischen Kräften der Wirklichkeit eine „Gegenwelt" (Josef Römelt) göttlicher Liebe gegenüberstellt, ist der gemeinsame Nährboden jüdischer *und* christlicher Ethik.

Darüber hinaus ist festzuhalten, dass sich im Neuen Testament keine „Ethik Jesu" im Sinne eines geschlossenen ethischen Modells nachweisen lässt. Das neutestamentliche Ethos ist vielmehr aus dem Wirken und der Verkündigung Jesu Christi im Kontext konkreter Handlungssituationen zu erschließen. Dadurch wird die christliche Ethik jedoch von vornherein auf die praxisbezogene, handlungsorientierte Dimension der **Nachfolge Jesu Christi** verwiesen, die im Jüngerkreis und in der frühchristlichen Gemeindebildung erstmals Gestalt gewonnen hat. In der Nachfolge Jesu Christi erschließt sich dem gläubigen Christen der Weg zur Überwindung von Schuld und Tod, wird die Kontingenz, also die Begrenztheit und Hinfälligkeit menschlicher Geschichte in der auf Dauer angelegten, unzerstörbaren Sinnerfahrung der Liebe Gottes aufgehoben. Ausgangspunkt und oberstes Leitprinzip der neutestamentlichen Ethik ist damit die Reich-Gottes-Botschaft Jesu.

3.2.1 Die Reich-Gottes-Botschaft Jesu

Nach christlicher Überzeugung wird das Reich Gottes, also die Verwirklichung der Gottesherrschaft, in der Person und im Wirken Jesu Christi geschichtlich konkret. Die Botschaft von der Ankunft des Reiches Gottes stellen die synoptischen Evangelien auch an den Beginn des öffentlichen Auftretens Jesu:

Mk 1,14 Nachdem man Johannes ins Gefängnis geworfen hatte, ging Jesus wieder nach Galiläa; er verkündete das Evangelium Gottes
15 und sprach: Die Zeit ist erfüllt, das Reich Gottes ist nahe. Kehrt um, und glaubt an das Evangelium!

In diesen Worten zeigt sich der **Wesenskern der Verkündigung Jesu;** in ihnen spiegelt sich jedoch zugleich das **einzigartige Gottesverhältnis** Jesu wider, das in der sehr persönlichen, fast schon familiären Anrede Gottes mit dem aramäischen Wort „Abba“ (Papa), aber auch im autoritativen Auftreten Jesu in der Auseinandersetzung mit zeitgenössischen Auslegungen der Tora zum Ausdruck kommt. Indem die liebende Zuwendung Gottes zu den Menschen im Handeln und in der Verkündigung Jesu sichtbar wird, findet die „frohe Botschaft“ vom Anbruch der Gottesherrschaft ihre greifbare Erfüllung in der Gegenwart. Der Heilsankündigung folgt die Verwirklichung gleichsam auf dem Fuß; die Zukunft des Reiches Gottes hat mit Jesu Wirken bereits begonnen.

Diese eschatologische, also endzeitliche, die absolute Zukunft menschlicher Geschichte erschließende Dimension des Handelns Jesu kommt in zahlreichen neutestamentlichen Perikopen (Textstellen) zum Ausdruck, von denen einige hier exemplarisch genannt werden sollen:

- In vielen Wundergeschichten wird berichtet, wie Jesus Menschen, die sich ihm voll Vertrauen nähern, von ihren Leiden und Krankheiten befreit und ihnen auf diese Weise ein *neues Leben,* ein Leben in Würde und voll Selbstbewusstsein, eröffnet (vgl. zum Beispiel Mk 5,1–43).
- In der Begegnung mit Außenseitern wie dem im Dienste der römischen Besatzungsmacht stehenden Zollpächter Matthäus überwindet Jesus die üblichen Mechanismen sozialer Ausgrenzung und ermöglicht den Betroffenen einen *Neuanfang* auf der Grundlage persönlicher Umkehr und Versöhnung (vgl. Mt 9,9–13).
- Mit seiner Offenheit und Unbefangenheit gegenüber Menschen, die Schuld auf sich geladen haben, und mit seiner grenzenlosen Vergebungsbereitschaft stellt Jesus das menschliche Zusammenleben auf eine *neue Grundlage,* bei der gegenseitige Schuldzuweisungen und Selbstgerechtigkeit keine Rolle mehr spielen (vgl. Joh 8,1–11).
- Jesus scheut sich nicht, seine Auslegung der Tora mutig und offensiv zu vertreten (vgl. Joh 7,14–24), und hält auch angesichts des bevorstehenden Todesurteils an seiner einmaligen Berufung fest (vgl. Lk 22,42). So wird gerade sein Tod am Kreuz letztlich zum Zeichen einer *neuen, einzigartigen Verbundenheit zwischen Gott und Mensch.*

Die Heilung der Aussätzigen, Evangeliar Ottos III., um 1000.

Mit seinem mutigen Engagement und mit der spontanen, vorbehaltlosen Zuwendung zu allen Menschen, die ihm begegnen, macht Jesus auf vielfältige Weise sichtbar, was es heißt, im **Vertrauen auf die bedingungslose Liebe Gottes** zu leben; die Menschen wissen sich mit ihren Problemen und Nöten, mit ihrer Schuld und ihrem Versagen in dieser vorbehaltlosen Liebe aufgehoben und fühlen sich dadurch in ihrer einmaligen Personwürde bestätigt.

Auch im Neuen Testament geht demnach das rettende Eingreifen Gottes – der nach christlicher Überzeugung in Jesus Christus menschliche Gestalt angenommen hat – allen ethischen Forderungen voraus. Die Umkehr zu Gott, die gläubige Annahme der Heilszusage, ist auch hier als *Antwort* des Menschen auf Gottes Angebot einer neuen Gerechtigkeit zu verstehen, wie sie mit der Vorstellung von der Gottesherrschaft elementar verknüpft ist. Man spricht deshalb auch vom responsorischen Charakter der christlichen Ethik. Damit liegt es nun an jedem einzelnen Menschen, sich für oder gegen das Reich Gottes zu entscheiden: „Selig ist, wer an mir keinen Anstoß nimmt." (Mt 11,6)

Die Umkehr ist also im Kontext der Reich-Gottes-Botschaft Jesu *Folge* und nicht *Bedingung* der Heilszusage. Gemessen wird sie am **Maßstab der Liebe;** dabei geht die Liebe Gottes der Liebe der Menschen zwar immer schon voraus, diese wird jedoch umgekehrt als das einzige glaubwürdige Zeugnis dafür angesehen, dass die Menschen bereit sind, sich der Reich-Gottes-Botschaft Jesu zu öffnen und das göttliche Heilsangebot anzunehmen. Auf besonders schöne Weise kommen diese Zusammenhänge im ersten Brief des Johannes zum Ausdruck:

> 1 Joh 4,8 Wer nicht liebt, hat Gott nicht erkannt; denn Gott ist die Liebe.
> 9 Die Liebe Gottes wurde unter uns dadurch offenbart, dass Gott seinen einzigen Sohn in die Welt gesandt hat, damit wir durch ihn leben.
> 10 Nicht darin besteht die Liebe, dass wir Gott geliebt haben, sondern dass er uns geliebt und seinen Sohn als Sühne für unsere Sünden gesandt hat.
> 11 Liebe Brüder, wenn Gott uns so geliebt hat, müssen auch wir einander lieben.
> 12 Niemand hat Gott je geschaut; wenn wir einander lieben, bleibt Gott in uns, und seine Liebe ist in uns vollendet.
> 16 Wir haben die Liebe, die Gott zu uns hat, erkannt und gläubig angenommen. Gott ist die Liebe, und wer in der Liebe bleibt, bleibt in Gott, und Gott bleibt in ihm.
> 19 Wir wollen lieben, weil er uns zuerst geliebt hat.
> 20 Wenn jemand sagt: Ich liebe Gott!, aber seinen Bruder hasst, ist er ein Lügner. Denn wer seinen Bruder nicht liebt, den er sieht, kann Gott nicht lieben, den er nicht sieht.
> 21 Und dieses Gebot haben wir von ihm: Wer Gott liebt, soll auch seinen Bruder lieben.

Man kann zusammenfassend feststellen, dass die liebevolle, uneingeschränkte Zuwendung zu den Menschen als **oberstes ethisches Leitprinzip** der Botschaft Jesu vom Reich Gottes angesehen werden kann. Als menschliche Antwort auf das Angebot der Gottesherrschaft ist sie zugleich die unabdingbare Voraussetzung für einen „Herrschaftswechsel“, der die Menschen aus dem Teufelskreis von Gewalt, Ungerechtigkeit und Rücksichtslosigkeit befreit, in den sie sich verstrickt haben, und der zugleich eine neue Gemeinschaft begründet, in der sich alle Menschen in der **gemeinsamen Gotteskindschaft** verbunden wissen. Diese „neue Menschheit“ wird sich jedoch konkret dadurch auszeichnen, dass in ihr sowohl die Beziehung zu Gott als auch die Beziehung zu den Mitmenschen ausschließlich durch das im ersten Johannesbrief umschriebene „Ethos der Liebe“ bestimmt sein wird.

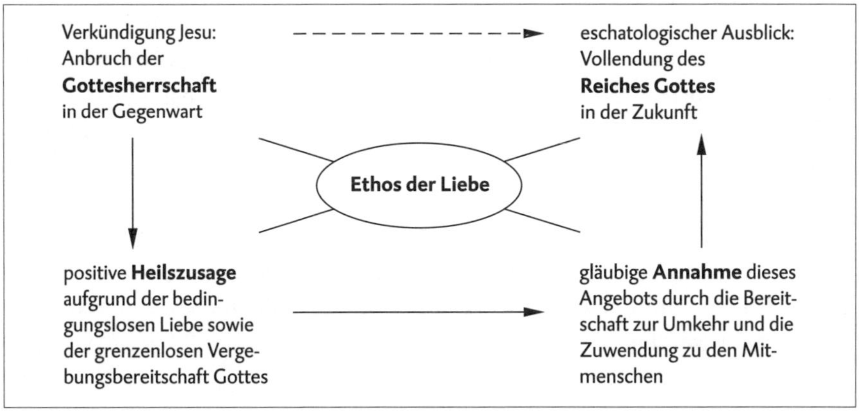

3.2.2 Das Ethos der Bergpredigt

Die Reich-Gottes-Botschaft Jesu wird nicht nur in seinem Handeln manifest, sondern auch in seiner Lehre; während die Lehre das Handeln deutet und kommentiert, bringt das Handeln die Lehre auf beispielhafte Weise zur Anschauung. Im Zentrum der Verkündigung Jesu steht die so genannte Bergpredigt, die in diesem Abschnitt analysiert und auf ihre Kernaussagen hin durchleuchtet werden soll.

Bei der Bergpredigt handelt es sich um eine Sammlung von Jesusworten, die zum größten Teil ethische Weisungen enthalten. Da sich diese auch im Lukas-Evangelium finden, und zwar in der so genannten „Feldrede" (vgl. Lk 6,20–49), werden sie der hypothetisch erschlossenen Quelle Q zugerechnet, hinter der man eine frühe Sammlung von Worten und Aussprüchen Jesu vermutet. Aus diesem Material, das er noch durch weitere Jesusworte ergänzt, komponiert Matthäus seine große „Rede von der wahren Gerechtigkeit" (vgl. Mt 5,1–7,29); die vorliegende Textgestalt ist demnach ausschließlich auf den Redaktor zurückzuführen. Indem die Bergpredigt offenbar ganz bewusst an den Anfang der großen Reden Jesu gestellt wurde, die gleichsam als Grundgerüst des Matthäus-Evangeliums angesehen werden können, kommt ihr **programmatische Bedeutung** zu.

Diese herausragende Bedeutung spiegelt sich auch im szenischen Rahmen der Rede wider, der zu Beginn folgendermaßen umrissen wird:

Mt 5,1 Als Jesus die vielen Menschen sah, stieg er auf einen Berg. [...]
2 Dann begann er zu reden und lehrte sie. [...]

Mit diesen Worten wird auf die Offenbarung des Dekalogs am Berg Sinai angespielt, sodass Jesus hier als der neue Moses erscheint, der die Tora mit autoritativem Anspruch interpretiert. Die Bergpredigt kann deshalb auch als das **„ethische Credo" des Christentums** gedeutet werden, das zwar unmittelbar an die jüdische Schriftauslegung anknüpft, in Verbindung mit dem messianischen Anspruch Jesu jedoch auch durchaus eigene Akzente setzt.

Um das Verständnis der Bergpredigt zu erleichtern, soll der Analyse der wichtigsten Sinnabschnitte ein Überblick über den kunstvollen Aufbau dieser Rede vorangestellt werden.

Übersicht über den Aufbau der Bergpredigt

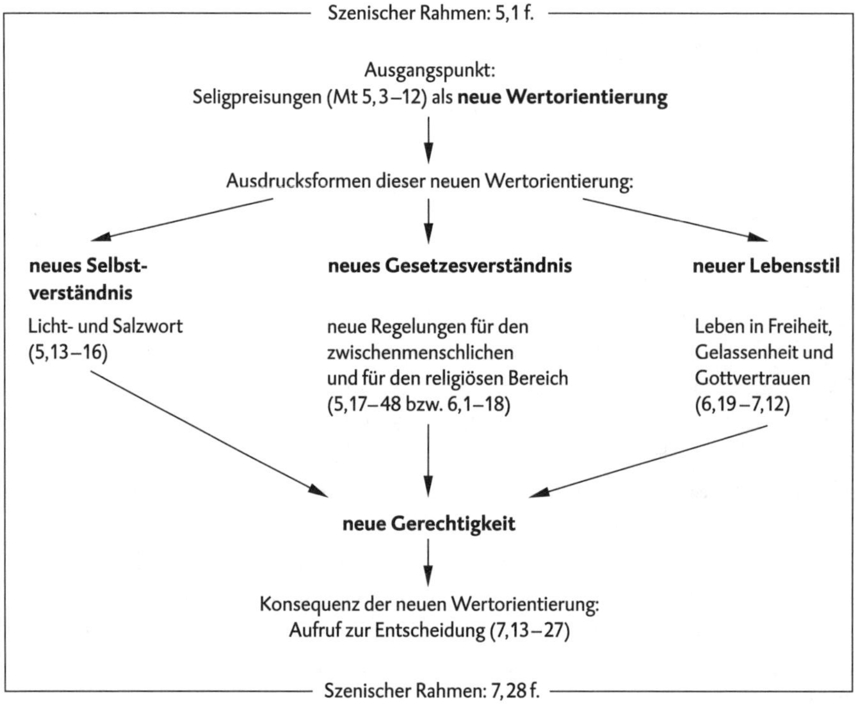

Ausgangspunkt: Die Seligpreisungen als neue Wertorientierung

Die Bergpredigt setzt mit den so genannten Seligpreisungen ein; unter einer Seligpreisung (griech. *makarismos*) verstand man in der antiken Rhetorik eine Form des Segensspruchs. Zu Beginn der Bergpredigt wird demnach all den Personen der besondere Segen Gottes zugesprochen, die dazu bestimmt sind, in das Reich Gottes aufgenommen zu werden. Wie ein mathematisches Vorzeichen geben die Seligpreisungen zu erkennen, wie die folgenden Aussagen zu lesen und zu verstehen sind: nämlich als eine **„Umwertung aller Werte“.**

Die Seligpreisungen: Mt 5,3–12

Mt 5,3 Er sagte: Selig, die arm sind vor Gott; denn ihnen gehört das Himmelreich.
4 Selig die Trauernden; denn sie werden getröstet werden.
5 Selig, die keine Gewalt anwenden; denn sie werden das Land erben.
6 Selig, die hungern und dürsten nach der Gerechtigkeit; denn sie werden satt werden.
7 Selig die Barmherzigen; denn sie werden Erbarmen finden.
8 Selig, die ein reines Herz haben; denn sie werden Gott schauen.
9 Selig, die Frieden stiften; denn sie werden Söhne Gottes genannt werden.
10 Selig, die um der Gerechtigkeit willen verfolgt werden; denn ihnen gehört das Himmelreich.
11 Selig seid ihr, wenn ihr um meinetwillen beschimpft und verfolgt und auf alle mögliche Weise verleumdet werdet.
12 Freut euch und jubelt: Euer Lohn im Himmel wird groß sein. Denn so wurden schon vor euch die Propheten verfolgt.

In der Radikalität dieser Aussagen zeigt sich, dass die unwiderrufliche Nähe der Gottesherrschaft, von der im letzten Abschnitt die Rede war, die Grenzen der Wertmaßstäbe sprengt, die so häufig – auch und gerade in der Gegenwart – die gesellschaftliche Realität bestimmen. In der folgenden Gegenüberstellung wird dies noch einmal deutlich akzentuiert:

Wertmaßstäbe der Bergpredigt	Wertmaßstäbe unserer Gesellschaft
• Bescheidenheit und Demut • Fähigkeit zu Trauer und Mitgefühl • Gewaltlosigkeit • Verlangen nach Gerechtigkeit • Barmherzigkeit • Rechtschaffenheit • Einsatz für Frieden und Gerechtigkeit	• Stolz und Dünkelhaftigkeit • Gleichgültigkeit und Zynismus • Gewaltbereitschaft • Akzeptanz von Ungerechtigkeit • Hartherzigkeit • sittliche Verwahrlosung • Duldung oder gar Förderung von Gewalt und Ungerechtigkeit

In der Bergpredigt werden demnach die Einstellungen und Verhaltensweisen gerade der Menschen als besonders vorbildlich herausgestellt, die normalerweise in der Gesellschaft eher verachtet oder an den Rand gedrängt werden.

Durch die Seligpreisungen werden sie dazu ermutigt, auch angesichts von Erfahrungen der Hilflosigkeit, der Anfeindung oder gar des Scheiterns nicht zu resignieren, sondern sich vielmehr im **Vertrauen auf die Heilszusage Gottes** auf den Weg in eine „Kontrastgesellschaft" (Gerhard Lohfink) zu machen, die neuen, alternativen Wertvorstellungen folgt, anstatt sich den bestehenden Herrschaftsmechanismen anzupassen. Es ist die hier zum Ausdruck gebrachte Grundhaltung, die einen Menschen überhaupt erst bereit macht für die von Jesus verkündete Nähe Gottes und die auf diese Weise der Vollendung der Gottesherrschaft den Boden bereitet.

Ausdrucksformen der neuen Wertorientierung: Auf dem Weg zur „neuen Gerechtigkeit"

In den folgenden Abschnitten der Bergpredigt – besonders in den so genannten „Antithesen" – wird auf exemplarische Weise sichtbar, welche ethischen Ausdrucksformen diese neue Wertorientierung findet, sodass sich allmählich ein deutlicheres Bild von der „neuen Gerechtigkeit" abzeichnet.

Zunächst wird zum Ausdruck gebracht, wie aus der Zusage der Nähe Gottes ein **neues Selbstverständnis** entsteht, das die in den Seligpreisungen gewonnene Sichtweise konsequent weiterführt. In den anschaulichen Bildern vom Salz der Erde und vom Licht der Welt wird den Menschen vor Augen geführt, dass es letztlich an ihnen liegt, ihre spezifischen Fähigkeiten und Begabungen so einzusetzen, dass ihre Umwelt positiv verändert wird. Aus der *Heilszusage* erwächst also der *Appell,* die Grenzen einer selbstgenügsamen Moralität zu sprengen und den eingeschlagenen Weg trotz aller Widerstände unbeirrt weiterzuverfolgen.

Vom Salz der Erde und vom Licht der Welt: Mt 5,13–16

Mt 5,13 Ihr seid das Salz der Erde. Wenn das Salz seinen Geschmack verliert, womit kann man es wieder salzig machen? Es taugt zu nichts mehr; es wird weggeworfen und von den Leuten zertreten.

14 Ihr seid das Licht der Welt. Eine Stadt, die auf einem Berg liegt, kann nicht verborgen bleiben.

15 Man zündet auch nicht ein Licht an und stülpt ein Gefäß darüber, sondern man stellt es auf den Leuchter; dann leuchtet es allen im Haus.

16 So soll euer Licht vor den Menschen leuchten, damit sie eure guten Werke sehen und euren Vater im Himmel preisen.

Wo auf diese Weise „innere Energien" freigesetzt werden – um ein modernes Bild aufzugreifen –, dort wird auch etwas von der positiven „Gegenwelt" sichtbar, von der schon wiederholt die Rede war. Dort werden verkrustete Strukturen aufgebrochen und neue Formen des Zusammenlebens erprobt. Was das konkret bedeutet, wird im Hauptteil der Bergpredigt anhand der so genannten *Antithesen* näher ausgeführt; in ihnen wird das **neue Gesetzesverständnis** Jesu explizit auf den Punkt gebracht.

In den **„Antithesen“** geht es zunächst um die kritische Auseinandersetzung mit einigen zentralen Weisungen der Tora; dabei handelt es sich jedoch keineswegs um einen echten Widerspruch zu den überlieferten Geboten, wie die üblich gewordene Bezeichnung vermuten lässt, sondern vielmehr um deren *Weiterführung* oder *Vertiefung,* wie es in der jüdischen Auslegungstradition durchaus üblich war. Dies wird auch durch die einleitenden Worte Jesu unterstrichen, in denen er betont, dass er die Tora keineswegs aufheben wolle, sondern sich vielmehr deren *Erfüllung* zum Ziel gesetzt habe: „Denkt nicht, ich sei gekommen, um das Gesetz und die Propheten aufzuheben. Ich bin nicht gekommen, um aufzuheben, sondern um zu erfüllen“ (Mt 5,17).

Was genau darunter zu verstehen ist, soll am Beispiel der ersten „Antithese“ aufgezeigt werden, in der es um das Verbot des Tötens geht.

Vom Töten und von der Versöhnung: Mt 5,21–26

Mt 5,21 Ihr habt gehört, dass zu den Alten gesagt worden ist: Du sollst nicht töten; wer aber jemanden tötet, soll dem Gericht verfallen sein.

22 Ich aber sage euch: Jeder, der seinem Bruder auch nur zürnt, soll dem Gericht verfallen sein; und wer zu seinem Bruder sagt: Du Dummkopf!, soll dem Spruch des Hohen Rates verfallen sein; wer aber zu ihm sagt: Du (gottloser) Narr!, soll dem Feuer der Hölle verfallen sein.

23 Wenn du deine Opfergabe zum Altar bringst und dir dabei einfällt, dass dein Bruder etwas gegen dich hat,

24 so lass deine Gabe dort vor dem Altar liegen; geh und versöhne dich zuerst mit deinem Bruder, dann komm und opfere deine Gabe.

25 Schließ ohne Zögern Frieden mit deinem Gegner, solange du mit ihm noch auf dem Weg zum Gericht bist. Sonst wird dich dein Gegner vor den Richter bringen, und der Richter wird dich dem Gerichtsdiener übergeben, und du wirst ins Gefängnis geworfen.

26 Amen, das sage ich dir: Du kommst von dort nicht heraus, bis du den letzten Pfennig bezahlt hast.

Zu Beginn dieser Ausführungen zitiert Jesus das bekannte Gebot des Dekalogs: „Du sollst nicht töten!“. Er setzt mit seiner ethischen Argumentation also durchaus bei der überlieferten Weisung an; er hebt diese auch keineswegs auf, was ja bedeuten würde, dass den Menschen das Recht, andere zu töten, zugestanden würde. Vielmehr erweitert er das Gebot mit autoritativem Anspruch, indem er den Mord letztlich auf seine Wurzel – die feindselige Einstellung, die dem anderen seine menschliche Würde nimmt – zurückführt und die ethische Argumentation damit entscheidend vertieft: „Ich aber sage euch: Jeder, der seinem Bruder auch nur zürnt, soll dem Gericht verfallen sein.“ Den Zuhörern wird auf diese Weise vor Augen geführt, dass bereits die lieblose Haltung gegenüber den Mitmenschen – die ja mit steigernder Tendenz auch in den zitierten Beschimpfungen zum Ausdruck kommt – eine schwere Verfehlung darstellt, dass die böse Tat genau hier, im Innersten des Menschen, ihren Anfang nimmt. Mit dieser **Intensivierung** und **Verinnerlichung** stellt Jesus das sittliche Handeln und damit auch das Zusammenleben der Menschen auf eine neue Grundlage; an die Stelle der rein *äußerlichen Befolgung der Gesetze* tritt ein *Handeln aus innerer Überzeugung,* wobei diese Überzeugung von dem festen Willen getragen sein sollte, den Mitmenschen stets in seiner Personwürde zu achten und ihm mit Respekt und Wohlwollen zu begegnen. So mündet diese „Antithese“ denn auch konsequent in die Aufforderung ein, zunächst und in erster Linie die Versöhnung mit den Mitmenschen zu suchen, die auch gemäß der jüdischen Tradition des Versöhnungstages der Aussöhnung mit Gott immer vorauszugehen hat.

Die hier aufgezeigte Tendenz setzt sich in den folgenden „Antithesen“ fort, die das Bild von der „neuen Gerechtigkeit“ weiter abrunden. Im Einzelnen werden dabei folgende Aspekte angesprochen:

Die Antithesen der „neuen Gerechtigkeit“ im zwischenmenschlichen Bereich	**Die Antithesen der „neuen Gerechtigkeit“ im religiösen Bereich**
• von der Tötung eines Mitmenschen – von der Versöhnung • vom Ehebruch und der Ehescheidung • von der Eidesleistung • von der Vergeltung • von der Geschwisterlichkeit (Brüderlichkeit)	• vom Geben von Almosen • vom Beten • vom Fasten

Nach der ausführlichen Deutung der ersten „Antithese“ werden die anderen Beispiele in einer kursorischen Übersicht nur knapp erläutert:

- In den Ausführungen **zum Ehebruch** (Mt 5,27–30) wird postuliert, dass auch dieser schon im „Herzen“ beginnt, also in der Gesinnung, die im Verhalten des Mannes einer Frau gegenüber zum Ausdruck kommt: „Wer eine Frau auch nur lüstern ansieht, hat in seinem Herzen auch schon Ehebruch mit ihr begangen." Aus heutiger Sicht wird man dies wohl auch so verstehen können, dass ein Mensch immer dann schwere Schuld auf sich lädt, wenn er in einem anderen Mann oder einer anderen Frau nur noch ein mögliches Objekt für seine sexuellen Bedürfnisse sieht und auf diese Weise die persönliche Würde des Mitmenschen verletzt.

- In den Ausführungen **zum Schwören** (Mt 5,33–37) wird gefordert, auf jede Form der Eidesleistung zu verzichten, da der Mensch schon aus innerer Überzeugung heraus stets die Wahrheit sagen sollte: „Euer Ja sei ein Ja, euer Nein sei ein Nein; alles andere stammt vom Bösen."
- In den Ausführungen **über die Vergeltung** (Mt 5,38–42) wird an die Zuhörer appelliert, auf das ihnen zustehende Recht auf Vergeltung zu verzichten.[28] Stattdessen soll der Gegner durch Menschlichkeit entwaffnet werden, um den Teufelskreis von Gewalt und Gegengewalt zu durchbrechen: „Leistet dem, der euch etwas Böses will, keinen Widerstand, sondern wenn dich einer auf die rechte Wange schlägt, dann halt ihm auch die andere hin."[29]
- Die eigentliche Zielrichtung aller bisherigen „Antithesen" offenbart sich schließlich in den Ausführungen **über die Feindesliebe** (Mt 5,43–48): „Ihr habt gehört, dass gesagt worden ist: Du sollst deinen Nächsten lieben und deinen Feind hassen. Ich aber sage euch: Liebt eure Feinde und betet für die, die euch verfolgen [...]. Ihr sollt also vollkommen sein, wie es auch euer himmlischer Vater ist." Auch hier knüpft Jesus an der alttestamentlichen Weisung an, indem er zitiert: „Du sollst deinen Nächsten lieben und deinen Feind hassen." Das Gebot, den Feind zu hassen, ist im Alten Testament selbst allerdings nicht zu finden; vielmehr steht im Buch Levitikus: „Du sollst in deinem Herzen *keinen* Hass gegen deinen Bruder tragen. [...] An den Kindern deines Volkes sollst du dich nicht rächen und ihnen nichts nachtragen. Du sollst deinen Nächsten lieben wie dich selbst. Ich bin der Herr." (Lev 19,17 f.) Erst durch den Zusatz Jesu kommt es an dieser Stelle

28 Mit dem Grundsatz „Auge um Auge, Zahn um Zahn", der im gesamten Orient verbreitet war, ist das so genannte *ius talionis* („Recht auf Ausgleich") angesprochen. Rechtsgeschichtlich gesehen liegt darin bereits ein großer Fortschritt, da die Vergeltung auf ein begrenztes Maß zurückgeführt wird, was allen Formen der Blutrache mit ihrer Tendenz zu einer Eskalation der Gewalt zugunsten einer genauen Entsprechung zwischen Schuld und Strafe ein Ende setzt. Konkret ist dabei wohl an eine dem Grad der Verletzung angemessene Geldstrafe zu denken.

29 Um diese Stelle richtig zu verstehen, ist auch zu beachten, dass es sich hier wahrscheinlich nicht um einen massiven körperlichen Angriff handelt, sondern um einen leichten Schlag mit dem Handrücken als Zeichen der Verachtung, das nicht mit äußerer Gewalt, sondern vielmehr mit innerer Haltung zu beantworten ist. Auf diese Weise soll die Feindseligkeit des anderen gleichsam aufgebrochen werden.

also zu einer echten Antithese, die seine Position – die Forderung nach einer radikalen, uneingeschränkten Nächstenliebe – nur umso deutlicher hervortreten lässt. Jesus geht es um eine ganz **neue Form der Mitmenschlichkeit,** gegründet in einer von Grund auf *positiven* Einstellung zum anderen, der nicht länger als der – potenzielle oder tatsächliche – Gegner, Konkurrent oder gar Todfeind angesehen werden darf, sondern dem nach dem Vorbild der Liebe Gottes zu den Menschen mit Respekt und Zuneigung begegnet werden soll. Der Schlusssatz macht offenbar, wie hoch der Anspruch ist, der mit diesem jesuanischen Ethos verbunden ist, indem er die Haltung Gottes zum Maßstab für das sittliche Verhalten des Menschen macht. Die geschichtlichen Erfahrungen des 20. sowie des beginnenden 21. Jahrhunderts

Sieger Köder:
Jesus und Zachäus.

zeigen jedoch, dass das Ringen um eine neue innere Einstellung gegenüber anderen Menschen, Völkern oder Religionen letztlich der einzige Weg ist, der wirklich zu einem dauerhaften Frieden führen kann.

Im weiteren Verlauf der Bergpredigt werden einige **Richtlinien** aufgestellt, die dazu geeignet sind, diese neue Grundhaltung auch **im religiösen Bereich** zu verwirklichen. Konkret geht es dabei um die Spendung von Almosen, um das rechte Gebet sowie um das rechte Fasten:

- In den Ausführungen **über die Spendung von Almosen** (Mt 6,1–4) wird gefordert, die Armen aus innerer Überzeugung zu unterstützen und nicht, um auf diese Weise größeres Ansehen zu gewinnen.
- In den Ausführungen **über das rechte Gebet** (Mt 6,5–15) wird mit dem „Vaterunser" ein Weg aufgezeigt, so zu beten, dass nicht das Ritual als solches im Vordergrund steht, sondern die vertrauensvolle Beziehung zu Gott, die stets das ganze Leben durchdringen sollte.
- Auch in den Ausführungen **über das rechte Fasten** (Mt 6,16–18) geht es letztlich darum, dass das Fasten kein demonstrativer Akt sein sollte, sondern vielmehr als eine Möglichkeit anzusehen ist, die Beziehung zu Gott zu festigen.

Alle drei Beispiele aus dem religiösen Ethos verbindet demnach die Forderung, nicht aus Berechnung oder um des eigenen Ansehens willen zu handeln, sondern **aus persönlicher Überzeugung** und **im Vertrauen auf Gott.** Auch und gerade die Erfüllung der religiösen Vorschriften darf nicht zum leeren Ritual verkommen, sondern ist als eine Chance zu begreifen, die Nähe zu Gott sowohl im eigenen Leben als auch im Zusammenleben mit anderen wirksam werden zu lassen.

Unmittelbares Resultat dieses neuen Gesetzesverständnisses ist schließlich ein **neuer Lebensstil,** der auf beispielhafte Weise in dem Abschnitt „Von der falschen und der rechten Sorge" zum Ausdruck kommt.

Von der falschen und der rechten Sorge: Mt 6,19–34

Mt 6,19 Sammelt euch nicht Schätze hier auf der Erde, wo Motte und Wurm sie zerstören und wo Diebe einbrechen und sie stehlen,

20 sondern sammelt euch Schätze im Himmel, wo weder Motte noch Wurm sie zerstören und keine Diebe einbrechen und sie stehlen.

21 Denn wo dein Schatz ist, da ist auch dein Herz.

22 Das Auge gibt dem Körper Licht. Wenn dein Auge gesund ist, dann wird dein ganzer Körper hell sein.

23 Wenn aber dein Auge krank ist, dann wird dein ganzer Körper finster sein. Wenn nun das Licht in dir Finsternis ist, wie groß muss dann die Finsternis sein!
24 Niemand kann zwei Herren dienen; er wird entweder den einen hassen und den andern lieben, oder er wird zu dem einen halten und den andern verachten. Ihr könnt nicht beiden dienen, Gott und dem Mammon.
25 Deswegen sage ich euch: Sorgt euch nicht um euer Leben und darum, dass ihr etwas zu essen habt, noch um euren Leib und darum, dass ihr etwas anzuziehen habt. Ist nicht das Leben wichtiger als die Nahrung und der Leib wichtiger als die Kleidung?
26 Seht euch die Vögel des Himmels an: Sie säen nicht, sie ernten nicht und sammeln keine Vorräte in Scheunen; euer himmlischer Vater ernährt sie. Seid ihr nicht viel mehr wert als sie?
27 Wer von euch kann mit all seiner Sorge sein Leben auch nur um eine kleine Zeitspanne verlängern?
28 Und was sorgt ihr euch um eure Kleidung? Lernt von den Lilien, die auf dem Feld wachsen: Sie arbeiten nicht und spinnen nicht.
29 Doch ich sage euch: Selbst Salomo war in all seiner Pracht nicht gekleidet wie eine von ihnen.
30 Wenn aber Gott schon das Gras so prächtig kleidet, das heute auf dem Feld steht und morgen ins Feuer geworfen wird, wie viel mehr dann euch, ihr Kleingläubigen!
31 Macht euch also keine Sorgen und fragt nicht: Was sollen wir essen? Was sollen wir trinken? Was sollen wir anziehen?
32 Denn um all das geht es den Heiden. Euer himmlischer Vater weiß, dass ihr das alles braucht.
33 Euch aber muss es zuerst um sein Reich und um seine Gerechtigkeit gehen; dann wird euch alles andere dazugegeben.
34 Sorgt euch also nicht um morgen; denn der morgige Tag wird für sich selbst sorgen. Jeder Tag hat genug eigene Plage.

Wie schon in den Seligpreisungen und im Vaterunser wird der Mensch auch an dieser Stelle noch einmal ausdrücklich dazu ermutigt, sich der **Fürsorge Gottes** voll und ganz anzuvertrauen. Wer sich von Gott angenommen weiß, der kann die Sorgen und Nöte des täglichen Lebens „getrost" hinter sich lassen.

Wie wichtig gerade dieser abschließende Gedanke der Bergpredigt ist, das zeigt sich auch darin, dass er in den Worten über das „Vertrauen beim Beten" gleich noch einmal aufgegriffen wird:

Mt 7,7 Bittet, dann wird euch gegeben; sucht, dann werdet ihr finden; klopft an, dann wird euch geöffnet.
9 Oder ist einer unter euch, der seinem Sohn einen Stein gibt, wenn er um Brot bittet?
11 Wenn nun schon ihr, die ihr böse seid, euren Kindern gebt, was gut ist, wie viel mehr wird euer Vater im Himmel denen Gutes geben, die ihn bitten.

An dieser Stelle kommt einmal mehr das Heilsversprechen der Reich-Gottes-Botschaft Jesu zum Tragen, das sich bereits im letzten Abschnitt als tragende Säule der neutestamentlichen Ethik erwiesen hat. Die Nähe der Gottesherrschaft relativiert äußere Sicherheiten und traditionelle Wertordnungen, in denen die Menschen sich vorläufig eingerichtet haben, die aber spätestens in der Konfrontation mit der eigenen Sterblichkeit hinfällig werden; sie befreit die Menschen aber auch von dem Zwang, sich durch Egoismus, übertriebenen Leistungsdruck und Rücksichtslosigkeit Macht und Ansehen zu verschaffen. Wer sich und anderen nichts mehr beweisen muss, der wird offen für die Sorgen und Nöte seiner Mitmenschen, wie es bereits in den Seligpreisungen zu Beginn der Bergpredigt zum Ausdruck kam. So kann der neue Lebensstil, der aus der besonderen Wertorientierung der Bergpredigt resultiert, zusammenfassend als eine Haltung umschrieben werden, die durch **innere Freiheit, Gelassenheit und Gottvertrauen** gekennzeichnet ist. Im Kontext der neutestamentlichen Ethik ist dies die einzige angemessene Grundhaltung für einen Menschen, für den die Gegenwart Gottes in der Begegnung mit Jesus von Nazareth zur greifbaren Realität geworden ist.

Der Aufruf zur Entscheidung

Am Ende der Bergpredigt wird der Mensch – genau wie im eingangs zitierten ersten Psalm – dazu aufgerufen, sich zwischen zwei Wegen zu entscheiden: zwischen dem Weg zum Heil, der zum (ewigen) Leben führt, und dem Weg in den Untergang, der die Möglichkeit menschlichen Scheiterns im Zustand der Gottferne für immer besiegeln wird.

Von den zwei Wegen: Mt 7,13 f.

Mt 7,13 Geht durch das enge Tor! Denn das Tor ist weit, das ins Verderben führt, und der Weg dahin ist breit, und viele gehen auf ihm.

14 Aber das Tor, das zum Leben führt, ist eng, und der Weg dahin ist schmal, und nur wenige finden ihn.

Der Aufruf zur Entscheidung wird verbunden mit der Warnung vor falschen Propheten (Mt 7,15–23) und mit der Mahnung, sein Haus auf dem Felsen zu bauen (Mt 7,24–27), sein Leben also ausschließlich auf Gott zu gründen, der uns allein festen, dauerhaften Halt zu geben vermag. Hier wird die letzte **Konsequenz aus der Botschaft von der „neuen Gerechtigkeit“** gezogen, die im Laufe der Bergpredigt auf durchaus schlüssige Weise entwickelt wurde. Offenbar ist mit dem Anbruch der Gottesherrschaft die Zeit der Kompromisse vorbei; hier ist eine Entschiedenheit gefragt, die den ganzen Menschen, die alle Dimensionen menschlicher Existenz für sich in Anspruch nimmt.

In der Unbedingtheit, mit der diese Entscheidung eingefordert wird, kommt noch einmal die schon mehrfach angesprochene Radikalität des ethischen Ansatzes der Bergpredigt zum Ausdruck; diese ist letztlich darin begründet, dass es hier um **grundlegende Einstellungen und Werthaltungen** geht, die das gesamte Leben des Menschen und damit auch sein sittliches Handeln nachhaltig prägen. Da Jesus die moralische Qualität einer Handlung unmittelbar auf deren Wurzel zurückführt, kann man in Bezug auf das Ethos der Bergpredigt auch durchaus von einer *Radikalisierung* der Ethik im ursprünglichen Wortsinn (abgeleitet von lat. *radix:* Wurzel) sprechen.

Auf diese Weise wird jedoch auch das Gewicht der ethischen Argumentation – und damit die letzte Verantwortung für das menschliche Handeln – ganz auf den einzelnen Menschen verlagert. Es ist allein seine Entscheidung, wie er sich in einer konkreten Situation verhält, um der in der Reich-Gottes-Botschaft Jesu begründeten Wertorientierung gerecht zu werden. So ist es nur konsequent, wenn am Ende der Bergpredigt neben der **Radikalisierung** und der damit verbundenen **Verinnerlichung** auch eine **Zentrierung** des neutestamentlichen Ethos mithilfe der so genannten *„Goldenen Regel"* erfolgt, auf die gleich noch genauer einzugehen sein wird.

Der hohe Anspruch, der in der Lehre von der „neuen Gerechtigkeit" zum Ausdruck kommt, und die große Autorität, mit der diese Lehre verkündet wird, spiegeln sich auch deutlich in der szenischen Abrundung der Bergpredigt wider: „Als Jesus diese Rede beendet hatte, war die Menge sehr betroffen von seiner Lehre; denn er lehrte sie wie einer, der (göttliche) Vollmacht hat, und nicht wie ihre Schriftgelehrten" (Mt 7,28 f.) – mit diesen Worten endet das „ethische Credo" des Christentums.

Zusammenfassend ist festzuhalten, dass die Lehre Jesu von der „neuen Gerechtigkeit" ein Ethos begründet, das in der argumentativen Auseinandersetzung mit anderen zeitgenössischen Positionen des Judentums, wie sie zum Beispiel von Pharisäern vertreten wurden, das *Handeln aus innerer Überzeugung* anstelle des *strengen Gesetzesgehorsams* in den Mittelpunkt stellt. Jesus konnte dabei durchaus auf die alttestamentliche Überlieferung zurückgreifen, die er jedoch mit autoritativer Vollmacht neu interpretiert. Wer sich auf sein Ethos einlässt, der wird sich nach dem Vorbild Jesu Christi in der Begegnung mit den Mitmenschen rückhaltlos öffnen und diesen nicht mit Misstrauen und Berechnung, sondern mit Respekt und Wohlwollen begegnen. Er wird also schon aus dieser positiven Grundeinstellung heraus alles vermeiden, was ihnen schaden könnte oder was die elementaren Strukturen des Zusammenlebens zerstören würde; weitere detaillierte „Ausführungsbestimmungen", wie sie in den 613 Geboten und Verboten der jüdischen Überlieferung vorliegen, werden auf diese Weise hinfällig. Deshalb kann das gesamte neutestamentliche Ethos auch letztlich in dem einen **Gebot der Nächstenliebe** zusammengefasst werden, in dem sich sowohl die Liebe Gottes zu den Menschen abbildet als auch die Liebe der Menschen zu Gott konkretisiert. Die hier eingeforderte Mitmenschlichkeit wird im neutestamentlichen Ethos gleichsam zum Katalysator der neuen Menschheit, die im Horizont der Reich-Gottes-Botschaft Jesu bereits sichtbar geworden ist.

Blicken wir abschließend noch auf die ethischen Argumentationsformen zurück, die im letzten Kapitel behandelt wurden, so ist festzustellen, dass das Ethos der Bergpredigt der Gesinnungsethik zugerechnet werden kann, da das sittliche Handeln hier an der *Gesinnung,* die dem konkreten Tun zugrunde liegt, gemessen wird. Die konsequente Ausrichtung auf das Prinzip der Mitmenschlichkeit schließt jedoch auch eine *konkrete Zielsetzung* mit ein. Die Bergpredigt verbindet somit den deontologischen Ansatz der Gesinnungsethik mit der teleologischen Betrachtungsweise der Erfolgsethik, weshalb man ihren Ansatz in der moraltheologischen Diskussion des 20. Jahrhunderts mit Recht dem Modell der **personalen Verantwortungsethik** zugerechnet hat.

3.2.3 Die „Goldene Regel"

Die so genannte „Goldene Regel" ist in zahlreichen Kulturen verbreitet und soll schon im 6. Jahrhundert vor Christus von dem chinesischen Gelehrten Konfuzius als ethischer Grundsatz vertreten worden sein. Der jüdische Gelehrte Hillel, ein älterer Zeitgenosse Jesu, antwortete auf die Aufforderung, die gesamte Tora kurz zusammenzufassen, mit den Worten: „Was dir nicht lieb ist, das tue auch deinem Nächsten nicht." Diese negativ formulierte Variante der Goldenen Regel scheint damals sprichwörtlich gewesen zu sein, da sie sich auch in anderen Quellen findet. Rabbi Akiwa bezeichnete sie im 2. Jahrhundert nach Christus sogar als das Hauptprinzip der Tora. Selbst der kategorische Imperativ des Aufklärungsphilosophen Immanuel Kant kann letztlich noch als eine – wenn auch sehr abstrakt formulierte – Version dieses Grundsatzes angesehen werden, wenn es hier heißt: „Handle so, dass die Maxime deines Willens jederzeit zugleich als Prinzip einer allgemeinen Gesetzgebung gelten könne." Denn auch bei diesem ethischen Gedankengang wird ja vorausgesetzt, dass der Handelnde dieser allgemeinen Gesetzgebung selbst unterworfen sein würde, sodass sein Verhalten letztlich also auf ihn selbst zurückfiele. All diesen sprachlichen Varianten der Goldenen Regel ist die eine Aussage gemeinsam, dass der andere stets so behandelt werden sollte, wie man selbst behandelt werden möchte (positive Fassung), bzw. dass man dem anderen das nicht antun sollte, was man selbst nicht erleiden will (negative Fassung). Die **Wechselseitigkeit** bzw. Reziprozität, derzufolge der *Handelnde* sich immer auch in die Rolle des *Betroffenen* hineinversetzen sollte, bevor er sich für ein bestimmtes Verhalten entscheidet, dient hier also als ein **wichtiges regulatives Moment** – eine Argumentationsstruktur, die auch in der aktuellen Diskussion über ein gemeinsames Weltethos eine große Rolle spielt.

Darüber hinaus zählt die Goldene Regel, deren älteste schriftliche Version wohl im Buch Levitikus zu finden ist, jedoch auch zum Urgestein der jüdisch-christlichen Ethik. Bei Lukas wird die alte Lebensweisheit in der prägnanten Formulierung: „Was ihr von anderen erwartet, das tut ebenso auch ihnen" (Lk 6,31) wiedergegeben. Bei Matthäus steht sie gleichsam als Zielmarkierung am Ende der Bergpredigt, deren Grundzüge im letzten Abschnitt ausführlich entfaltet wurden: „Alles, was ihr also von anderen erwartet, das tut auch ihnen! Darin besteht das Gesetz und die Propheten." (Mt 7,12) Hier wird die Goldene Regel in einen **religiösen Begründungszusammenhang** hineingestellt, der weit über den utilitaristischen (am eigenen Nutzen orientierten) Ansatz der ursprünglichen Lebensweisheit hinausgeht, indem sie dem in der Reich-Gottes-Botschaft Jesu verankerten „Ethos der Nächstenliebe" zugeordnet wird.

Dieser Sinnzusammenhang spiegelt sich auch in der Frage nach dem wichtigsten Gebot wider, auf die an dieser Stelle kurz eingegangen werden muss, da sie die Goldene Regel im Sinne der neutestamentlichen Ethik weiterführt.

Die Frage nach dem wichtigsten Gebot: Mk 12,28–31 (vgl. Mt 22,34–40; Lk 10,25–28)

Mk 12,28 Ein Schriftgelehrter hatte ihrem Streit zugehört; und da er bemerkt hatte, wie treffend Jesus ihnen antwortete, ging er zu ihm hin und fragte ihn: Welches Gebot ist das erste von allen?

29 Jesus antwortete: Das erste ist: Höre, Israel, der Herr, unser Gott, ist der einzige Herr.

30 Darum sollst du den Herrn, deinen Gott, lieben mit ganzem Herzen und ganzer Seele, mit all deinen Gedanken und all deiner Kraft.

31 Als zweites kommt hinzu: Du sollst deinen Nächsten lieben wie dich selbst. Kein anderes Gebot ist größer als diese beiden.

Wie schon im Alten Testament, speziell im Buch Levitikus, gewinnt die Beziehung zum Mitmenschen an dieser Stelle einen explizit theologischen Stellenwert, da sie in die Beziehung zu Gott hineingenommen und von hier aus gedeutet wird. Erst in der liebenden Zuwendung zum Mitmenschen wird die Liebe zu Gott zur positiven Gestaltungskraft menschlicher Existenz. In der gleichrangigen Zuordnung beider Gebote kommt einmal mehr der unauflösbare **Zusammenhang** zwischen der **Gottesliebe** und der **Nächstenliebe** zum Tragen, der als das entscheidende **Wesensmerkmal der biblischen Ethik** angesehen werden kann. Dieser enge Zusammenhang wird heilsgeschichtlich gesehen dadurch verstärkt, dass die Liebe Gottes der Liebe der Menschen immer schon vorausgeht. Da der Mensch sich trotz aller persönlichen Unzulänglichkeiten von Gott angenommen weiß, kann er auch seine Mitmenschen so akzeptieren, wie sie sind. Nur wer zu sich selbst stehen kann, ist auch fähig, seinen Mitmenschen offen, ohne Vorurteile und geheime Vorbehalte zu begegnen. Es ist genau diese Einsicht der modernen Psychologie, die in der biblischen Formulierung „Du sollst deinen Nächsten lieben *wie dich selbst*“ prägnant zum Ausdruck kommt und die auch der Goldenen Regel erst ihren tieferen Sinn verleiht.

Walter Habdank: Der barmherzige Samariter; Holzschnitt 1987.

Zusammenfassend sei auf die Formulierung der Goldenen Regel durch die beiden jüdischen Religionswissenschaftler Hermann Cohen und Martin Buber verwiesen, die die hier aufgezeigten Zusammenhänge ganz unmittelbar zum Ausdruck bringt: „Sei liebevoll zu deinem Mitmenschen, wie zu jemandem, der wie du selbst ist.“ Die ursprüngliche Verbundenheit aller Menschen, auf die hier implizit verwiesen wird, ist aus Sicht der jüdisch-christlichen Ethik die in der Gottebenbildlichkeit begründete **Gotteskindschaft,** die uns angesichts der zunehmenden Globalisierung zu Beginn des 21. Jahrhunderts vor ganz neue Herausforderungen stellt.

3.3 Die Frage nach dem Proprium der jüdisch-christlichen Ethik

Am Ende dieses Kapitels steht die Frage nach dem *Proprium,* also den **spezifischen Wesensmerkmalen** der jüdisch-christlichen Ethik, soweit diese sich aus der Heiligen Schrift herleiten lassen. Wie es der besonderen Eigenart der Verkündigung Jesu entspricht, soll diese Frage mithilfe des Gleichnisses vom barmherzigen Samariter[30] beantwortet werden.

Das Beispiel vom barmherzigen Samariter: Lk 10,25–37

Lk 10,25 Da stand ein Gesetzeslehrer auf, und um Jesus auf die Probe zu stellen, fragte er ihn: Meister, was muss ich tun, um das ewige Leben zu gewinnen?
26 Jesus sagte zu ihm: Was steht im Gesetz? Was liest du dort?
27 Er antwortete: Du sollst den Herrn, deinen Gott, lieben mit ganzem Herzen und ganzer Seele, mit all deiner Kraft und all deinen Gedanken, und: Deinen Nächsten sollst du lieben wie dich selbst.
28 Jesus sagte zu ihm: Du hast richtig geantwortet. Handle danach, und du wirst leben.
29 Der Gesetzeslehrer wollte seine Frage rechtfertigen und sagte zu Jesus: Und wer ist mein Nächster?
30 Darauf antwortete ihm Jesus: Ein Mann ging von Jerusalem nach Jericho hinab und wurde von Räubern überfallen. Sie plünderten ihn aus und schlugen ihn nieder; dann gingen sie weg und ließen ihn halbtot liegen.
31 Zufällig kam ein Priester denselben Weg herab; er sah ihn und ging weiter.
32 Auch ein Levit kam zu der Stelle; er sah ihn und ging weiter.
33 Dann kam ein Mann aus Samarien, der auf der Reise war. Als er ihn sah, hatte er Mitleid,
34 ging zu ihm hin, goss Öl und Wein auf seine Wunden und verband sie. Dann hob er ihn auf sein Reittier, brachte ihn zu einer Herberge und sorgte für ihn.
35 Am andern Morgen holte er zwei Denare hervor, gab sie dem Wirt und sagte: Sorge für ihn, und wenn du mehr für ihn brauchst, werde ich es dir bezahlen, wenn ich wiederkomme.
36 Was meinst du: Wer von diesen dreien hat sich als der Nächste dessen erwiesen, der von den Räubern überfallen wurde?
37 Der Gesetzeslehrer antwortete: Der, der barmherzig an ihm gehandelt hat. Da sagte Jesus zu ihm: Dann geh und handle genauso!

30 Streng genommen handelt es sich bei dieser Perikope um eine Parabel, da hier kein alltägliches Ereignis zur Grundlage genommen wird, sondern ein außergewöhnliches Geschehen, das gewohnte Denkschemata durchbricht und gerade deshalb besonders herausfordernd wirkt. Der Einfachheit halber wird hier jedoch die allgemein gebräuchliche Bezeichnung beibehalten.

Die Deutung dieses Gleichnisses muss beim **Wechsel der Perspektive** ansetzen, der vor allem in den beiden Fragen zum Ausdruck kommt, die das Gleichnis einrahmen. Aus der Frage des Gesetzeslehrers: *„Wer ist mein Nächster?"* wird die Rückfrage Jesu: *„Wer von diesen dreien hat sich als der Nächste dessen erwiesen, der von den Räubern überfallen wurde?"*. Geht der Gesetzeslehrer ausschließlich von sich selbst aus, wenn er überlegt, wem er im Notfall beistehen muss und wem nicht, so nimmt Jesus von vornherein die Perspektive des Menschen ein, der dringend auf Hilfe angewiesen ist. Hier ist im Grunde schon die moderne Erkenntnis vorweggenommen, dass die **Fähigkeit zur Empathie,** also die Fähigkeit, sich in einen anderen Menschen hineinzuversetzen und eine Situation auch einmal aus dessen Blickwinkel wahrzunehmen, eine elementare Voraussetzung für gelingende zwischenmenschliche Beziehungen darstellt. Genau dazu wird nun auch der Gesetzeslehrer mithilfe der Parabel angeleitet, und so erkennt er, dass für den Überfallenen *jeder Mensch* der Nächste sein wird, der bereit ist, ihm in seiner Not beizustehen.

Eine besondere Pointe des Gleichnisses Jesu besteht darin, dass es gerade ein Priester und ein Levit sind, die dem Verletzten die notwendige Hilfe verweigern; beide wollen ihre kultische Reinheit nicht gefährden, die das Gesetz für den Dienst im Tempel vorschreibt. Es sind also religiöse Rücksichten, die sie letztlich daran hindern, auf die Not des Verletzten so zu reagieren, wie es der religiöse Außenseiter aus Samaria mit seiner großzügigen Hilfe spontan und selbstverständlich tut. Wo die gesetzlichen Vorschriften jedoch derart über das Wohl des Menschen gestellt werden, da dienen sie nicht mehr als „Schutzschilder des Lebens", sondern sie werden zu Mauern, die den Blick darauf verstellen, was dem Menschen Not tut.

Wie sich hier zeigt, geht es Jesus in erster Linie darum, seinen Zeitgenossen, bei denen der Gesetzesgehorsam zum Selbstzweck zu werden drohte, wieder das zentrale Anliegen auch und gerade der alttestamentlichen Ethik ins Gedächtnis zu rufen, nämlich dass das **Wohl des Menschen** stets im Mittelpunkt aller sittlichen Bestrebungen stehen sollte. Diese Position kommt auch in dem viel zitierten Satz „Der Sabbat ist für den Menschen da, nicht der Mensch für den Sabbat" (Mk 2,27) klar zum Ausdruck.

Indem Jesus auf diese Weise die ursprüngliche Zielsetzung der Tora wieder in den Vordergrund rückt, erhebt er die **Nächstenliebe,** die uneingeschränkte Solidarität mit dem Mitmenschen, zum obersten Prinzip menschlichen Handelns. Wie sich in den einzelnen Abschnitten dieses Kapitels gezeigt hat, laufen alle Argumentationslinien des biblischen Ethos letztlich in diesem einen

Prinzip zusammen, ist genau hier das **Proprium der biblischen Ethik** zu finden. Die Nächstenliebe ist der **Maßstab,** an dem das Verhalten der Gläubigen gemessen wird.

Auf besonders eindrucksvolle Weise wird uns dies in der großen eschatologischen (auf die Endzeit bezogenen) Rede vom Weltgericht vor Augen geführt, die die Reihe der großen jesuanischen Reden im Matthäus-Evangelium beschließt und die somit eine ähnlich exponierte Stellung einnimmt wie die Bergpredigt, die dieses Evangelium mit der Lehre vom Anbruch der Gottesherrschaft programmatisch eröffnet.

Sieger Köder: Die Werke der Barmherzigkeit.

Vom Weltgericht: Mt 25,31–46

Mt 25,31 Wenn der Menschensohn in seiner Herrlichkeit kommt und alle Engel mit ihm, dann wird er sich auf den Thron seiner Herrlichkeit setzen.
32 Und alle Völker werden vor ihm zusammengerufen werden, und er wird sie voneinander scheiden, wie der Hirt die Schafe von den Böcken scheidet.
33 Er wird die Schafe zu seiner Rechten versammeln, die Böcke aber zur Linken.
34 Dann wird der König denen auf der rechten Seite sagen: Kommt her, die ihr von meinem Vater gesegnet seid, nehmt das Reich in Besitz, das seit der Erschaffung der Welt für euch bestimmt ist.
35 Denn ich war hungrig, und ihr habt mir zu essen gegeben; ich war durstig, und ihr habt mir zu trinken gegeben; ich war fremd und obdachlos, und ihr habt mich aufgenommen;
36 ich war nackt, und ihr habt mir Kleidung gegeben; ich war krank, und ihr habt mich besucht; ich war im Gefängnis, und ihr seid zu mir gekommen.
37 Dann werden ihm die Gerechten antworten: Herr, wann haben wir dich hungrig gesehen und dir zu essen gegeben, oder durstig und dir zu trinken gegeben?
38 Und wann haben wir dich fremd und obdachlos gesehen und aufgenommen, oder nackt und dir Kleidung gegeben?
39 Und wann haben wir dich krank oder im Gefängnis gesehen und sind zu dir gekommen?
40 Darauf wird der König ihnen antworten: Amen, ich sage euch: Was ihr für einen meiner geringsten Brüder getan habt, das habt ihr mir getan.
41 Dann wird er sich auch an die auf der linken Seite wenden und zu ihnen sagen: Weg von mir, ihr Verfluchten, in das ewige Feuer, das für den Teufel und seine Engel bestimmt ist!
42 Denn ich war hungrig, und ihr habt mir nichts zu essen gegeben; ich war durstig, und ihr habt mir nichts zu trinken gegeben;
43 ich war fremd und obdachlos, und ihr habt mich nicht aufgenommen; ich war nackt, und ihr habt mir keine Kleidung gegeben; ich war krank und im Gefängnis, und ihr habt mich nicht besucht.
44 Dann werden auch sie antworten: Herr, wann haben wir dich hungrig oder durstig oder obdachlos oder nackt oder krank oder im Gefängnis gesehen und haben dir nicht geholfen?
45 Darauf wird er ihnen antworten: Amen, ich sage euch: Was ihr für einen dieser Geringsten nicht getan habt, das habt ihr auch mir nicht getan.
46 Und sie werden weggehen und die ewige Strafe erhalten, die Gerechten aber das ewige Leben.

Wenn der Mensch sich also am Ende seines Lebens vor Gott dafür verantworten muss, wie er sein Leben geführt hat, dann wird das **alltägliche Verhalten zum Mitmenschen** – die konkrete Fürsorge, die liebevolle Zuwendung, die tatkräftige Unterstützung in Notsituationen – der **einzige Prüfstein** sein; es ist die so verstandene Nächstenliebe, die den Menschen der biblischen Botschaft zufolge auf einzigartige Weise mit Gott verbindet, aus der jedoch auch eine besondere Verpflichtung erwächst, der sich gläubige Menschen immer wieder aufs Neue stellen müssen.

Zusammenfassung: Die ethische Dimension der biblischen Botschaft

Die ethische Dimension der biblischen Botschaft erschließt sich in einer einzigartigen Synthese, die schöpfungstheologische und heilsgeschichtliche Gesichtspunkte, Altes und Neues Testament wirkungsvoll miteinander verknüpft.

- *Schöpfungstheologisch* liegt der jüdisch-christlichen Ethik die Überzeugung zugrunde, dass alles Leben im Schöpfungswillen Gottes begründet ist. Daher ist die menschliche Existenz primär als ein **Geschenk** aufzufassen, das alle Menschen in der **Gotteskindschaft** miteinander verbindet, das ihnen jedoch auch die Verpflichtung auferlegt, sich in die Schöpfungsordnung einzufügen und ihr Leben in der **Verantwortung vor Gott** zu führen.
- *Heilsgeschichtlich* setzt sich diese Linie aus christlicher Sicht unmittelbar im Wirken Jesu Christi fort, in dem der Anbruch der Gottesherrschaft greifbare Gestalt gewonnen hat. Damit wird Jesus selbst zum **Sinnbild göttlicher Liebe,** an dem unser Lebensentwurf sein Ziel und seine Richtung erfährt. Wer immer sich dieser Liebe öffnet und dem Vorbild Jesu nachstrebt, der wird ein erfülltes Leben führen, wie es dem Willen Gottes entspricht.
- Das **Ethos der Nächstenliebe,** das Jesus uns vorgelebt hat, wird damit zum obersten **Prinzip** und zum **Maßstab sittlichen Handelns.** Darin eröffnet sich dem Einzelnen eine besondere Vollmacht, aber auch eine einmalige Verpflichtung, sein Leben verantwortlich zu gestalten und die liebende Zuwendung zum Mitmenschen in jeder Situation wirksam werden zu lassen. Es geht im biblischen Ethos also nicht um eine neue Form der Gesetzlichkeit, sondern um eine **neue Grundhaltung,** eine neue Einstellung zum Mitmenschen, die sich immer wieder aufs Neue zu bewähren hat.

4 Perspektiven und Entfaltungen christlicher Ethik

Zu Beginn dieses Kapitels soll kurz auf die **Wesensmerkmale der jüdisch-christlichen Ethik** zurückgeblickt werden, wie sie sich aus der biblischen Offenbarung ergeben.

- Jüdisch-christliche Ethik ist **in der Schöpfungstheologie begründet;** sie beruht also von ihrem Grundansatz her auf der Überzeugung, dass Gott als der letzte Urheber allen Seins anzusehen ist und dass der Mensch seine Existenz ausschließlich dem Schöpfungswillen Gottes verdankt. Leben wird im Kontext der jüdisch-christlichen Ethik als Geschenk Gottes verstanden. Deshalb ist das Verhalten des Menschen stets als **Antwort** auf das Heilsangebot Gottes zu verstehen, weshalb man auch vom **responsorischen Charakter** des biblischen Ethos sprechen kann.
- Der responsorische Charakter kommt auch darin zum Ausdruck, dass der Mensch Gott Rechenschaft dafür schuldet, wie er sein Leben konkret gestaltet. Oberster Maßstab seines Handelns sind die göttlichen Weisungen, die in der Heiligen Schrift überliefert sind und die Jesus Christus auf vollkommene Weise erfüllt hat. Auch die christliche Ethik als die wissenschaftliche Reflexion sittlichen Handelns ist an diesen Maßstab gebunden; sie ist also von ihrem Wesen her **theonom** (d. h. im Willen Gottes) begründet und an der **Christusnachfolge** ausgerichtet.
- Da mit dem Wirken, dem Tod und der Auferstehung Jesu Christi das Reich Gottes nach christlichem Verständnis bereits seinen Anfang genommen hat, sollte das Leben der Gläubigen ganz von der Hoffnung auf die Vollendung der Gottesherrschaft durchdrungen sein. Der christlichen Ethik kommt damit auch eine **sinnstiftende eschatologische Dimension** zu, die gewohnte Verhaltensmechanismen radikal infrage stellt und sich in hohem Maße gesellschaftskritisch auswirkt.

In den folgenden Abschnitten wird es darum gehen, im Detail aufzuzeigen, inwiefern diese Wesensmerkmale als **Perspektiven christlicher Ethik** in den verschiedenen Lebensbereichen zur positiven Gestaltungskraft werden können. Es ist jedoch zu betonen, dass es sich dabei nicht zwangsläufig um ein „christliches Sonderethos“ handelt. Viele Wertvorstellungen und Verhaltensrichtlinien, die hier zur Sprache kommen, sind auch in anderen Religionen und Weltanschauungen zu finden. Gläubige Christen sollten sich diesem Ethos jedoch in besonders hohem Maße verpflichtet fühlen, wenn sie ihren Glauben auch als Zeugnis für andere überzeugend leben wollen. Das „unterscheidend Christliche" besteht demnach in erster Linie in dem theologischen Sinnzusammenhang, der soeben noch einmal in Umrissen skizziert wurde und in den die christliche Ethik eingebettet ist. Er bewirkt, dass die Menschen angesichts von Grenzerfahrungen menschlicher Existenz, zu denen auch Erfahrungen des Scheiterns und der Ohnmacht zählen, nicht resignieren, sondern voll Hoffnung und Zuversicht am Werden einer neuen Menschheit teilhaben. „Auf dem Hintergrund glaubender Sinnerfahrung", so der Moraltheologe Josef Römelt, „kann die ethische Hoffnung wachsen, dass der Mensch tatsächlich imstande ist, auch im Kontext der heutigen komplexen Wirklichkeitserfahrung in persönlicher Identität, sozialer Gerechtigkeit und ökologischer Balance zu leben."[31] Was das konkret bedeutet, soll im Folgenden genauer entfaltet werden.

4.1 Gemeinschaftsbezogene Selbstverwirklichung als Lebensaufgabe

Die Frage nach der Selbstverwirklichung berührt unmittelbar das Problem der persönlichen Identität. Das zentrale Gebot neutestamentlicher Ethik lautet: „Du sollst deinen Nächsten lieben wie dich selbst." In dieser polaren Beziehung zwischen dem Individuum auf der einen Seite und seinen Mitmenschen auf der anderen Seite spiegelt sich der **mehrdimensionale Ansatz** des christlichen Menschenbildes wider, in dem die menschliche Personalität und Sozialität vor dem Hintergrund der gemeinsamen Gotteskindschaft aller Menschen immer schon aufeinander bezogen sind. So stiftet die Transzendentalität, die Nähe zu Gott, eine Beziehung, in die jeder Einzelne von Beginn an verwoben ist und die Selbstverwirklichung nur in der

31 Josef Römelt: Vom Sinn moralischer Verantwortung, a. a. O., S. 66.

Gemeinschaft mit anderen zulässt. Nur wenn es dem Menschen gelingt, alle drei Dimensionen menschlicher Existenz in einem **ganzheitlichen Lebensentwurf** zu integrieren, findet er zu seiner persönlichen Identität.

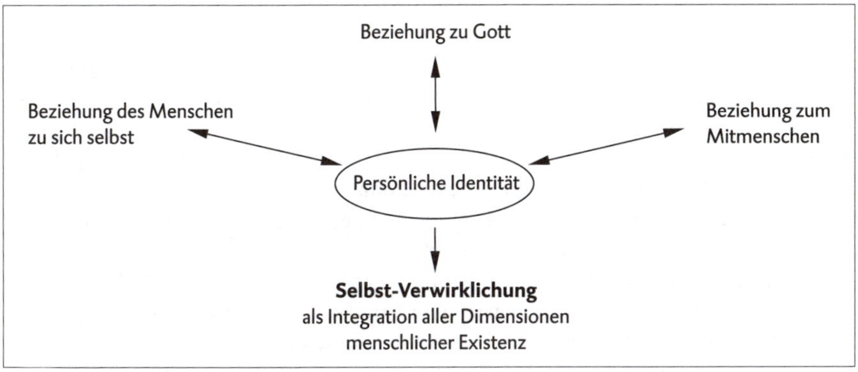

Die Beziehung zum Mitmenschen lebt jedoch entscheidend von dem, was der Einzelne in diese Beziehung einzubringen hat: von seiner **Einzigartigkeit** und **Besonderheit,** die ganz bewusst entfaltet werden sollte, um dem Schöpfungsauftrag Gottes in Bezug auf die eigene Person gerecht zu werden. Was das konkret bedeutet, kann anhand des Gleichnisses vom anvertrauten Geld verdeutlicht werden, das uns im Lukas-Evangelium überliefert ist:

Lk 19,11 Weil Jesus schon nahe bei Jerusalem war, meinten die Menschen, die von all dem hörten, das Reich Gottes werde sofort erscheinen. Daher erzählte er ihnen ein weiteres Gleichnis.

12 Er sagte: Ein Mann von vornehmer Herkunft wollte in ein fernes Land reisen, um die Königswürde zu erlangen und dann zurückzukehren.

13 Er rief zehn seiner Diener zu sich, verteilte unter sie Geld im Wert von zehn Minen und sagte: Macht Geschäfte damit, bis ich wiederkomme.

14 Da ihn aber die Einwohner seines Landes hassten, schickten sie eine Gesandtschaft hinter ihm her und ließen sagen: Wir wollen nicht, dass dieser Mann unser König wird.

15 Dennoch wurde er als König eingesetzt. Nach seiner Rückkehr ließ er die Diener, denen er das Geld gegeben hatte, zu sich rufen. Er wollte sehen, welchen Gewinn jeder bei seinen Geschäften erzielt hatte.

16 Der erste kam und sagte: Herr, ich habe mit deiner Mine zehn Minen erwirtschaftet.

17 Da sagte der König zu ihm: Sehr gut, du bist ein tüchtiger Diener. Weil du im Kleinsten zuverlässig warst, sollst du Herr über zehn Städte werden.

18 Der zweite kam und sagte: Herr, ich habe mit deiner Mine fünf Minen erwirtschaftet.

19 Zu ihm sagte der König: Du sollst über fünf Städte herrschen.
20 Nun kam ein anderer und sagte: Herr, hier hast du dein Geld zurück. Ich habe es in ein Tuch eingebunden und aufbewahrt;
21 denn ich hatte Angst vor dir, weil du ein strenger Mann bist: Du hebst ab, was du nicht eingezahlt hast, und erntest, was du nicht gesät hast.
22 Der König antwortete: Aufgrund deiner eigenen Worte spreche ich dir das Urteil. Du bist ein schlechter Diener. Du hast gewusst, dass ich ein strenger Mann bin? Dass ich abhebe, was ich nicht eingezahlt habe, und ernte, was ich nicht gesät habe?
23 Warum hast du dann mein Geld nicht auf die Bank gebracht? Dann hätte ich es bei der Rückkehr mit Zinsen abheben können.
24 Und zu den anderen, die dabeistanden, sagte er: Nehmt ihm das Geld weg, und gebt es dem, der die zehn Minen hat.
25 Sie sagten zu ihm: Herr, er hat doch schon zehn.
26 (Da erwiderte er:) Ich sage euch: Wer hat, dem wird gegeben werden; wer aber nicht hat, dem wird auch noch weggenommen, was er hat.

In der vorliegenden Form dürfte das Gleichnis mehrfach ergänzt und überarbeitet worden sein, sodass die ursprüngliche Gestalt nicht mehr sicher zu rekonstruieren ist. Im Zentrum steht jedoch eindeutig der Auftrag, die Zeit, die den Menschen gegeben ist, nach Kräften zu nutzen, mit den „eigenen Pfunden zu wuchern", die Talente, die einem jeden Menschen gegeben sind, fruchtbar werden zu lassen.

Eine Schlüsselrolle kommt dabei im Kontext des christlichen Menschenbildes der Auffassung zu, dass der Mensch von seinem ganzen Wesen her über **Vernunft** und **Reflexionsvermögen** verfügt. Dies schließt im Einzelnen folgende „Talente" ein, mit denen Gott den Menschen für seinen Lebensweg ausgestattet hat:

- die **Individualität,** also die Einzigartigkeit und Einmaligkeit eines jeden Menschen;
- das **Selbstbewusstsein,** also die Fähigkeit, über sich und sein Verhalten kritisch zu reflektieren;
- die **Willensfreiheit,** also das Vermögen, sich auf der Grundlage dieser Reflexion bewusst für eine bestimmte Handlungsweise zu entscheiden.

Diese Kräfte konstituieren nach christlichem Verständnis das *Selbst* des Menschen und sollten deshalb auch sein sittliches Verhalten bestimmen. Selbstverwirklichung steht also im Kontext der christlichen Ethik zunächst für **Autonomie,** d. h. für das Vermögen, selbst über sein Handeln zu bestimmen. Dem Anspruch, der damit verbunden ist, sollte der Mensch in allen Situationen seines Lebens so weit wie möglich gerecht werden, um seiner Bestimmung – theologisch gesprochen: der Gottebenbildlichkeit – gerecht zu werden. Er muss also bereit sein, notfalls auch unter persönlichen Opfern den als richtig erkannten Weg zu beschreiten, und darf sich nicht leichtfertig äußeren Zwängen beugen oder gesellschaftlichen Erwartungshaltungen anpassen.

In der Linie dieser schöpfungstheologischen Aussagen liegt es jedoch auch, dass der Mensch für dieses autonome Handeln die Verantwortung übernehmen muss: Er trägt *vor* Gott die Verantwortung *für* seine Mitmenschen, ja *für* alle Mitgeschöpfe und *für* die gesamte Natur. Dem Moraltheologen Franz Böckle (1921–1991) zufolge macht es die „Paradoxie menschlicher Freiheit" aus, dass die autonome Gestaltung der Welt im Kontext der jüdisch-christlichen Ethik explizit als Schöpfungsauftrag Gottes verstanden wird. In der Verantwortlichkeit des Menschen spiegelt sich die theonome Legitimation menschlicher Freiheit wider. Deshalb ist Selbstverwirklichung im biblisch-christlichen Menschenbild letztlich als **Selbstentfaltung in Verantwortung** zu verstehen. Sie ist es, die den Menschen auf das mitmenschliche Du hin öffnet, wie Gott sich in seiner Selbstoffenbarung auf den Menschen hin geöffnet und ihm auf diese Weise die heilsgeschichtliche Dimension der Weltgeschichte erschlossen hat. Volle Selbstverwirklichung erlangt der Mensch nur in der personalen Zuwendung zum anderen; der Weg zum eigenen Selbst führt über den Mitmenschen.

Man kann demnach zusammenfassend feststellen, dass die gemeinschaftsbezogene Selbstverwirklichung im Kontext der jüdisch-christlichen Ethik als Auftrag zu verstehen ist, die individuellen Fähigkeiten und Begabungen, die den Menschen von Gott verliehen wurden, umfassend zu pflegen und stets so einzusetzen, dass ihre Früchte allen zugute kommen. Man kann darin gleichsam die **oberste Zielvorgabe** für das christliche Ethos sehen.

4.2 Ethische Problemfelder

Die christliche Ethik thematisiert sowohl Fragen der **Individualethik** als auch den äußerst komplexen Bereich der **Sozialethik.** Aus beiden Anwendungsbereichen sollen nun einige zentrale Problemfelder sittlichen Handelns herausgegriffen und auf der Grundlage des biblischen Ethos beleuchtet werden.

4.2.1 Sexualität, Ehe und Familie

Gerade im Bereich von Sexualität, Ehe und Familie hat es im Laufe der letzten Jahrzehnte in unserem Kulturraum erhebliche Veränderungen gegeben, die das Privatleben eines jeden Einzelnen nachhaltig beeinflussen. Neben der großen sexuellen Freizügigkeit, die auch die moderne Medienlandschaft prägt, sind vor allem eine hohe Scheidungsquote und generell die Auflösung der traditionellen familiären Strukturen zu nennen, wie sie sich sowohl in der steigenden Anzahl allein erziehender Männer und Frauen und so genannter „Patchwork-Familien" als auch in der aktuellen Auseinandersetzung über gleichgeschlechtliche Lebensgemeinschaften widerspiegelt. Was ist dazu aus Sicht der christlichen Ethik anzumerken? Bevor dieser Frage weiter nachgegangen wird, ist zunächst die biblische Sicht der **Beziehung zwischen Mann und Frau** zu klären, die für den vorliegenden Themenkomplex grundlegend ist.

Die Beziehung zwischen Mann und Frau

„Es ist nicht gut, dass der Mensch allein bleibt" – mit diesen Worten wird in der zweiten der beiden Schöpfungserzählungen zu Beginn des Buches Genesis die Erschaffung der Frau eingeleitet:

Gen 2,18 Dann sprach Gott, der Herr: Es ist nicht gut, dass der Mensch allein bleibt. Ich will ihm eine Hilfe machen, die ihm entspricht.
19 Gott, der Herr, formte aus dem Ackerboden alle Tiere des Feldes und alle Vögel des Himmels und führte sie dem Menschen zu, um zu sehen, wie er sie benennen würde. Und wie der Mensch jedes lebendige Wesen benannte, so sollte es heißen.
20 Der Mensch gab Namen allem Vieh, den Vögeln des Himmels und allen Tieren des Feldes. Aber eine Hilfe, die dem Menschen entsprach, fand er nicht.
21 Da ließ Gott, der Herr, einen tiefen Schlaf auf den Menschen fallen, sodass er einschlief, nahm eine seiner Rippen und verschloss ihre Stelle mit Fleisch.
22 Gott, der Herr, baute aus der Rippe, die er vom Menschen genommen hatte, eine Frau und führte sie dem Menschen zu.
23 Und der Mensch sprach: Das endlich ist Bein von meinem Bein und Fleisch von meinem Fleisch. Frau soll sie heißen; denn vom Mann ist sie genommen.
24 Darum verlässt der Mann Vater und Mutter und bindet sich an seine Frau, und sie werden ein Fleisch.

Diesem Text kommt in Bezug auf die biblische Anthropologie eine Schlüsselfunktion zu. Er verweist klar auf eine im gemeinsamen Schöpfungsursprung begründete **Wesensgleichheit von Mann und Frau,** eine Aussage, die sich wie ein roter Faden durch den gesamten Text hindurchzieht:

- Schon zu Beginn ist von einer Hilfe die Rede, die dem Mann entspricht. Unter allen Mitgeschöpfen ist demnach die Frau das einzige Lebewesen, das dem Mann völlig gleichkommt und das ihm deshalb ebenbürtig zur Seite stehen kann. Auch die Erschaffung der Frau aus der Rippe des Mannes verweist auf bildhaft-konkrete Weise auf diese Gleichheit von Mann und Frau.
- Zugleich wird mit dieser bildhaften Aussage die Verbundenheit beider betont. Der Überlieferung zufolge wurde die Frau aus der Rippe Adams geschaffen, die dem Herzen am nächsten lag; darin kommt zum Ausdruck, dass die Frau dem Herzen des Mannes besonders nahe steht, weshalb Mann und Frau sich in besonderer Weise zueinander hingezogen fühlen.
- Am unmittelbarsten zeigt sich die Gleichwertigkeit von Mann und Frau jedoch in der Reaktion des Mannes auf die Erschaffung Evas, die in Vers 23 zu finden ist: Die Wendung „Das endlich ist Bein von meinem Bein und Fleisch von meinem Fleisch" unterstreicht ebenso die Wesensgleichheit von Mann und Frau wie der gemeinsame Name, was in der deutschen Übersetzung leider nicht wiedergegeben werden kann.[32]
- Vor diesem Hintergrund ist es nur konsequent, dass der Text am Ende in eine Umschreibung der sexuellen Beziehung zwischen Mann und Frau einmündet, die zur Keimzelle einer neuen, einzigartigen Gemeinschaft wird: „... und sie werden *ein* Fleisch". Diese enge Beziehung sprengt alle herkömmlichen Bindungen und führt schließlich sogar zur Ablösung vom Elternhaus, worin auch ein wichtiger Reifungsprozess gesehen werden kann. Der junge Mensch, der eine eigene Familie gründet, muss lernen, auf eigenen Füßen zu stehen und selbst die Verantwortung für sein Leben und das seiner Familie zu übernehmen.

Gott (oben) schafft Eva (rechts) aus der Rippe Adams, Relief.

32 Im Hebräischen wird die Frau hier als *ischáh* bezeichnet, was die weibliche Form des Wortes *isch* (Mann) ist. Da nach damaliger Vorstellung der Name unmittelbar das Wesen einer Sache zum Ausdruck bringt, kommt dieser Entsprechung in der Namensgebung eine besonders große Bedeutung zu.

Es ist also ausdrücklich festzuhalten, dass die biblische Schöpfungsgeschichte Mann und Frau als gleichrangig und gleichwertig ansieht. Diese Sichtweise wurde zwar in der kirchlichen Tradition unter dem Einfluss neuplatonischer Strömungen mit ihrer ausgeprägten Leibfeindlichkeit, die sich auch auf das Bild der Frau negativ auswirkte, zeitweise in den Hintergrund gedrängt, sie ist jedoch heute in der christlichen Ethik allgemeiner Konsens. Die Wesensgleichheit ist damit eine wichtige Voraussetzung für die in der Polarität der Geschlechter begründete innige Beziehung von Mann und Frau, die das christliche Verständnis von Sexualität, Ehe und Familie entscheidend prägt.

Die Sexualität des Menschen als Ausdruck eines besonderen Schöpfungssegens

Innerhalb der Schöpfungsordnung kommt der Sexualität, wie bereits am Ende des zweiten Schöpfungsberichtes angedeutet wurde, eine durchaus positive Bedeutung zu. Dies wird durch die erste Schöpfungserzählung ausdrücklich bestätigt, in der die Beziehung von Mann und Frau folgendermaßen umschrieben wird: „Gott schuf also den Menschen als sein Abbild; als Abbild Gottes schuf er ihn. Als Mann und Frau schuf er sie.[33] Gott segnete sie, und Gott sprach zu ihnen: Seid fruchtbar, und vermehrt euch, bevölkert die Erde, unterwerft sie euch, und herrscht über die Fische des Meeres, über die Vögel des Himmels und über alle Tiere, die sich auf dem Land regen." (Gen 1,27 f.) Die Sexualität wird hier als eine Kraft verstanden, die den Menschen in besonderer Weise mit allen Mitgeschöpfen verbindet (vgl. Gen 1,22); sie ist gleichsam **Inbegriff der Lebendigkeit** aller Geschöpfe. Gleichzeitig wird an dieser Stelle jedoch auch ausgesagt, dass sie in einem besonderen Schöpfungssegen begründet ist, der in der Fähigkeit, eigenen Nachkommen das Leben zu schenken, zum Ausdruck kommt. Auch und gerade in der Fortpflanzungsfähigkeit, die an die Polarität der Geschlechter gebunden ist, verwirklicht sich demnach die höchste Bestimmung des Menschen, Schöpfungspartner Gottes zu sein.

Diese **Hochschätzung der Sexualität** bleibt jedoch keineswegs auf die zitierten Schöpfungserzählungen beschränkt; innerhalb der Heiligen Schrift spiegelt sie sich am unmittelbarsten im so genannten Hohenlied (wörtlich „Lied der Lieder") wider, einem besonders eindrucksvollen Beispiel hebräischer Poesie. Dabei handelt es sich um einen Zyklus von Liedern oder Gedichten, der die

33 Die hier vorliegende Parallelkonstruktion, der so genannte „Parallelismus membrorum", ist ein wichtiges Stilmittel der hebräischen Poesie. Auf diese Weise wird hervorgehoben, dass sich die Gottebenbildlichkeit in Mann und Frau gleichermaßen verwirklicht.

Geschichte zweier Liebender erzählt, die sich leidenschaftlich zueinander hingezogen fühlen. Am Ende finden sie trotz aller Widerstände zusammen und besingen das Glück ihrer Liebe: „Leg mich wie ein Siegel auf dein Herz, wie ein Siegel an deinen Arm! Stark wie der Tod ist die Liebe, die Leidenschaft ist hart wie die Unterwelt. Ihre Gluten sind Feuergluten, gewaltige Flammen. Auch mächtige Wasser können die Liebe nicht löschen; auch Ströme schwemmen sie nicht weg.“ (Hld 8,6 f.) So verherrlicht das Hohelied mit vielen poetischen Bildern die Liebe zwischen Mann und Frau, die in der sexuellen Anziehungskraft begründet ist und sich im Austausch von Zärtlichkeiten bis zur völligen gegenseitigen Hingabe verwirklicht. In dieser Unbefangenheit gegenüber der körperlichen Dimension der Liebe, den Bereichen von Sexus und Eros, spiegelt sich erneut der **ganzheitliche Ansatz** der biblischen Anthropologie wider, die den Menschen immer schon als **leib-seelische Einheit** versteht.

Marc Chagall: Hohes Lied.

In diesem Text sah die christliche Tradition auch den biblischen Bezugspunkt für den besonderen Stellenwert der **Ehe** als einer **von Gott gewollten Institution,** in der die Sexualität auf humane, verantwortliche und damit dem Wesen und der Würde des Menschen angemessene Weise gelebt werden kann. Darüber hinaus wurde die Beziehung der beiden Liebenden auch als **Sinnbild** für die **liebende Zuwendung Gottes** zu den Menschen sowie für die einzigartige **Verbindung zwischen Christus und seiner Kirche** aufgefasst.

Aus diesen Überlegungen ergeben sich mit Blick auf aktuelle Entwicklungen einige wichtige **Schlussfolgerungen:**

- Es ist in den hier skizzierten Zusammenhängen begründet, dass das kirchliche Lehramt in der Ehe den einzigen legitimen Ort für eine der Schöpfungsordnung gemäße **humane Gestaltung der Sexualität** sieht. Sexualität erscheint hier also von vornherein auf das Einswerden von Mann und Frau bezogen und auf die mögliche Zeugung von Nachkommenschaft hingeordnet.

- Aus dieser Überzeugung heraus werden **andere Gestaltungsformen** von Sexualität prinzipiell **ausgeschlossen.** Dies gilt sowohl für die homosexuelle Lebensform, die auf einen gleichgeschlechtlichen Partner oder eine gleichgeschlechtliche Partnerin ausgerichtet ist, als auch für die autoerotische Masturbation (Selbstbefriedigung durch Manipulation am eigenen Körper), die das Eingehen einer dauerhaften zwischenmenschlichen Beziehung stark erschweren kann oder unter Umständen sogar unmöglich macht.
- Dem ganzheitlichen Menschenbild der jüdisch-christlichen Ethik gemäß ist es dem Menschen aufgetragen, die **Sexualität in eine personale Bindung zu integrieren.** Sie darf also weder auf eine rein körperliche Beziehung beschränkt werden, wie dies in der Regel bei Prostitution und Promiskuität (Geschlechtsverkehr mit wechselnden Partnern) geschieht, noch darf sie einseitig verabsolutiert werden, wie es in den gegenwärtig sehr verbreiteten pornografischen Schriften und Darstellungen häufig der Fall ist. Die „sexuelle Revolution" in der zweiten Hälfte des 20. Jahrhunderts hat in Verbindung mit den technischen Errungenschaften der Moderne zu teilweise massiven Fehlentwicklungen – etwa auch in Bezug auf den sexuellen Missbrauch von Kindern und Jugendlichen – geführt, denen die christliche Ethik bewusst ihr **ganzheitliches Konzept** einer integrierten Sexualität entgegensetzt.

Zusammenfassend ist festzuhalten, dass die biblische Offenbarung der Sexualität eine durchaus positive Bedeutung zuschreibt. Sie wird als **schöpferische Kraft** verstanden, die keinesfalls unterdrückt werden sollte, jedoch auf eine der personalen Würde des Menschen angemessene Weise zu gestalten ist. Aus kirchlicher Sicht ist die Ehe die einzige Lebensform, die dieser ganzheitlichen Sichtweise einer integrierten Sexualität gerecht zu werden vermag.

Die christliche Ehe als Sinnbild der Liebe Gottes zu den Menschen

Die Ausführungen über die Bedeutung und den Stellenwert der Sexualität bestimmen im Kontext der christlichen Ethik auch unmittelbar deren Verständnis von Ehe und Familie.

Aufgabe der Ehepartner ist es demnach, ihre Sexualität auf eine der personalen Würde des Menschen angemessene Weise zu gestalten. Die sexuellen Bedürfnisse sind keineswegs zu unterdrücken, wie dies in der Vergangenheit zeitweise unter dem Einfluss leibfeindlicher Strömungen gefordert oder zumindest empfohlen wurde; sie sind jedoch in eine der personalen Würde von Mann und Frau angemessene **Lebenspartnerschaft** zu integrieren, die *mono-*

gam (d. h. auf einen Partner bzw. eine Partnerin beschränkt) und *auf Lebenszeit* angelegt ist, wie es auch in der Formel „bis dass der Tod euch scheidet“ zum Ausdruck kommt. Nur im Rahmen einer solchen Beziehung wird die gelebte Sexualität nach Auffassung des kirchlichen Lehramtes der Ganzheitlichkeit menschlicher Existenz gerecht.

In dieser Position ist auch das kirchliche Postulat von der **Unauflöslichkeit der Ehe** begründet, das im katholischen Eheverständnis eine zentrale Rolle spielt. Dabei kann sich das kirchliche Lehramt auf eine klare Weisung Jesu berufen: „Wer seine Frau aus der Ehe entlässt und eine andere heiratet, die von ihrem Mann aus der Ehe entlassen worden ist, begeht Ehebruch.“ (Lk 16,18)[34] Jesus spielt hier auf die jüdische Praxis an, die es dem Mann ermöglichte, sich von seiner Frau zu trennen, indem er ihr einen so genannten Scheidebrief ausstellte. Da man dies als schwere Schande empfand, wurde die betroffene Frau häufig auch noch von der eigenen Familie verstoßen, sodass ihr jede soziale Absicherung versagt blieb. Am deutlichsten spiegeln sich diese Zusammenhänge in einem ausführlichen Streitgespräch im Markus-Evangelium wider:

Mk 10,2 Da kamen die Pharisäer zu ihm und fragten: Darf ein Mann seine Frau aus der Ehe entlassen? Damit wollten sie ihm eine Falle stellen.
3 Er antwortete ihnen. Was hat euch Mose vorgeschrieben?
4 Sie sagten: Mose hat erlaubt, *eine Scheidungsurkunde auszustellen und* (die Frau) *aus der Ehe zu entlassen.*
5 Jesus entgegnete ihnen: Nur weil ihr so hartherzig seid, hat er euch dieses Gebot gegeben.
6 Am Anfang der Schöpfung aber *hat Gott sie als Mann und Frau geschaffen.*
7 *Darum wird der Mann Vater und Mutter verlassen,*
8 *und die zwei werden ein Fleisch sein.* Sie sind also nicht mehr zwei, sondern eins.
9 Was aber Gott verbunden hat, das darf der Mensch nicht trennen.
10 Zu Hause befragten ihn die Jünger noch einmal darüber.
11 Er antwortete ihnen: Wer seine Frau aus der Ehe entlässt und eine andere heiratet, begeht ihr gegenüber Ehebruch.
12 Auch eine Frau begeht Ehebruch, wenn sie ihren Mann aus der Ehe entlässt und einen anderen heiratet.

Jesus begründet sein Verbot der Ehescheidung also damit, dass Gott selbst Mann und Frau zusammengeführt habe, wobei er explizit auf die einleitend zitierte Stelle aus der alttestamentlichen Schöpfungsgeschichte zurückgreift; er

34 Die einzige legitime Form einer Auflösung der Ehe besteht im katholischen Eherecht in der Annullierung; darunter ist die rechtlich wirksame Feststellung zu verstehen, dass eine Ehe aufgrund schwerwiegender Mängel (zum Beispiel formaler Mängel bei der Eheschließung) überhaupt nie gültig zustande gekommen ist.

verurteilt die damalige Scheidungspraxis jedoch auch, weil die lieblose und hartherzige Haltung, die darin zum Ausdruck kommt, seinem Ethos der Liebe diametral widerspricht. Mit seiner Entscheidung ergreift er jedenfalls klar die Partei der Frauen, die eindeutig die Opfer dieses Zugeständnisses waren.

Die Reaktion der Jünger in Vers 10 spiegelt die große Verunsicherung wider, die Jesu rigorose Entscheidung selbst in seinem unmittelbaren Umfeld auslöste. So ist es vielleicht auch zu erklären, dass im Neuen Testament zwei **Ausnahmeregelungen** zur Frage der Ehescheidung zu finden sind, die den rigorosen Standpunkt Jesu relativieren. So heißt es noch innerhalb der Bergpredigt: „Ich aber sage euch: Wer seine Frau entlässt, *obwohl kein Fall von Unzucht vorliegt,* liefert sie dem Ehebruch aus; und wer eine Frau heiratet, die aus der Ehe entlassen worden ist, begeht Ehebruch." (Mt 5,32) Bei dieser Bestimmung handelt es sich dem handschriftlichen Befund zufolge um einen späteren Zusatz, der dem Mann das Recht zugesteht, seine Frau wenigstens im Fall der „Unzucht" aus der Ehe zu entlassen – eine Ausnahmeregelung, die insofern problematisch ist, als die genaue Bedeutung des mit „Unzucht" übersetzten griechischen Wortes bis heute nicht eindeutig geklärt werden konnte.

Die zweite Ausnahme ist das so genannte „Privilegium Paulinum" aus dem ersten Brief an die Korinther:

1 Kor 7,13 Auch eine Frau soll ihren ungläubigen Mann nicht verstoßen, wenn er einwilligt, weiter mit ihr zusammenzuleben.
14 Denn der ungläubige Mann ist durch die Frau geheiligt, und die ungläubige Frau ist durch ihren gläubigen Mann geheiligt. Sonst wären eure Kinder unrein; sie sind aber heilig.
15 Wenn aber der Ungläubige sich trennen will, soll er es tun. Der Bruder oder die Schwester ist in solchen Fällen nicht wie ein Sklave gebunden; zu einem Leben in Frieden hat Gott euch berufen.

Diese autoritative Entscheidung spiegelt deutlich das Bestreben wider, gewisse „Härtefälle" in der schwierigen Phase des Übertritts zum christlichen Glauben auf humane, also dem **Wohl des Menschen** angemessene Weise zu lösen. Obwohl Paulus im Grundsatz an der Unauflöslichkeit der Ehe festhält, stellt er nach dem Vorbild Jesu Christi das menschliche Wohl höher als den strikten Gesetzesgehorsam und überwindet so das zeitgenössische legalistische Denken.

Die Unauflöslichkeit der Ehe gilt zugleich als notwendige Rahmenbedingung für eine tiefere, partnerschaftliche Beziehung zwischen Mann und Frau; dies entspricht der zweiten Wesensbestimmung der Ehe, die in der katholischen Tradition mit **Treue** (lat. *fides*) umschrieben wird und die Bereitschaft einschließt, sich in allen Nöten des Lebens – „in guten wie in schlechten Tagen“ – gegenseitig zur Seite zu stehen.

Das dritte Wesenselement der Ehe ist schließlich der Wille zur **Nachkommenschaft** (lat. *proles*), also das Ja zum Kind, die Bereitschaft beider Ehepartner, Kinder zu zeugen und diese im christlichen Glauben zu erziehen, um auf diese Weise das Geschenk des Lebens weiterzugeben. Bleibt einem Paar leibliche Nachkommenschaft versagt, verliert die Ehe aber dennoch nicht ihren Sinn, sondern findet in den beiden anderen Zielsetzungen ihre Erfüllung.

Das Zweite Vatikanische Konzil (1962–1965) fasst das Wesen der Ehe im Konzilsdokument „Gaudium et spes“ folgendermaßen zusammen:

Die innige Gemeinschaft des Lebens und der Liebe in der Ehe, vom Schöpfer begründet und mit eigenen Gesetzen geschützt, wird durch den Ehebund, d. h. durch ein unwiderrufliches personales Einverständnis, gestiftet. So entsteht durch den personal freien Akt, in dem sich die Eheleute gegenseitig schenken und annehmen, eine nach göttlicher Ordnung feste Institution, und zwar auch gegenüber der Gesellschaft. Dieses heilige Band unterliegt im Hinblick auf das Wohl der Gatten und der Nachkommenschaft sowie auf das Wohl der Gesellschaft nicht mehr menschlicher Willkür. Gott selbst ist Urheber der Ehe, die mit verschiedenen Gütern und Zielen ausgestattet ist; sie alle sind von größter Bedeutung für den Fortbestand der Menschheit, für den persönlichen Fortschritt der einzelnen Familienmitglieder und ihr ewiges Heil; für die Würde, die Festigkeit, den Frieden und das Wohlergehen der Familie selbst und der ganzen menschlichen Gesellschaft. Durch ihre natürliche Eigenart sind die Institutionen der Ehe und die eheliche Liebe auf die Zeugung und Erziehung von Nachkommenschaft hingeordnet und finden darin gleichsam ihre Krönung. Darum gewähren sich Mann und Frau, die im Ehebund nicht mehr zwei sind, sondern ein Fleisch (Mt 19,6), in inniger Verbundenheit der Personen und ihres Tuns gegenseitige Hilfe und gegenseitigen Dienst und erfahren und vollziehen dadurch immer mehr und voller das eigentliche Wesen ihrer Einheit. Diese innige Vereinigung als gegenseitiges Sichschenken zweier Personen wie auch das Wohl der Kinder verlangen die unbedingte Treue der Gatten und fordern ihre unauflösliche Einheit.

Zweites Vatikanisches Konzil: Gaudium et spes, Auszug aus Nr. 48.

Die Vorstellung vom **Ehebund** zwischen Mann und Frau tritt hier als **neues Leitbild** an die Stelle der früheren, streng juristischen Sichtweise, die in der Ehe in erster Linie ein Vertragsverhältnis sah, das die Ehe als Institution zur Zeugung und Erziehung von Nachkommenschaft begründete.

Die drei aufgeführten Wesensbestimmungen konstituieren aus katholischer Sicht den **sakramentalen Charakter**[35] der Ehe, der die innige Beziehung zwischen Mann und Frau unmittelbar zur vorbehaltlosen, liebenden Zuwendung Jesu Christi zur Kirche in Beziehung setzt. So heißt es schon im Brief an die Epheser: „Ihr Männer, liebt eure Frauen, wie Christus die Kirche geliebt und sich für sie hingegeben hat [...]. Dies ist ein tiefes Geheimnis, ich beziehe es auf Christus und die Kirche." (Eph 5,25.32) Wenn ein Paar über alle Probleme und Schwierigkeiten hinweg an seiner Ehe festhält, kann dies also auch als eine Weise der Christusnachfolge verstanden werden.

Christus der Herr hat diese Liebe, die letztlich aus der göttlichen Liebe hervorgeht und nach dem Vorbild seiner Einheit mit der Kirche gebildet ist, unter ihren vielen Hinsichten in reichem Maße gesegnet. Wie nämlich Gott einst durch den Bund der Liebe und Treue seinem Volk entgegenkam, so begegnet nun der Erlöser der Menschen und der Bräutigam der Kirche durch das Sakrament der Ehe den christlichen Gatten. Er bleibt fernerhin bei ihnen, damit die Gatten sich in gegenseitiger Hingabe und ständiger Treue lieben, so wie er selbst die Kirche geliebt und sich für sie hingegeben hat. Echte eheliche Liebe wird in die göttliche Liebe aufgenommen und durch die erlösende Kraft Christi und die Heilsvermittlung der Kirche gelenkt und bereichert, damit die Ehegatten wirksam zu Gott hingeführt werden und in ihrer hohen Aufgabe als Vater und Mutter unterstützt und gefestigt werden. So werden die christlichen Gatten in den Pflichten und der Würde ihres Standes durch ein eigenes Sakrament gestärkt und gleichsam geweiht. In der Kraft dieses Sakramentes erfüllen sie ihre Aufgabe in Ehe und Familie.

Zweites Vatikanisches Konzil: Gaudium et spes, Auszug aus Nr. 48.

Wesensbestimmungen des katholischen Eheverständnisses

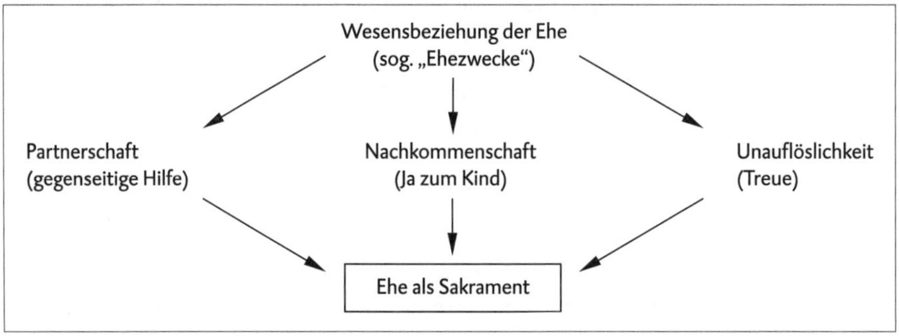

35 Das Wort Sakrament (griech. *mysterion*, lat. *sacramentum*) ist von lat. *sacer* (d. h. „heilig", „einer Gottheit geweiht") abgeleitet. Bei den Sakramenten handelt es sich demnach um wirksame Heilszeichen, in denen die liebende Zuwendung Gottes im Leben der Menschen unmittelbar greifbar wird, sodass die gesamte menschliche Existenz in eine besondere Nähe zu Gott gerückt wird.

Aus heutiger Sicht ist abschließend anzumerken, dass der Ehe als Lebensform im katholischen Ethos ein sehr **hoher theologischer Stellenwert** beigemessen wird, dem in der konkreten Lebenspraxis das Scheitern vieler Ehen gegenübersteht. Da die Kirche strikt an der Unauflöslichkeit der Ehe festhält, um deren sakramentalen Charakter zu wahren, werden Geschiedene, die wieder heiraten, nach der derzeitigen Rechtslage vom Empfang der Sakramente ausgeschlossen. Für die Seelsorge stellt dies – auch und gerade mit Blick auf die Kinder, die aus einer solchen neuen Verbindung hervorgehen – eine große Herausforderung dar.

Zusammenfassend kann festgestellt werden, dass die Ehe dem katholischen Ethos zufolge als ein Bund zu verstehen ist, in dem sich der heilsgeschichtliche Maßstab der Liebe in der personalen Beziehung zwischen Mann und Frau auf exemplarische Weise verwirklicht. Die menschenfreundliche Zielrichtung dieser Institution kommt vor allem in der Bereitschaft beider Ehepartner zum Ausdruck, sich auf ihrem Lebensweg gegenseitig zu unterstützen und einander über alle Krisen und Entwicklungsphasen hinweg treu zu bleiben. So wird die Ehe als Sinnbild für den Bund Gottes mit den Menschen nach katholischem Verständnis zu einem Sakrament, in dem die Liebe Gottes als heiligende Kraft im Leben wirksam wird.

Die Familie als Keimzelle menschlicher Gemeinschaft

Zwischen Ehe und Familie besteht ein enger Zusammenhang; die in einer personalen Bindung begründete Lebensgemeinschaft von Mann und Frau ist die Grundlage für die Familie als **Lebensgemeinschaft von Eltern und Kindern,** in der mindestens zwei Generationen solidarisch miteinander verbunden sind.

Die **familiären Strukturen** haben sich im Laufe der Zeit stark verändert. Während in der traditionellen Großfamilie miteinander gelebt und gewirtschaftet wurde, trat im Rahmen der Industrialisierung zunehmend die Kleinfamilie in den Vordergrund, die in erster Linie von gefühlsbetonten Bindungen geprägt wurde und in der man sich in privater Zurückgezogenheit geborgen fühlte. Im Laufe des 20. Jahrhunderts entwickelte sich schließlich ein Pluralismus von Lebensformen auch und gerade im familiären Bereich; so nimmt der Anteil allein erziehender Männer und Frauen stetig zu, und durch Scheidung und Wiederverheiratung entstehen so genannte „Patchwork-Familien", die sich immer wieder neu gruppieren und zu denen deshalb in der Regel auch Kinder gehören, die verschiedenen Beziehungen entstammen. Auch gleichgeschlechtliche Lebensgemeinschaften finden in Deutschland seit dem Jahr 2001 als „Eingetragene Partnerschaften“ rechtliche Anerkennung und suchen zum Teil durch die Adoption von Kindern eigene familiäre Strukturen zu entwickeln.

Über diesen Wandel und alle damit verbundenen Krisenerscheinungen hinweg hat sich die Familie jedoch eine große **gesellschaftliche Bedeutung** bewahrt. Nach wie vor gilt die Familie als die wichtigste Institution zur Sicherung der Zukunft einer jeden Gesellschaft. Dies schließt eine Reihe wichtiger **Aufgaben** ein:

- In der Familie pflanzt sich menschliches Leben fort;
- in der Familie finden die Kinder die Fürsorge und Geborgenheit, die sie brauchen, um sich zu selbstbewussten Persönlichkeiten entwickeln zu können;
- in der Familie lernen die Kinder, sich in eine Gemeinschaft zu integrieren und Verantwortung für sich und für andere zu übernehmen;
- in der Familie werden die überlieferten sittlichen, kulturellen und religiösen Werte an die zukünftigen Generationen weitergegeben.

Auch in der Heiligen Schrift kommt diese Hochschätzung des Kindes klar zum Ausdruck: „Kinder sind eine Gabe des Herrn, die Frucht des Leibes ist sein Geschenk“ (Ps 127,3), so heißt es im Buch der Psalmen. Da alles Leben letztlich allein dem göttlichen Schöpfungswillen zu verdanken ist, sind die **Kinder** als ein **besonderes Geschenk Gottes** anzusehen, das in vorbehaltloser Liebe anzunehmen ist. Nach Auffassung der christlichen Ethik kommt ihnen vom Moment der Zeugung – also der Befruchtung der Eizelle – an eine **eigene personale Würde** zu, die auch seitens der Eltern unbedingt zu achten und zu respektieren ist; so heißt es schon im Brief an die Kolosser: „Ihr Väter, schüchtert eure Kinder nicht ein, damit sie nicht mutlos werden.“ (Kol 3,21) In der Zeugung von Nachkommenschaft und in der Fürsorge und Zuwendung, die Kinder von ihren Eltern empfangen, damit sie zu eigenständigen Persönlichkeiten heranwachsen können, wird menschliche Liebe zum schöpferischen Abbild der Liebe Gottes. Deshalb ist die Kirche sowohl gegen die Abtreibung als auch gegen alle gentechnischen Manipulationen, die darauf ausgerichtet sind, ein „Wunsch-Kind“ mit bestimmten Eigenschaften oder auch zu einem bestimmten Zweck (z. B. einer Organspende) hervorzubringen.

In dem Konzilsdokument „Gaudium et spes“ werden diese Überlegungen kurz und bündig folgendermaßen zusammengefasst:

So ist die Familie, in der verschiedene Generationen zusammenleben und sich gegenseitig helfen, um zu größerer Weisheit zu gelangen und die Rechte der einzelnen Personen mit den anderen Notwendigkeiten des gesellschaftlichen Lebens zu vereinbaren, das Fundament der Gesellschaft. Deshalb müssen alle, die einen Einfluss auf Gemeinden und gesellschaftliche Gruppen haben, zur Förderung von Ehe und Familie wirksam beitragen. Die staatliche Gewalt möge es als ihre heilige Aufgabe betrachten, die wahre Eigenart von Ehe und Familie anzuerkennen, zu hüten und zu fördern, die öffentliche Sittlichkeit zu schützen und den häuslichen Wohlstand zu begünstigen. Das Recht der Eltern auf Zeugung der Nachkommenschaft und auf Erziehung in der Familie ist zu sichern.

Zweites Vatikanisches Konzil: Gaudium et spes, Auszug aus Nr. 52.

Heute spricht man in diesem Zusammenhang auch von **verantworteter Elternschaft,** was im Einzelnen mehrere Gesichtspunkte beinhaltet:

- Verantwortete Elternschaft heißt, dass Kinder in der Ehe gezeugt und erzogen werden sollten, um ihnen die stabilen Lebensverhältnisse zu verschaffen, die sie zu ihrer Entwicklung brauchen.
- Verantwortete Elternschaft heißt, dass das Kind als eigene Person bejaht wird; das Ja zum Kind sollte also keinesfalls an äußere Bedingungen geknüpft oder von der Erwartungshaltung der Eltern abhängig gemacht werden.
- Verantwortete Elternschaft heißt schließlich auch, dass die Eltern selbst über die Anzahl der Kinder bestimmen, denen sie Geborgenheit, gute Lebensbedingungen und eine angemessene Erziehung bieten können.

Der zuletzt angesprochene Gesichtspunkt berührt auch die Frage nach der **Empfängnisverhütung.** Hier hält das kirchliche Lehramt nur die *natürliche* Form der Empfängnisregelung für sittlich erlaubt, die sich am Zyklus der Frau orientiert und beim Geschlechtsverkehr die empfängnisfreien Zeiten berücksichtigt. Da die leib-seelische Integrität des Menschen nach Meinung des kirchlichen Lehramtes nicht ohne schwerwiegenden Grund verletzt werden darf, wird jede Form der künstlichen Befruchtung (z. B. durch In-vitro-Fertilisation) ebenso verworfen wie alle Versuche, die Fortpflanzung durch mechanische Mittel oder durch den Einsatz von chemischen Präparaten auszuschließen.

Zusammenfassend kann festgestellt werden, dass die Gestaltung der Sexualität stets an der personalen Würde des Menschen ausgerichtet sein sollte. In der christlichen Ethik ist dies zugleich das Leitprinzip für Ehe und Familie; sowohl die Beziehung von Mann und Frau als auch die Beziehung zwischen Eltern und Kindern sollte stets von gegenseitigem Respekt und vorbehaltloser Zuneigung geprägt sein, was auch die Achtung der Intimsphäre sowohl bei sich selbst als auch bei anderen einschließt. Gerade in Ehe und Familie wird damit das biblische „Ethos der Liebe" zur Zielgestalt, an der sich der tägliche Umgang miteinander messen lassen muss.

4.2.2 Beruf und Arbeitswelt

Haben bereits die Ausführungen zu Ehe und Familie den Blick von der Individualethik zur Sozialethik geweitet, so gilt dies erst recht für das nun folgende Thema. Die Arbeit ist ein **Wesenselement menschlicher Existenz,** das von großer gesellschaftlicher Bedeutung ist. Dabei sind hier in erster Linie Probleme anzusprechen, die das Berufsleben bzw. die Erwerbsarbeit betreffen; es sollte jedoch keinesfalls vergessen werden, dass auch die in der Regel unbezahlte Arbeit für die Familie, sinnvolle Freizeitbeschäftigungen sowie der große Bereich ehrenamtlicher Tätigkeit oder freier Sozialarbeit als ein großer Dienst an der Gesellschaft anzusehen sind, der in Zukunft noch weit stärker als bislang üblich gewürdigt werden sollte.

In Bezug auf die berufliche Arbeit sind besonders zwei **Problemkreise** anzusprechen, die auch die öffentliche Diskussion der Gegenwart weitgehend bestimmen: die Folgen der technischen Innovation sowie der weltweiten strukturellen Veränderungen für die Arbeitswelt einerseits und das Problem der Arbeitslosigkeit – das mit diesen Veränderungen zum Teil unmittelbar verbunden ist – andererseits. In ethischer Hinsicht ergeben sich daraus folgende **Zielsetzungen:**

- Die Ethik gibt **Leitlinien** für die Gestaltung einer gerechten Wirtschafts- und Sozialordnung vor;
- sie mahnt die **Verantwortung** für den rechten Umgang mit Eigentum in all seinen Formen an;
- sie stellt die **Frage nach dem Sinn und Wert** menschlicher Arbeit und nach einer menschenwürdigen Gestaltung der Arbeitswelt.

Der zuletzt genannte Gesichtspunkt deutet bereits darauf hin, dass sowohl das Nachdenken über die Strukturen und Bedingungen menschlicher Arbeit als auch die Auseinandersetzung mit den Folgen der Arbeitslosigkeit unmittelbar die Frage nach der **Würde des Menschen** berühren. Da hier ein zentrales Anliegen des christlichen Ethos angesprochen ist, muss die christliche Ethik sich gerade diesen Fragen stellen und ihren Beitrag in die öffentliche Diskussion mit einbringen.

Die **Sinnhaftigkeit menschlicher Arbeit** erschließt sich in schöpfungstheologischer Perspektive, wenn wir noch einmal einen Blick auf den biblischen Schöpfungsbericht werfen. Für diesen gehört die Arbeit von Anfang an zum menschlichen Dasein dazu: „Gott, der Herr, nahm also den Menschen und setzte ihn in den Garten von Eden, damit er ihn bebaue und hüte." (Gen 2,15) Hier wird der Mensch ausdrücklich von Gott beauftragt, die ihm anvertraute Welt zu „be-arbeiten" und sie auf diese Weise schöpferisch zu verändern und zu gestalten. In der menschlichen Arbeit verwirklicht sich unmittelbar der in der Gottebenbildlichkeit begründete **Herrschaftsauftrag** des Menschen; sie ist Ausdruck seiner Auszeichnung, aber auch der besonderen Verantwortung, die mit dieser Sonderstellung verbunden ist.

Die Arbeit ist also keineswegs als Teil der Strafe zu verstehen, die der Mensch sich durch den so genannten Sündenfall zugezogen hat. Vielmehr besteht die Strafe darin, dass die Arbeit als Mühsal empfunden wird, sobald sie aufgrund der Abkehr des Menschen von Gott ihren Zusammenhang mit dem Schöpfungsauftrag verliert und deshalb nicht mehr als sinnvolle und sinnstiftende Tätigkeit wahrgenommen werden kann (vgl. Gen 3,17–19).

Auch im Neuen Testament spiegelt sich die **Wertschätzung der Arbeit** wider; so schreibt Paulus im ersten Brief an die Thessalonicher: „Setzt eure Ehre darein, euch um die eigenen Aufgaben zu kümmern und mit euren Händen zu arbeiten" (1 Thess 4,11), während er im zweiten Brief an die Thessalonicher schreibt:

2 Thess 3,10 Denn als wir bei euch waren, haben wir euch die Regel eingeprägt: Wer nicht arbeiten will, soll auch nicht essen.

11 Wir hören aber, dass einige von euch ein unordentliches Leben führen und alles mögliche treiben, nur nicht arbeiten.

12 Wir ermahnen sie und gebieten ihnen im Namen Jesu Christi, des Herrn, in Ruhe ihrer Arbeit nachzugehen und ihr selbst verdientes Brot zu essen.

Die Heilige Schrift macht uns jedoch auch mit Nachdruck darauf aufmerksam, dass der Mensch sich durch die Arbeit nicht völlig vereinnahmen lassen darf. Mit der Heiligung des Sabbats, die im Christentum auf den Sonntag übertragen wurde, erhält er die Möglichkeit, sich in regelmäßigen Abständen vom Arbeitsalltag zu lösen und sich die Zeit für **Muße und Besinnung** zu nehmen: „Sechs Tage soll man arbeiten, aber am siebten Tag ist vollständiger Ruhetag, ein Tag heiliger Versammlung, an dem ihr keinerlei Arbeit verrichten dürft. Es ist ein Feiertag zur Ehre des Herrn überall, wo ihr wohnt." (Lev 23,3; vgl. auch Dtn 5,12–15) Auch in dieser Bestimmung kommt noch einmal die Sonderstellung des Menschen zum Ausdruck, da die Arbeitsruhe ihn auf unmittelbare

Weise mit Gott verbindet. Zugleich macht das Sabbatgebot jedoch deutlich, dass die Sinnhaftigkeit menschlicher Existenz sich nicht der eigenen Leistung verdankt, sondern allein in der Beziehung zu Gott gegründet ist.

Auf der Grundlage dieser offenbarungstheologischen Bestimmungen werden heute in der Sozialethik drei zentrale Funktionen menschlicher Arbeit unterschieden, die zugleich den mehrdimensionalen Ansatz der biblischen Sichtweise des Menschen widerspiegeln. Man spricht in diesem Zusammenhang deshalb auch vom **„kreativen Dreieck menschlicher Arbeit“.**

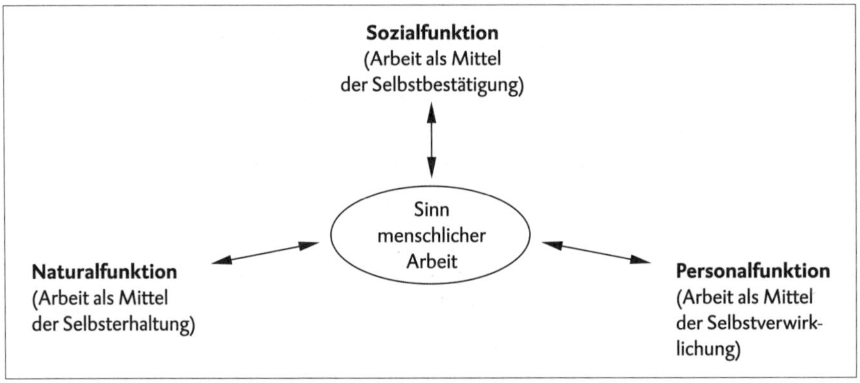

Mit allen drei Aspekten bzw. Funktionen sind aus Sicht der christlichen Ethik konkrete **Anforderungen an den Arbeitsprozess** verbunden:

- Die **Naturalfunktion** sieht die Arbeit als Möglichkeit, all das zu produzieren, was der Mensch zum Leben braucht, und sich zugleich den Lebensunterhalt für sich und seine Familie zu verschaffen, damit er auf eigenen Beinen stehen kann; dies sollte jedoch so erfolgen, dass dabei auch die Interessen der Umwelt gewahrt bleiben (Prinzip des Umweltschutzes).
- Die **Personalfunktion** sieht in der Arbeit die Chance, sich selbst mit seinen je besonderen Anlagen und Fähigkeiten zu entfalten und sein Leben sinnvoll zu gestalten; dies kann jedoch nur gelingen, wenn die Arbeitsprozesse selbst dieser Selbstverwirklichung ausreichend Raum geben (Prinzip der Humanisierung der Arbeit).
- Die **Sozialfunktion** sieht die Arbeit als einen Weg, gesellschaftliche Anerkennung zu gewinnen, die dem Menschen die notwendige Selbstbestätigung vermittelt; dies setzt jedoch voraus, dass der Mensch aktiv in die gesellschaftlichen Prozesse eingebunden wird und verantwortlich mitwirken kann (Prinzip der Mitbestimmung).

Auch hier steht demnach der Mensch im Zentrum aller ethischen Überlegungen, wie es auch dem jesuanischen Ethos entspricht. Daran hält auch Papst Johannes Paul II. in seiner großen Sozialenzyklika „Laborem exercens“ ausdrücklich fest, in der er sich mit den Veränderungen der modernen Arbeitswelt kritisch auseinander setzt.

Der Mensch soll sich die Erde untertan machen, soll sie beherrschen, da er als „Abbild Gottes“ eine Person ist, das heißt ein subjekthaftes Wesen, das imstande ist, auf geordnete und rationale Weise zu handeln, fähig, über sich zu entscheiden, und auf Selbstverwirklichung ausgerichtet. *Als Person ist der Mensch daher Subjekt der Arbeit.* Als Person arbeitet er und vollzieht die verschiedenen Handlungen, die zum Arbeitsprozess gehören; unabhängig von ihrem objektiven Inhalt müssen diese alle der Verwirklichung seines Menschseins dienen, der Erfüllung seiner Berufung zum Personsein, die ihm eben aufgrund seines Menschseins eigen ist. [...] Die Arbeit als Prozess, durch den sich der Mensch und die Menschheit die Erde untertan machen, wird jener grundlegenden Auffassung der Bibel nur dann gerecht, wenn in diesem ganzen Prozess sich der Mensch zugleich immer als der erweist und bestätigt, der *„herrscht“.* Dieses Herrschen bezieht sich in gewisser Hinsicht sogar mehr auf die subjektive als auf die objektive Dimension: [...] Denn es steht außer Zweifel, dass die menschliche Arbeit ihren ethischen Wert hat, der unmittelbar und direkt mit der Tatsache verbunden ist, dass der, welcher sie ausführt, Person ist, ein mit Bewusstsein und Freiheit ausgestattetes Subjekt, das heißt ein Subjekt, das über sich entscheidet.

Nachdem so die personale Dimension der menschlichen Arbeit bekräftigt ist, müssen wir nun zu einem *zweiten Bereich von Werten* übergehen, der mit der Arbeit notwendigerweise verbunden ist. Die Arbeit bildet eine Grundlage für den Aufbau des *Familienlebens,* welches ein Recht und eine Berufung des Menschen ist. Diese beiden Wertbereiche – der eine mit der Arbeit verbunden, der andere aus dem Familiencharakter des menschlichen Lebens folgend – müssen auf rechte Art miteinander verbunden sein, auf rechte Weise einander durchdringen. Die Arbeit ist in gewisser Hinsicht Vorbedingung für die Gründung einer Familie, da diese für ihren Unterhalt Mittel braucht, die sich der Mensch normalerweise durch die Arbeit erwirbt. [...]

Der *dritte Bereich von Werten,* der in unserer gegenwärtigen Perspektive – vom Subjekt der Arbeit her – sichtbar wird, betrifft jene *umfassende Gemeinschaft,* welcher der Mensch aufgrund besonderer kultureller und historischer Bindungen angehört. [...] All das bewirkt, dass der Mensch seine tiefste menschliche Identität mit der Zugehörigkeit zu einer Nation verbindet und seine Arbeit auch als eine zusammen mit seinen Landsleuten erarbeitete Mehrung des Gemeinwohls versteht, wobei ihm auch bewusst wird, dass auf diesem Weg die Arbeit zur Mehrung der Güter der ganzen Menschheitsfamilie, aller auf Erden lebenden Menschen, dient.

Johannes Paul II.: Auszug aus der Enzyklika „Laborem exercens“ („Über den Sinn menschlicher Arbeit“), 1981.

Man kann die zentralen Gedanken dieser Ausführungen – und damit zugleich die Aussagen der biblischen Ethik zu Sinn und Werthaftigkeit der menschlichen Arbeit – in tabellarischer Form folgendermaßen zusammenfassen:

Personale Aspekte der Arbeit	**Soziale Aspekte der Arbeit**
• Fähigkeit, seine individuellen Anlagen in der Arbeit zu entfalten • Fähigkeit, bewusst und verantwortlich zu handeln • Fähigkeit, die Wirklichkeit im Sinne des biblischen Schöpfungsberichtes zu gestalten („Herrschaftsauftrag")	• Arbeit als Existenzgrundlage für die Gründung einer eigenen Familie • Arbeit als Voraussetzung für die Mehrung des Gemeinwohls • Arbeit als Chance zum Aufbau einer sozialethischen Ordnung für die gesamte Menschheit
Primat des Menschen als Subjekt als **Fundament** menschlicher Arbeit	Festigung der Gemeinschaft als **Ziel** menschlicher Arbeit

Zusammenfassend kann damit festgestellt werden, dass auch die Gestaltung des Arbeitslebens am obersten Prinzip der **Subjekthaftigkeit** des Menschen und seiner **personalen Würde** ausgerichtet sein sollte. Dies schließt die Sicherung des Existenzminimums ebenso ein wie die Möglichkeit, in der Arbeit seine persönlichen Fähigkeiten und Begabungen mit einzubringen und die konkreten Arbeitsprozesse soweit möglich verantwortlich mitzugestalten.

4.2.3 Staat und Gesellschaft

Das Nachdenken über die Gestaltungsprinzipien von Staat und Gesellschaft gehört zu den zentralen Themen der christlichen Sozialethik. Sie sieht sich dabei vor die Aufgabe gestellt, die offenbarungstheologisch erschlossenen und im biblisch-christlichen Menschenbild konkretisierten Richtlinien und Wertmaßstäbe sittlichen Handelns auf zeitgemäße und verantwortungsbewusste Weise so auszulegen, dass sie sowohl der Komplexität heutiger gesellschaftlicher und staatlicher Strukturen gerecht werden als auch das Vertrauen auf die Heilszusage Gottes als eine die Wirklichkeit positiv verändernde, schöpferische Kraft wirksam werden lassen.

Konkret lassen sich aus diesem Ansatz in Bezug auf die christliche Sozialethik **drei grundlegende Funktionen** herleiten:

- die Funktion eines **kritischen Korrektivs,** das uns helfen kann, menschenverachtende Bewegungen als solche zu identifizieren und zu überwinden;
- die Funktion der **Integration** wegweisender Prinzipien und Handlungsimpulse, die aus der Offenbarung gewonnen werden;

- die Funktion der **Stimulation,** die uns dabei unterstützt, konstruktiv und kreativ am Aufbau einer menschenwürdigen Zukunft mitzuwirken.

In der Katholischen Soziallehre werden diese drei Aufgaben aufgegriffen und auf exemplarische Weise umgesetzt, weshalb auf sie in diesem Zusammenhang ausführlicher eingegangen werden muss.

Grundzüge der Katholischen Soziallehre

Die Ausbildung der Katholischen Soziallehre ist geschichtlich gesehen die Antwort der Kirche auf die großen sozialen Veränderungen der Neuzeit, die in erster Linie durch die Industrielle Revolution ausgelöst wurden und für weite Schichten der Bevölkerung eine soziale Entwurzelung, verbunden mit hohen Belastungen in Bezug auf Arbeitszeit und Arbeitsbedingungen bei zum Teil extrem schlechten, menschenunwürdigen Lebensverhältnissen mit sich brachte. Diese Verelendung breiter Bevölkerungsschichten war durch die traditionellen Formen der Armenfürsorge nicht mehr aufzufangen, sodass die Kirche hier ein **eigenes Sozialethos** mit neuen Antworten auf die Herausforderungen der Neuzeit entwickeln musste. In den hier skizzierten entstehungsgeschichtlichen Zusammenhängen und der dadurch bedingten Zielsetzung ist es auch begründet, dass die Soziallehre nicht als ein abgeschlossenes wissenschaftliches System anzusehen ist, sondern dass sie sehr genau auf geschichtliche Entwicklungen und Veränderungen Bezug nimmt und immer wieder neue Akzente setzt, was sich auch deutlich in den Sozialenzykliken der Päpste (päpstliche Rundschreiben) widerspiegelt.

Oberste **Zielsetzung** der Katholischen Soziallehre ist auf der Grundlage des biblischen Ethos die unbedingte **Wahrung der Würde und Rechte des Menschen,** der als „Träger, Schöpfer und Ziel" aller gesellschaftlichen Einrichtungen angesehen wird. Obwohl diese Zielsetzung zunächst auf das Wohl des Einzelnen ausgerichtet ist, kommt sie letztlich allen zugute, da im gesellschaftlichen Kosmos jeder Einzelne als ein verantwortliches Glied der Gemeinschaft anzusehen ist; im Wohl des Einzelnen ist also auch das Wohl aller, das so genannte Gemeinwohl, begründet, das unter den **Sozialprinzipien** als oberstes **Zielprinzip** fungiert. Als vermittelnde Ordnungsprinzipien dienen Solidarität und Subsidiarität[36], die bereits konkrete Handlungsanweisungen beinhal-

36 Das Wort „Subsidiarität" ist abgeleitet von lat. *subsidium,* worunter ursprünglich die Hilfstruppen verstanden wurden, die erst in die Schlacht eingriffen, wenn das Hauptheer zu unterliegen drohte; daher meint das Prinzip der Subsidiarität, dass die übergeordnete Instanz bei Problemen nur dann eingreifen sollte, wenn die untergeordnete Instanz diese nicht mehr aus eigener Kraft zu lösen vermag. Nach Möglichkeit sollte die untergeordnete Instanz auch so schnell wie möglich wieder in die Lage versetzt werden, ihre Selbstständigkeit zurückzuerlangen („Hilfe zur Selbsthilfe").

ten: Sie fordern die tatkräftige Hilfe und Unterstützung für all diejenigen in der Gesellschaft, die ihre Probleme nicht aus eigener Kraft lösen können, warnen jedoch davor, diese auf Dauer zu bevormunden. Als ideale Hilfestellung gilt vielmehr die „Hilfe zur Selbsthilfe", bei der auch die Würde des Schwachen und Hilfsbedürftigen so weit wie möglich gewahrt bleibt.

Übersicht über die Sozialprinzipien

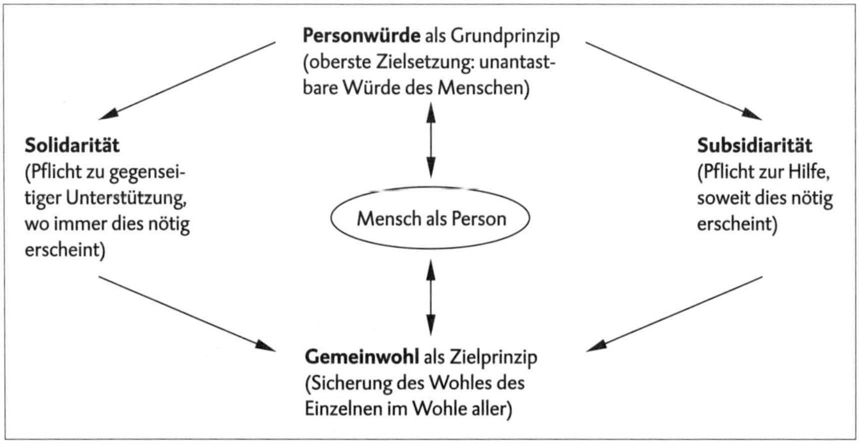

Den vier klassischen Sozialprinzipien ist heute als fünftes das Prinzip der **Nachhaltigkeit** hinzuzufügen, das die Solidarität auch mit künftigen Generationen einfordert. Alle Handlungen müssen demnach an ihren Folgen gemessen werden, damit die Menschen auch in Zukunft ihr Leben in Freiheit und Würde gestalten können.

Die hier aufgeführten Prinzipien wurden in einer Reihe großer **Sozialenzykliken** entfaltet, aus denen sich bis heute klare Impulse für Staat und Gesellschaft ergeben. Indem sie auf die biblische Lehre von der Gottebenbildlichkeit des Menschen zurückgreifen, verfolgen sie insgesamt eine doppelte Zielrichtung:

- Sie zeigen auf, unter welchen Bedingungen sich der Einzelne in Staat und Gesellschaft als eigenständige Persönlichkeit behaupten kann;
- sie rufen die Menschen dazu auf, ihrer Verantwortung als Glieder der Gesellschaft und als mündige Staatsbürger gerecht zu werden, ihre Rechte wahrzunehmen und ihre Pflichten gewissenhaft zu erfüllen.

Überblick über die wichtigsten Sozialenzykliken und ihre inhaltlichen Schwerpunkte

Enzyklika	Inhaltliche Schwerpunkte
Papst Leo XIII.: *„Rerum novarum“* (15.05.1891)	• Recht auf Eigentum und auf gerechten Lohn • Recht der Arbeiter, sich in Gewerkschaften und Vereinen zu organisieren und für ihre Interessen zu streiken • Abschaffung der Kinderarbeit und Gleichstellung der Frauenarbeit • Pflichten von Arbeitgebern und Arbeitnehmern
Papst Pius XI.: *„Quadragesimo anno“* (15.05.1931)	• Verpflichtung aller am sozialen Leben Beteiligten auf das Gemeinwohl • neue Wirtschafts- und Sozialmoral • Komplementarität von Subsidiaritätsprinzip und Solidaritätsprinzip • Warnung vor Konzern- und Kartellbildung
Papst Johannes XXIII.: *„Mater et Magistra“* (15.05.1961)	• unantastbare Würde des Menschen als Person • Bedeutung der internationalen wirtschaftlichen Verflechtungen für die soziale Frage • Gleichstellung von wirtschaftlichem und sozialem Fortschritt • Recht auf Privateigentum und Kapitalbildung • Mitverantwortung und Mitbestimmung seitens der Arbeitnehmer • wirtschaftlicher Ausgleich zwischen den Völkern
Papst Paul VI.: *„Populorum progressio“* (26.03.1967)	• Friede als Ergebnis sozialen Fortschritts • Unterstützungsfond der reicheren Länder für die ärmeren Länder als Ausdruck weltweiter Solidarität und Subsidiarität • neue Sozialpflichtigkeit des Eigentums auch im internationalen Rahmen
Papst Johannes Paul II.: *„Laborem exercens“* (14.09.1981)	• Mensch als Subjekt der Arbeit, dessen personale Würde unbedingt gewahrt bleiben muss • Vorrang der (menschlichen) Arbeit vor dem Kapital • Recht des Arbeitenden auf Mitbestimmung und Gewinnbeteiligung • Gedanken zu einer Spiritualität der Arbeit
Papst Johannes Paul II.: *„Centesimus Annus“* (01.05.1991)	• besondere Verantwortung Europas nach dem Zusammenbruch des Marxismus • Berücksichtigung ökologischer Werte zum Schutz der Umwelt • Warnung vor totalitären Tendenzen • Sorge für weltweite Gerechtigkeit und Beteiligung aller an den Ressourcen

Aus dieser Übersicht wird deutlich, dass die Päpste in ihren Rundschreiben zur sozialen Frage sehr präzise auf die jeweiligen wirtschaftspolitischen Veränderungen reagieren. Geht es zunächst unter dem Eindruck der unmittelbaren Folgen der Industrialisierung in erster Linie um die Wahrung der elementaren Rechte der Arbeiterinnen und Arbeiter, so treten im Laufe des 20. Jahrhunderts zunehmend die Sorge um die „Eine Welt", die Auseinandersetzung mit den Folgen der Globalisierung und der technischen Innovation sowie die Forderung nach einer stärkeren Berücksichtigung ökologischer Fragestellungen in den Vordergrund.

Naranjo: Die Großen und die Kleinen.

Der Versuch der Katholischen Soziallehre, auf der Grundlage ihrer Zielsetzungen und Prinzipien einen „dritten Weg" zwischen dem forcierten Individualismus des kapitalistischen Systems und dem forcierten Kollektivismus des kommunistischen Systems zu finden, spiegelt sich deutlich am Beispiel der **Eigentumsfrage** wider. So heben die Sozialprinzipien einerseits das **Recht auf Eigentum** hervor, das als ein konstituierendes Element menschlicher Selbstverwirklichung angesehen wird, sie betonen jedoch andererseits auch stets die **Sozialpflichtigkeit bzw. Sozialbindung des Eigentums.** Konkret bedeutet das nicht nur, dass das Recht auf Eigentum im Konfliktfall dem Gemeinwohl unterzuordnen ist, sondern auch, dass Besitz und Reichtum dazu verpflichten, all denen, die Not leiden, aus dem eigenen Überfluss abzugeben, was im Übrigen auch auf die Beziehung zwischen reichen und armen Ländern anzuwenden ist.

Zusammenfassend kann festgestellt werden, dass die Katholische Soziallehre darum bemüht ist, die Mehrdimensionalität des biblisch-christlichen Menschenbildes mit der Polarität von Personalität und Sozialität menschlicher Existenz im Zusammenleben der Menschen konsequent zu verwirklichen. Indem sie auf der einen Seite die personale Würde des Einzelnen in den Mittelpunkt stellt und diesen auf der anderen Seite als verantwortliches Glied der Gesellschaft in die Pflicht nimmt, erschließt sie die gesellschaftspolitische Relevanz der Berufung des Menschen zur Gottebenbildlichkeit und leistet damit einen wichtigen Beitrag zu deren zeitgemäßer Auslegung.

Die Verwirklichung der Menschenrechte

Die Katholische Soziallehre rückt den Menschen als Träger, Schöpfer und Ziel aller gesellschaftlichen Einrichtungen ins Zentrum der Sozialethik und trägt damit der obersten Zielsetzung der christlichen Ethik Rechnung, die **Würde der Person** unter allen Bedingungen menschlicher Existenz zu schützen und zu bewahren. Diese Zielsetzung ist in der Überzeugung begründet, dass der Mensch von Gott geschaffen und zur Gottebenbildlichkeit berufen ist – eine Auszeichnung, die allen Menschen zukommt, gleich welcher kulturellen, gesellschaftlichen oder rassischen Herkunft sie sein mögen oder welchen sozialen Status sie erworben haben. Die Würde der Person ist sowohl vorstaatlich als auch vorgesellschaftlich und kann weder erworben noch durch besondere Leistungen verdient werden. Da sie dem Menschen nicht von der Gesellschaft gewährt wird, kann sie ihm auch nicht durch gesellschaftliche Institutionen aberkannt werden. Sie ist **absolut unantastbar und unveräußerlich.**

Diese Überzeugung von der Unverfügbarkeit der menschlichen Person stellt aus Sicht der christlichen Ethik auch den entscheidenden Ansatzpunkt für den absoluten und uneingeschränkten **Geltungsanspruch der Menschenrechte** dar, deren primäre Aufgabe es ist, die Vorstellung einer dem Menschen als solchem schon immer zugehörigen Würde, die das normative Kernstück des christlichen Menschenbildes ausmacht, zu konkretisieren. Sie können damit als eine Art Schutzzaun um die Menschenwürde gedeutet werden und stellen auf diese Weise ein wichtiges Element der Freiheitsgeschichte dar, in der sich die Berufung des Menschen zur Gottebenbildlichkeit immer wieder aufs Neue verwirklicht.

Auch die „Allgemeine Erklärung der Menschenrechte der Vereinten Nationen“ aus dem Jahr 1948 kann als ein Markstein dieser Freiheitsgeschichte gedeutet werden. Seitdem sind die Menschenrechte weiter entfaltet und in völkerrechtlich verbindlichen Verträgen zusammengefasst worden. In den drei **Grundwerten** Freiheit, Gleichheit und Teilhabe an der Macht spiegeln sich die drei Wesenselemente christlicher Anthropologie wider: die Freiheit in Verantwortung, die Gleichwertigkeit aller Menschen vor Gott und die daraus resultierende Geschwisterlichkeit. Sie dienen letztlich als Grundlage für den **Menschenrechtskatalog,** der inzwischen eine Vielfalt bürgerlicher, politischer, wirtschaftlicher, gesellschaftlicher und kultureller Rechte umfasst. Sowohl für den Einzelnen als auch für die Gesellschaft und ihre Institutionen sind die Menschenrechte der oberste ethische Maßstab, an dem sich das sittliche Handeln ausrichten muss.

Übersicht über die wichtigsten Menschenrechte

Die Würde der Person verwirklicht sich
- im Recht auf *Leben* und *körperliche Unversehrtheit*
- im Recht auf *freie Entfaltung der Persönlichkeit*
- im Recht auf *Gewissens- und Religionsfreiheit*
- im Recht auf *Gleichheit vor dem Gesetz*
- im Recht auf *freie Meinungsäußerung*
- im Recht auf *Versammlungs- und Vereinigungsfreiheit*
- im Recht auf *Familie*
- im Recht auf *persönliches Eigentum*
- im Recht auf *Arbeit* und *gerechten Lohn*
- im Recht auf *Bildung*
- im Recht auf *Erholung* und *Freizeit*

usw.

Aufgrund der **theonomen Verankerung** der Menschenrechte kommt diesen eine Dringlichkeit und Überzeugungskraft zu, die sie in einer weltanschaulich pluralen Situation sowohl innerhalb der Gesellschaften als auch weltweit aus sich selbst heraus nicht beziehen können. Deshalb ruft die christliche Ethik dazu auf, die positive Bedeutung der Menschenrechte im eigenen Leben zu bezeugen, Verstöße gegen das Ethos der Menschenwürde und der daraus resultierenden Grundrechte mutig anzuprangern und sich weltweit für deren umfassende Verwirklichung einzusetzen. In diesem solidarischen Handeln zugunsten der Unterlegenen und Schwachen gewinnt das Ethos der Nächstenliebe als **„soziale Liebe"** eine neue Dimension, die auch unmittelbar im politisch-institutionellen Bereich gestaltend wirkt.

Zusammenfassend kann festgestellt werden, dass den Menschenrechten für eine menschenwürdige Existenz eine fundamentale Bedeutung zukommt. Sie schützen die elementaren Lebensgrundlagen des Einzelnen, gewährleisten die Entfaltung seiner Persönlichkeit und sind die entscheidende Voraussetzung für die Verwirklichung seiner sozialen Bedürfnisse. Auf der Grundlage der Menschenrechte wird das Zusammenleben in Staat und Gesellschaft auf eine Weise geregelt, die auch den Prinzipien der christlichen Sozialethik auf vorbildliche Weise gerecht wird.

4.3 Der Mensch vor den Herausforderungen der Zukunft

Angesichts der großen gesellschaftlichen, wirtschaftspolitischen und ökologischen Herausforderungen der Gegenwart suchen die Kirchen seit dem letzten Jahrhundert gemeinsam nach neuen Antworten. In diesem Zusammenhang wurde die Idee eines Konzils entwickelt, das durch eine neue ökumenisch und ökologisch ausgerichtete Sozialethik die Voraussetzungen für die Überlebensfähigkeit der Menschheit schaffen sollte, um der Berufung des Menschen zur Schöpfungspartnerschaft gerecht zu werden. Obwohl sich die Idee des Konzils bislang nicht verwirklichen ließ, kam durch diese Bemühungen weltweit ein intensiver Dialog zwischen den Religionen und Weltanschauungen – speziell auch innerhalb der christlichen Kirchen – in Gang, der nach wie vor andauert und von dem immer wieder neue Impulse mit Blick auf die Gestaltung der Zukunft ausgehen. Um die Offenheit dieser Dialogstruktur zum Ausdruck zu bringen, spricht man deshalb heute vom **„konziliaren Prozess für Frieden, Gerechtigkeit und Bewahrung der Schöpfung“.** Diese drei Zielsetzungen sind nun genauer zu beleuchten.

4.3.1 Friede

Die Sehnsucht der Menschen nach einem Leben in Freiheit und Gerechtigkeit ist von jeher an die Verwirklichung einer umfassenden Friedensordnung geknüpft. Die Hoffnungen auf eine neue friedliche Weltordnung nach Ende des Kalten Krieges haben sich jedoch nicht erfüllt; so ist die Gegenwart vielmehr durch das Entstehen immer neuer Krisenherde, durch weltweiten Terror und Fanatismus und viele „heiße“ Kriege gekennzeichnet, denen Jahr für Jahr unzählige Menschen zum Opfer fallen. Zu Beginn des 21. Jahrhunderts stellt dies neben der ökologischen Bedrohung eine **große Herausforderung für die Völkergemeinschaft** dar.

Schon in der Tradition der christlichen Ethik spielte die Frage nach Krieg und Frieden eine bedeutende Rolle. Im Hintergrund stand dabei der biblische Begriff **Friede** (hebr. *schalom*). Der Begriff **Schalom** bringt seiner ursprünglichen Bedeutung zufolge weit mehr zum Ausdruck als die Abwesenheit von Krieg: Er zielt in umfassender Weise auf **alle Dimensionen menschlicher Existenz** ab, zu denen unter anderem *auch* der gesellschaftspolitische Bereich und damit der Friede im herkömmlichen Wortsinn gehört. Biblisch gesehen lebt der Mensch dann in Frieden, wenn er sich auf ganzheitliche Weise als Einheit erlebt, d. h. wenn es ihm gelingt, alle menschlichen Konfliktpotenziale positiv zu integrieren. Dies meint das **Einssein mit sich selbst** ebenso wie das **Einssein mit den Mitmenschen;** es meint aber auch das **Einssein mit Gott,** das allen Friedensbemühungen des Menschen letztlich zugrunde liegt, da der vollkommene Friede das Werk Gottes bleibt und im Rahmen der christlichen Ethik als Teil der eschatologischen Heilszusage Gottes zu verstehen ist.

In späterer Zeit trat dieses umfassende und ganzheitliche Verständnis von Frieden in den Hintergrund; stattdessen wurde vor allem in der scholastischen Theologie des Mittelalters angesichts zahlreicher gewaltsamer Auseinandersetzungen darüber nachgedacht, unter welchen Bedingungen es auch für einen Christen gerechtfertigt sein könne, Krieg zu führen. Von einem **gerechten Krieg** kann demnach gesprochen werden, wenn sechs Bedingungen erfüllt sind:

1. Der Krieg muss von einer **legitimen Autorität** erklärt und geführt werden.
2. Er muss aus einem **gerechten Grund** geführt werden.
3. Er muss einer **guten Absicht** dienen.
4. Er muss **unvermeidlich** *(ultima ratio)* sein, d. h. alle anderen Möglichkeiten, den Konflikt friedlich zu lösen, müssen erfolglos geblieben sein.
5. Es muss auch beim Einsatz von Gewalt die **Verhältnismäßigkeit der Mittel** gewahrt bleiben; d. h. es dürfen keine in sich schlechten Mittel angewendet werden, Unschuldige und Unbeteiligte müssen verschont bleiben und das Gute, das man sich durch den Krieg erhofft, muss die durch den Krieg entstehenden Übel deutlich überwiegen.
6. Es muss eine realistische **Aussicht auf Erfolg** bestehen.

Auch die mittelalterliche Theologie hält jedoch im Prinzip daran fest, dass der Friede letztlich in der Verheißung Gottes gründet, im Wirken Jesu Christi seinen Anfang genommen hat und am Ende der Geschichte in der Fülle der Gottesherrschaft zur Vollendung gelangen wird. Es ist dieser **„Gottesfriede“,** der letztlich auch Grundlage und Voraussetzung des inneren Friedens und des Friedens unter den Menschen ist. Weil Gott uns den Frieden schenkt, sollten auch wir in der Nachfolge Jesu Christi darum bemüht sein, Frieden zu stiften.

Vor dem Hintergrund moderner Massenvernichtungswaffen hat die Rede vom „gerechten Krieg“ weitgehend ihren Sinn verloren, wenn auch gerade in jüngster Zeit radikal pazifistische Positionen wieder zunehmend zugunsten einer Krisenprävention notfalls auch mit militärischen Mitteln relativiert werden. Dennoch wird es in Zukunft in erster Linie darum gehen müssen, die notwendigen Bedingungen für einen **„gerechten Frieden“** zu schaffen, um den Ausbruch von Kriegen von vornherein zu verhindern: „Demokratisierung verbunden mit der Entwicklung wirtschaftlicher Beziehungen und Prosperität sind die entscheidenden Dimensionen einer umfassenden *Friedensprävention*"[37], so Josef Römelt. Dies berührt jedoch bereits das Ringen um eine gerechte Wirtschafts- und Sozialordnung und weist damit auf die zweite große Zielsetzung des konziliaren Prozesses voraus, die gleich noch eigens aufzugreifen ist.

Zusammenfassend ist festzuhalten, dass die christliche Ethik ein umfassendes und ganzheitliches Verständnis von Frieden – im Sinne des hebräischen Wortes *schalom* – vertritt, wobei die vollkommene Verwirklichung des Friedens mit der eschatologischen Heilszusage Gottes in Beziehung gesetzt wird. Dieser Gottesfriede ist jedoch zugleich Ausgangspunkt und Maßstab für ein „Ethos der Gewaltlosigkeit", das schon heute das sittliche Handeln des Menschen weitgehend bestimmen sollte. Lediglich im Fall der Notwehr gilt der Einsatz militärischer Mittel dann als sittlich erlaubt, wenn alle gewaltfreien Maßnahmen zur Konfliktlösung ausgeschöpft sind.

4.3.2 Gerechtigkeit

Für Thomas von Aquin ist unter der Gerechtigkeit als Grundhaltung des Menschen die beständige Bereitschaft zu verstehen, jedem das Seine (lat. *suum cuique*) zu geben; da dies alle drei Dimensionen menschlicher Existenz berührt – also die interpersonale, die gesellschaftliche und die politische Dimension –, muss zwischen drei grundlegenden Arten von Gerechtigkeit unterschieden werden:

- Die **„ausgleichende" (kommutative) Gerechtigkeit** regelt die Beziehungen zwischen dem Einzelnen und der Gemeinschaft (personale Gerechtigkeit);
- die **„austeilende" (distributive) Gerechtigkeit** regelt die Ansprüche, die der Einzelne der Gesellschaft gegenüber geltend machen kann (soziale Gerechtigkeit);
- die **„gesetzliche" (legale) Gerechtigkeit** regelt die Ansprüche, die Staat und Gesellschaft dem Einzelnen gegenüber geltend machen können (politische Gerechtigkeit).

Über diese Regelungen geht das biblische Ethos noch deutlich hinaus, da es auch in diesem Zusammenhang das **Wohl des Menschen** in den Mittelpunkt

37 Josef Römelt: Jenseits von Pragmatismus und Resignation. Perspektiven christlicher Verantwortung für Umwelt, Frieden und soziale Gerechtigkeit, Friedrich Pustet Verlag: Regensburg 1999, S. 187.

stellt, das unter Umständen weit mehr verlangt als das gesetzlich Gebotene: Hier geht es nicht in erster Linie darum, dass jemand das bekommt, was ihm zusteht, sondern er soll vielmehr das erhalten, was er in seiner konkreten Situation braucht, um in Würde leben zu können. Auf beispielhafte Weise kommt dieser Ansatz im Gleichnis von den Arbeitern im Weinberg zum Ausdruck (vgl. Mt 20,1–14). Hier erhalten alle den gleichen Lohn, ganz gleich, ob sie den ganzen Tag oder nur eine Stunde gearbeitet haben. Der vereinbarte Lohn in Höhe von einem Denar entspricht jedoch nach damaligen Maßstäben genau dem Lebensunterhalt einer Familie für einen Tag. Der Einzelne ist in diesem Fall nicht mehr auf Almosen angewiesen, sondern er wird in die Lage versetzt, auf selbstständige Weise durch seiner Hände Arbeit für sich und seine Familie zu sorgen. Das biblische Gleichnis stellt demnach die **Sicherung des Existenzminimums** klar über das Leistungsprinzip, das in der heutigen Gesellschaft dominiert. Theologisch gesehen bildet sich in diesem jesuanischen Gleichnis auch die Beziehung des Menschen zu Gott ab, die ebenfalls nicht durch die Prinzipien der Leistungsgesellschaft bestimmt wird, sondern bei der Gott der Bedürftigkeit des Menschen mit Gnade und Barmherzigkeit begegnet.

Die so verstandene **Gerechtigkeit Gottes** macht das biblische Ethos zum Maßstab für das Verhalten der Menschen untereinander. Diese sollten sich darum bemühen, stets all denen *gerecht zu werden,* die aus einer Notlage heraus auf Hilfe und Unterstützung angewiesen sind. Sie müssen zum Teilen bereit sein, damit alle genug zum Leben haben. In der Heiligen Schrift sind dies in erster Linie die Armen – vor allem die Witwen und Waisen, die ihren männlichen Beschützer eingebüßt haben – und die Fremden. Ein markantes Beispiel für das biblische **Armenrecht** ist im Buch Deuteronomium zu finden: „Wenn du in deinem Weinberg die Trauben geerntet hast, sollst du keine Nachlese halten. Sie soll den Fremden, Waisen und Witwen gehören.“ (Dtn 24,21) Mit großer Konsequenz halten sowohl das Alte als auch das Neue Testament daran fest, dass Gott immer aufseiten der Armen und Benachteiligten steht. Er hat die Menschen zur Freiheit bestimmt und ihnen eine unveräußerliche Würde verliehen, die von uns allen sozialethisch einzulösen ist.

Dtn 24,17 Du sollst das Recht von Fremden, die Waisen sind, nicht beugen; du sollst das Kleid einer Witwe nicht als Pfand nehmen.
18 Denk daran: Als du in Ägypten Sklave warst, hat dich der Herr, dein Gott, dort freigekauft. Darum mache ich es dir zur Pflicht, diese Bestimmung einzuhalten.

Der zentrale Stellenwert dieses biblischen Verständnisses von Gerechtigkeit kommt auch in einer wichtigen **Ergänzung zum Gebot der Nächstenliebe** zum Ausdruck. Heißt es im Buch Levitikus zunächst „Du sollst deinen Nächsten lieben wie dich selbst. Ich bin der Herr." (Lev 19,18), so ist einige Verse später zu lesen:

Lev 19,33 Wenn bei dir ein Fremder in eurem Land lebt, sollt ihr ihn nicht unterdrücken.
34 Der Fremde, der sich bei euch aufhält, soll euch wie ein Einheimischer gelten, und du sollst ihn lieben wie dich selbst; denn ihr seid selbst Fremde in Ägypten gewesen. Ich bin der Herr, euer Gott.

Gerechtigkeit im biblischen Sinne ist also nicht berechnend, sie ist weder an Leistung noch an Verdienst orientiert; ihr einziger Maßstab ist es, dass jedem Menschen das zugewendet werden sollte, was er zu einem Leben in Freiheit und Würde braucht. Auch in der Gegenwart kann eine so verstandene **soziale Verteilungsgerechtigkeit,** wie es bereits im Abschnitt über den „Frieden" angeklungen ist, zum entscheidenden **Ansatzpunkt einer weltweiten Friedensprävention** werden. Schon Thomas von Aquin sieht im Frieden das „Werk der Gerechtigkeit", und auch Psalm 85 bringt in einem anschaulichen Bild zum Ausdruck, dass Gerechtigkeit und Friede untrennbar miteinander verbunden sind:

Ps 85,9 Ich will hören, was Gott redet: Frieden verkündet der Herr seinem Volk und seinen Frommen, den Menschen mit redlichem Herzen.
10 Sein Heil ist denen nahe, die ihn fürchten. Seine Herrlichkeit wohne in unserm Land.
11 Es begegnen einander Huld und Treue; Gerechtigkeit und Friede küssen sich.

Zusammenfassend kann festgestellt werden, dass die Gerechtigkeit im Rahmen der christlichen Ethik nach dem Vorbild der Gerechtigkeit Gottes als ein **subjektives Prinzip** zu verstehen ist, dem es letztlich darum geht, dass jeder Mensch das erhält, was er zu einem menschenwürdigen Leben braucht. Mit Blick auf die politischen Krisenherde der Gegenwart, die sicherlich auch als Folgen einer ungerechten Weltwirtschaftsordnung anzusehen sind, kommt diesem sozialethischen Ansatzpunkt eine große aktuelle Bedeutung zu.

4.3.3 Bewahrung der Schöpfung

Die Bewahrung der Schöpfung ist das dritte große Anliegen einer zukunftsorientierten christlichen Ethik. Aus der Fülle der Probleme, die in diesem Zusammenhang eine Rolle spielen, können hier nur zwei Themen exemplarisch herausgegriffen und in der gebotenen Kürze abgehandelt werden: Grundzüge einer christlichen Umweltethik einerseits und Fragen des medizinischen Fortschritts andererseits.

Grundzüge einer christlichen Umweltethik

„Eine gespenstische Angst geht um in der Welt. Die Angst, dass die Menschheit vor ihrem Untergang stehe, ja die Furcht, dass den Menschen ihre mittelbare Zukunft abhanden komme, beginnt sich des Alltagsbewusstseins zu bemächtigen. Die Angst hat einen Namen und viele Gesichter, sie heißt Ökologiekrise“[38], mit diesen Worten leitet Andreas Brenner seine Ökologie-Ethik ein. Im Einzelnen gibt es viele Aspekte, die zu dem hier angesprochenen **Krisen-Bewusstsein** beigetragen haben und auf die in der modernen Umweltethik Antworten gesucht werden.

Es gibt heute verschiedene **umweltethische Ansätze,** die sich in erster Linie dadurch unterscheiden, dass sie unterschiedliche Lebens- und Wirklichkeitsbereiche als unbedingt schützenswert herausstellen.

Die Vertreter des physiozentrischen, biozentrischen oder pathozentrischen Modells werden der „neuen Ethik“ zugerechnet. Sie alle verbindet die kritische Auseinandersetzung mit dem *traditionellen* anthropozentrischen Denken, das

38 Andreas Brenner: Ökologie-Ethik, Reclam Verlag: Leipzig 1996, S. 9.

aufgrund seiner einseitigen Ausrichtung an den Interessen und Bedürfnissen des Menschen für die gegenwärtige ökologische Krise verantwortlich gemacht wird. Deshalb fordern sie ein neues, **positives Verhältnis von Mensch und Natur,** das beider Interessen gleichermaßen berücksichtigt. Die geforderte Verhaltensänderung setzt jedoch eine Einstellung voraus, die der Natur gleichsam als Partnerin des Menschen auf dem Weg in die Zukunft mit Respekt und Achtung begegnet. Damit ist die Frage nach dem Verhältnis von Natur und Mensch heute grundsätzlich neu gestellt.

Modelle der Umweltethik

physiozentrisch: die Erhaltung der gesamten *(belebten und unbelebten) Natur*
als oberster Verpflichtungsgrund sittlichen Handelns
Maßstab: alles Sein (holistischer Ansatz)

biozentrisch: der Schutz aller derzeit *existierenden Lebensformen*
als oberster Verpflichtungsgrund sittlichen Handelns
Maßstab: Leben an sich

pathozentrisch: das Wohl aller *empfindungsfähigen Lebewesen*
als oberster Verpflichtungsgrund sittlichen Handelns
Maßstab: Leidensfähigkeit

anthropozentrisch: die Interessen des *Menschen*
als oberster Verpflichtungsgrund
Maßstab: Vernunft

Zu den bedeutendsten Vorläufern der modernen Umweltethik zählt der Theologe und Arzt **Albert Schweitzer.** Er wurde am 14. Januar 1875 in Kaysersberg im Oberelsass geboren und studierte zunächst Theologie, Philosophie und Musiktheorie, brach seine theologische Karriere jedoch 1905 zugunsten eines Medizinstudiums ab. 1913 begab er sich erstmals nach Lambarene (Afrika), wo er ein Urwaldhospital begründete. 1915 prägte er den Ausdruck **„Ehrfurcht vor dem Leben",** der zum Leitmotiv seiner Ethik werden sollte und in dem auch sein Protest gegen die Schrecken und Grausamkeiten des Ersten Weltkriegs zum Ausdruck kommt: „Ich bin Leben, das leben will, inmitten von Leben, das leben will", so lautet die Kurzform seines ethischen Bekenntnisses. 1952 wurde Albert Schweitzer nach jahrelangem Wirken in seinem Urwaldhospital in Afrika der Friedens-Nobelpreis zugesprochen. Am 4. September 1965 starb er in Lambarene.

In seinen Ausführungen zu „Kultur und Ethik" fasst Albert Schweitzer seine Position folgendermaßen zusammen:

In der Ehrfurcht vor dem Leben geht mein Erkennen in Erleben über. Die unbefangene Welt- und Lebensbejahung, die in mir ist, weil ich ja Wille zum Leben bin, braucht also nicht mit sich selbst in Konflikt zu treten, wenn mein Wille zum Leben denkend wird und den Sinn der Welt nicht versteht. Trotz des negativen Resultats des Erkennens habe ich Welt und Lebensbejahung festzuhalten und zu vertiefen. Mein Leben trägt seinen Sinn in sich selber. Er liegt darin, dass ich die höchste Idee lebe, die in meinem Willen zum Leben auftritt … die Idee der Ehrfurcht vor dem Leben. Daraufhin gebe ich meinem Leben und allem Willen zum Leben, der mich umgibt, einen Wert, halte mich zum Wirken an und schaffe Werte.

Die Ethik wächst mit der Welt- und Lebensbejahung aus derselben Wurzel hervor. Denn auch Ethik ist nichts anderes als Ehrfurcht vor dem Leben. Die Ehrfurcht vor dem Leben gibt mir das Grundprinzip des Sittlichen ein, dass das Gute in dem Erhalten, Fördern und Steigern von Leben besteht und dass Vernichten, Schädigen und Hemmen von Leben böse ist. Bejahung der Welt, das heißt Bejahung des Willens zum Leben, der um mich herum in die Erscheinung tritt, ist nur dadurch möglich, dass ich mich selber an anderes Leben hingebe. Aus innerer Nötigung, ohne den Sinn der Welt zu verstehen, wirke ich Werte schaffend und Ethik übend in der Welt und auf die Welt ein. Denn in Welt- und Lebensbejahung und in Ethik erfülle ich den Willen des universellen Willens zum Leben, der sich in mir offenbart. Ich lebe mein Leben in Gott, in der geheimnisvollen ethischen Gottespersönlichkeit, die ich so in der Welt nicht erkenne, sondern nur als geheimnisvollen Willen in mir erlebe.

Albert Schweitzer: Kultur und Ethik, S. 89 f.

Albert Schweitzer

Ausgangspunkt dieser Ethik und des damit verbundenen lebenslangen Engagements war den „Selbstzeugnissen“ Schweitzers zufolge das Gleichnis vom reichen Mann und vom armen Lazarus (vgl. Lk 16,19–31). Auch mit dem Gleichnis von den anvertrauten Talenten, das bereits als Belegstelle für die Forderung nach gemeinschaftsbezogener Selbstverwirklichung herangezogen wurde, begründet er mehrfach seine Haltung. Für Schweitzer trägt das Leben seinen tiefsten Sinn in sich, weshalb es in allen Formen zu schützen und zu achten ist. Der Mensch hat eine unbegrenzte Verantwortung gegenüber Mensch und Tier, über die nicht reflektiert werden sollte – auch nicht theologisch –, sondern die im konkreten Tun zu realisieren ist. Wahre Humanität besteht darin, dass ein Mensch nie einem übergeordneten Zweck geopfert wird.

Man kann in Schweitzer einen modernen Propheten sehen, der die Worte des Evangeliums unmittelbar in die Tat umsetzt, um das Reich Gottes schon in der Gegenwart sichtbar werden zu lassen.

Ein weiterer wichtiger Entwurf ist die **Verantwortungsethik von Hans Jonas.** Hans Jonas wurde am 10. April 1903 in Mönchengladbach als Sohn eines jüdischen Textilfabrikanten geboren. Nach dem Philosophiestudium in Freiburg, Berlin und Marburg emigrierte Jonas 1933 nach London und 1935 nach Palästina. Von 1940 bis 1945 war er Soldat in der Jüdischen Brigade der britischen Armee, 1948/49 kämpfte er für die Unabhängigkeit des Staates Israel. 1949 siedelte er nach Kanada über und übernahm 1955 eine Professur an der New School für Social Research in New York; er wirkte als Gastprofessor an mehreren Universitäten, u. a. auch in München. 1979 wurde sein Hauptwerk „Das Prinzip Verantwortung. Versuch einer Ethik für die technologische Zivilisation" veröffentlicht. Neben den Ansätzen zu einer „philosophischen Biologie" befasste Jonas sich vor dem Hintergrund des technischen Fortschritts auch mit Fragen der medizinischen Ethik. Am 5. Februar 1993 starb er in der Nähe von New York.

Hans Jonas

Jonas geht in seinem Entwurf von einer Charakteristik der bisherigen Ethik aus, die von der Unveränderlichkeit des Menschen überzeugt war und eine nachhaltige, die gesamte Zukunft bestimmende Gefährdung der Natur durch menschliches Handeln noch ausschließen konnte. Da Handlung und Handlungsfolgen noch in unmittelbarem Zusammenhang standen, waren die Folgen menschlichen Handelns sichtbar und berechenbar. Dagegen ist die heutige Situation Jonas zufolge durch die Differenz zwischen dem technischen Können des Menschen einerseits und dem Wissen um die langfristigen Folgen seines Tuns andererseits charakterisiert. Der „Homo sapiens" wird zum „Homo faber" („Handwerker"), der es in der Hand hat, die Natur – und auch sich selbst als ein mögliches Objekt der von ihm selbst geschaffenen Technik – auf dauerhafte und irreversible Weise zu schädigen.

frühere Situation der Ethik	**heutige Situation der Ethik**
• anthropozentrische Ausrichtung als selbstverständliche Grundlage • unmittelbarer Zusammenhang von Handlung und Handlungsfolgen • Eine nachhaltige Gefährdung der Natur ist noch ausgeschlossen. • Die Perspektive menschlichen Erkennens und Handelns ist noch begrenzt, die Zukunft offen!	• Kritik am anthropozentrischen Denken des „Homo faber" • Differenz zwischen dem technischen Können des Menschen und dem Wissen über die langfristigen Folgen seines Handelns • Eine irreversible Schädigung der Natur ist denkbar geworden. • Die Entscheidung über das Fortbestehen der Welt liegt in der Hand des Menschen!

Aus dieser Gegenüberstellung ergibt sich für Jonas, dass die traditionelle Ethik, die sich auf die „Nächstenethik" beschränkt, der heutigen Situation des Menschen nicht mehr gerecht wird. Da die Entscheidung über den Fortbestand der Welt heute in die Hand des Menschen gelegt ist, rückt für ihn die Frage in den Vordergrund, ob es auch in Zukunft noch eine Welt geben soll. Seiner Auffassung zufolge hat die Menschheit kein Recht, Selbstmord zu begehen, da ihr Fortbestand das höchste Gut ist, dem sich alle anderen Ziele und Wünsche unterordnen müssen. Wir sind also unmittelbar für die *Idee* des Menschen verantwortlich, die danach verlangt, auch in Zukunft verwirklicht zu werden. Daraus ergibt sich folgender **„Imperativ der Verantwortung"**: „Handle so, dass die Wirkungen deiner Handlungen mit der Permanenz (Fortdauer) menschenwürdigen Lebens verträglich sind!"

Jonas leitet aus dieser Argumentation konkrete Handlungsanweisungen ab, die als wichtige **umweltethische Prinzipien** angesehen werden können:

1. Das Gute wird über den Umweg des Übels erkannt (sog. **„Heuristik der Furcht"**).
2. Das Übel ist die Vorstellung der möglichen negativen Folgen des Handelns.
3. Wir sollten diesen Folgen gegenüber eine emotionale Haltung einnehmen, zum Beispiel eine Haltung der Angst oder der Abwehr, die bewirkt, dass wir die Folgen zu vermeiden suchen.
4. Das Wissen, dass bestimmte negative Folgen möglich sind, ist auch ohne sicheren Beweis anzunehmen (sog. „Tutiorismus").
5. Der Unheilsprognose ist grundsätzlich mehr Glauben zu schenken als der Heilsprognose; sobald auch nur die Möglichkeit besteht, dass eine bestimmte Technologie die Zukunft der Menschheit gefährdet, ist es moralisch nicht mehr vertretbar, diese Technologie einzusetzen.

Nach Jonas beruht ethisches Handeln auf der Heuristik der Furcht: Die Erkenntnis einer möglichen Gefahr löst eine Furcht aus, die vor unabsehbaren Handlungsfolgen abschreckt; Andreas Paul Weber: Fortschritt.

Auf diese Weise gelangt Jonas zur Schlussfolgerung, dass eine Sittlichkeit, die nur auf das Vergangene bezogen ist, heute nicht mehr ausreicht, zumal sie auch keine sinnvolle Motivation für künftiges Verhalten darstellt. Der Mensch ist nicht nur für seine eigenen Taten verantwortlich wie in der traditionellen Ethik, sondern er ist auch für das Wohlergehen anderer, ja für den Fortbestand des Seins verantwortlich. Aus diesem „Sein-Sollen" ergibt sich seinem philosophischen Ansatz zufolge ein „Tun-Sollen" als objektive Verpflichtung, wie sie zum Beispiel auch in der Verantwortung der Eltern für das Wohlergehen ihrer Kinder vorliegt. Im Gegensatz zur bisherigen „Nahethik" fordert Jonas eine „Fernethik", die sowohl nichtmenschliches Leben in der Gegenwart als auch nachfolgende Generationen und deren Umwelt in die ethischen Überlegungen einbezieht.

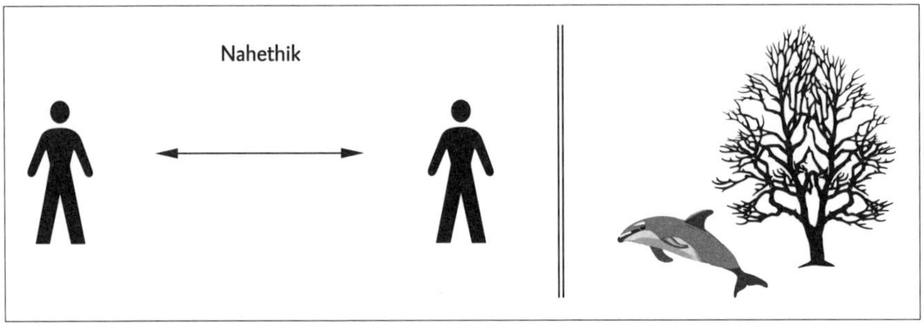

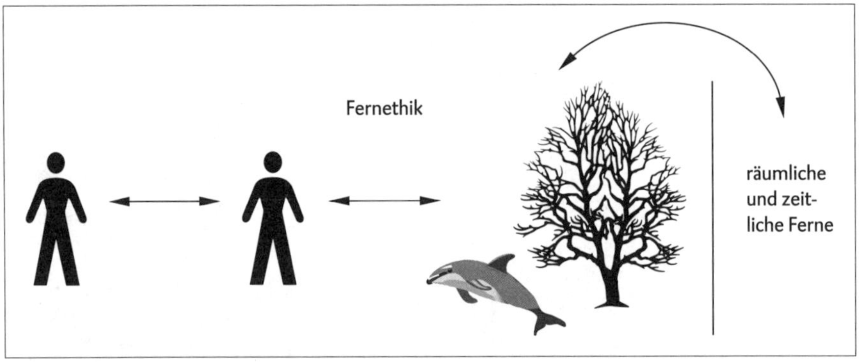

Eine Frage, die von Hans Jonas nicht explizit aufgegriffen wird, ist jedoch die Frage nach dem Wesen menschlicher Existenz. Hier kommt der religiöse Aspekt ins Spiel, der mit der Idee des Menschen eine besondere **inhaltliche Qualität** verbindet. Der christlichen Ethik ist nicht nur wichtig, *dass* der Mensch sei, sondern sie fragt auch danach, *was* der Mensch sei. Auf der Grundlage des biblischen Ethos kann man den kategorischen Imperativ von Hans Jonas insofern erweitern, als der Mensch auch in Zukunft die Chance haben sollte, sich im Sinne von Gen 1,27 als Gottes Ebenbild zu verwirklichen.

In dieser einzigartigen Beziehung zu Gott ist die Souveränität des Menschen begründet, die in seinem Weltverhalten zum Ausdruck kommt; die Beziehung zu Gott setzt dieser Souveränität jedoch zugleich eine klare Grenze, indem sie den Menschen auf seine im gemeinsamen Schöpfungsursprung begründete Verbundenheit mit allen Mitgeschöpfen verweist. „Verantwortung vor Gott für das Anvertraute begrenzen nach biblischem Verständnis […] immer schon menschliche Willkür und Selbstherrlichkeit.“[39] Dies ist auch der Ausgangspunkt für eine spezifisch christliche Umweltethik, die Bernhard Irrgang als **„Ethos ökologisch orientierter Humanität“** bzw. als **„gemäßigte Anthro-**

39 Josef Römelt: Jenseits von Pragmatismus und Resignation, a. a. O., S. 88.

pozentrik" charakterisiert.[40] Obwohl weder das Alte noch das Neue Testament eine eigene Schöpfungsethik entwickeln, lassen sich aus der biblischen Anthropologie dennoch klare Impulse für eine zeitgemäße Umweltethik ableiten, insofern diese den Menschen als verantwortlich handelndes Wesen in die Pflicht nimmt. Während die traditionelle Anthropozentrik im Menschen primär das *autonome* Subjekt sieht, das die Natur einseitig seinen Interessen unterwirft, ist der Mensch für die „gemäßigte" Anthropozentrik der christlichen Umweltethik primär das *sittlich handelnde* Subjekt; vom Menschen kann also erwartet werden, dass er die vorhersehbaren Folgen seines Handelns für künftige Generationen wie auch für die gesamte Umwelt sorgfältig in Erwägung zieht und bei konkreten Entscheidungen jeweils der Lösung den Vorzug gibt, die Natur und Umwelt am wenigsten schädigt.

Ein letzter wichtiger Aspekt christlicher Umweltethik ist die **eschatologische Sinngebung** menschlichen Handelns, die besonders deutlich im Römerbrief zum Ausdruck kommt, der die gesamte Schöpfung in die christliche Hoffnung auf Vollendung der Gottesherrschaft einbezieht.

Röm 8,18 Ich bin überzeugt, dass die Leiden der gegenwärtigen Zeit nichts bedeuten im Vergleich zu der Herrlichkeit, die an uns offenbar werden soll.
19 Denn die ganze Schöpfung wartet sehnsüchtig auf das Offenbarwerden der Söhne Gottes.
20 Die Schöpfung ist der Vergänglichkeit unterworfen, nicht aus eigenem Willen, sondern durch den, der sie unterworfen hat; aber zugleich gab er ihr Hoffnung:
21 Auch die Schöpfung soll von der Sklaverei und Verlorenheit befreit werden zur Freiheit und Herrlichkeit der Kinder Gottes.
22 Denn wir wissen, dass die gesamte Schöpfung bis zum heutigen Tag seufzt und in Geburtswehen liegt.
23 Aber auch wir, obwohl wir als Erstlingsgabe den Geist haben, seufzen in unserem Herzen und warten darauf, dass wir mit der Erlösung unseres Leibes als Söhne offenbar werden.
24 Denn wir sind gerettet, doch in der Hoffnung. Hoffnung aber, die man schon erfüllt sieht, ist keine Hoffnung. Wie kann man auf etwas hoffen, das man sieht?
25 Hoffen wir aber auf das, was wir nicht sehen, dann harren wir aus in Geduld.

Dieser Text, der die prophetische Utopie vom Schöpfungsfrieden aufgreift (vgl. Jes 11,1–9), erinnert den Menschen noch einmal an seine kreatürliche Verbundenheit mit allen Mitgeschöpfen, für die der Mensch als Schöpfungspartner

40 Bernhard Irrgang: Christliche Umweltethik. Eine Einführung, Ernst Reinhardt Verlag: München / Basel 1992.

Gottes die Verantwortung trägt; er entwickelt jedoch auch eine **Perspektive der Hoffnung,** die darauf verweist, dass Leid und Tod vor Gott nicht das letzte Wort haben. Es ist gerade dieser Sinnhorizont, der den Menschen immer wieder aufs Neue ermutigen kann, mit Einfallsreichtum und voll Zuversicht an der Bewältigung der anstehenden Zukunftsaufgaben zu arbeiten.

Zusammenfassend kann festgestellt werden, dass christliche Umweltethik auf der Grundlage biblischer Anthropologie eine umfassende „Kultur der Ehrfurcht vor Natur und Mensch“ (Josef Römelt) entwirft; auf diese Weise trägt die „gemäßigte Anthropozentrik“ dazu bei, das bisherige Paradigma einseitiger Naturbeherrschung zu überwinden und stattdessen neue, kooperative Formen des Umgangs des Menschen mit der Natur zu entwickeln, die auch der wachsenden Umweltzerstörung Einhalt gebieten können.

Umgang mit neuen Technologien

Neue Technologien haben das Leben der Menschen im Laufe des 20. Jahrhunderts stark verändert. Die Problematik, die mit diesen Fragen verbunden ist, kann in ihrer Komplexität hier nicht umfassend behandelt werden, zumal gerade in diesem Bereich die Entwicklungen immer schneller voranschreiten. Deshalb sollen hier exemplarisch einige Aspekte der **Gentechnologie** aufgegriffen werden, die auch Grundfragen der medizinischen Ethik berühren.

In der Präambel ihrer Satzung aus dem Jahr 1948 definiert die Weltgesundheitsorganisation (WHO) **Gesundheit** als einen Zustand „völligen körperlichen, seelischen und sozialen Wohlbefindens“, der keineswegs als bloße „Abwesenheit von Krankheit“ gedeutet werden dürfe. In dieser sehr weit gefassten Bestimmung spiegelt sich ein ganzheitliches Menschenbild wider, wie es auch der christlichen Ethik zugrunde liegt. Dem stehen in der modernen Lebenswelt zahlreiche Gefährdungen von Leben und Gesundheit gegenüber, die zum Teil auch vom Menschen selbst verschuldet sind. In Bezug auf neuere technologische Entwicklungen, speziell im Bereich der Gentechnik, ergeben sich in diesem Zusammenhang vor allem zwei **Problemfelder:**

- Fragen in Bezug auf den **Lebensbeginn,** z. B. Fragen der pränatalen Diagnostik und der Präimplantationsdiagnostik, der künstlichen Befruchtung oder der Abtreibung;
- Fragen in Bezug auf das **Lebensende**, z. B. Fragen der Euthanasie, der Beihilfe zum Suizid, der Unterscheidung zwischen Herztod und Hirntod, besonders mit Blick auf die Organentnahme.

Ein kurzer Rückblick auf die Entwicklung der Gentechnik in den letzten Jahrzehnten verdeutlicht die damit verbundene Problematik.

Überblick über Entwicklungen der Gentechnik

1953	Den Wissenschaftlern Francis Crick und James Watson gelingt die erste Darstellung des DNS-Moleküls in Form der Doppel-Helix.
1978	Am 25. Juli wird mit Louise Joy Brown in England das erste Kind geboren, das *in vitro* (im Reagenzglas, d. h. außerhalb des Mutterleibes) gezeugt wurde.
1984	Am 28. März kommt in Melbourne (Australien) erstmals ein Kind zur Welt, das sich aus einem tiefgefrorenen Embryo entwickelt hat (Voraussetzung für die Präimplantationsdiagnostik).
1997	Am 27. Februar wird in England das geklonte Schaf Dolly erstmals präsentiert.
1998	Dem Biologen James Thomson gelingt zum ersten Mal die Isolation von Stammzellen, die als die omnipotenten (also unbegrenzt entwicklungsfähigen) Ursprungszellen des Lebens angesehen werden.
2000	Dem amerikanischen Genforscher Craig Venter gelingt es, das menschliche Genom zu entschlüsseln.
2002	Der US-Mediziner Panyiotis Zavos gibt bekannt, dass er ab März daran arbeiten wird, Menschen zu klonen, um den Kinderwunsch unfruchtbarer Paare zu erfüllen.

Auf den ersten Blick präsentiert sich diese Übersicht als eine Erfolgsgeschichte, aus der viele Menschen Hoffnung schöpfen, die von schweren Krankheiten – vor allem Erbkrankheiten – betroffen sind oder deren Kinderwunsch auf normalem Weg nicht erfüllt werden kann. Auch gesteht die biblische Schöpfungsgeschichte dem Menschen ausdrücklich das Recht zu, die ihm anvertraute Welt zu erforschen und seine Kenntnisse zu erweitern. Wie sich jedoch in den Ausführungen zur christlichen Umweltethik gezeigt hat, muss der Mensch die möglichen Folgen seines Handelns stets sorgfältig erwägen, und zwar nicht nur mit Blick auf sich selbst, sondern auch mit Blick auf seine Umwelt und auf die nachfolgenden Generationen.

In Bezug auf die skizzierten gentechnischen Entwicklungen wird man sich hier vor allem die große **Gefahr des Missbrauchs** vor Augen führen müssen, die aus diesen Maßnahmen erwächst. Als besonders problematisch erscheint in dieser Hinsicht die Anwendung der Gentechnologie auf den Menschen. Wie wir gesehen haben, ist für die christliche Ethik die **personale Würde** des Menschen der Dreh- und Angelpunkt ihrer Argumentation. Demnach darf der

Mensch niemals bloßes *Objekt* des Handelns sein, wie es der Fall ist, wenn Embryonen zum Beispiel allein zur Gewinnung von Stammzellen oder zur späteren Organentnahme künstlich gezeugt und „verbraucht" werden, also lediglich als Mittel – und sei es auch als therapeutisches Mittel – zum Zweck dienen. Aus Sicht der christlichen Ethik ist dies nicht zulässig, da für sie menschliches Leben mit der Befruchtung der Eizelle beginnt. Auch im Fall der Embryonenforschung gilt demnach der Grundsatz: „Jeder Eingriff, der am Menschen vorgenommen wird, muss das Recht des Menschen auf leibliche Integrität und auf personale Identität achten."[41]

Alle Experimente an Embryonen, auch deren Vermehrung durch Klonen, sind vor diesem Hintergrund zu verwerfen; konkret könnte die **ethische Abwägung** in diesem Fall folgendermaßen aussehen:

Aspekte, die **gegen das Klonen des Menschen** sprechen	Aspekte, die **für das Klonen des Menschen** sprechen
• Das Klonen nimmt dem Menschen das Recht auf Selbstbestimmung, da es der „Selbstzwecklichkeit" des Menschen widerspricht, wie sie schon von Kant in seinem kategorischen Imperativ gefordert wurde. • Das Klonen hebt die Individualität des Menschen auf, die konstitutiv zu seiner persönlichen Identität gehört. • Das Klonen wirft die Frage auf, wie mit entstehenden „Fehlprodukten" umzugehen ist.	• Das Klonen wird als Chance für vielfältige Anwendungen in der Humanmedizin gesehen, z. B. sehr frühe Diagnosemöglichkeiten. • Das Klonen führt zu einer Erweiterung der therapeutischen Möglichkeiten, z. B. bei Unfruchtbarkeit, bei Vorliegen einer unheilbaren Erkrankung eines Organs, bei Trauer über den Verlust eines geliebten Menschen.

Auch die positiven Aspekte lassen in dieser Übersicht eine **Instrumentalisierung des Menschen** erkennen. In keinem Fall wird der geklonte Mensch um seiner selbst willen ins Leben gerufen; am deutlichsten wird dies beim zuletzt aufgeführten Aspekt, wo er an die Stelle eines Verstorbenen treten soll, um die Hinterbliebenen über den schmerzlichen Verlust hinwegzutrösten. Der Würde und Selbstzwecklichkeit des Menschen, der im christlichen Ethos ein hoher Stellenwert zukommt, wird dies keinesfalls gerecht.

41 Katholischer Erwachsenen-Katechismus. Zweiter Band: Leben aus dem Glauben, hrsg. von der Deutschen Bischofskonferenz, Herder Verlag: Freiburg u. a. 1995, S. 300 f.

Dem Prinzip der Nachhaltigkeit gemäß sind auch alle Maßnahmen abzulehnen, die aufgrund ihrer **Irreversibilität** (Unumkehrbarkeit) die künftigen Generationen betreffen, da diese somit ebenfalls zu Objekten gegenwärtigen Handelns werden. Deshalb sind in Deutschland künstliche Veränderungen menschlicher Keimbahnzellen nach dem seit dem 1. Januar 1991 geltenden Embryonenschutzgesetz ausdrücklich verboten.

„… wir haben uns bei dieser Entwicklung speziell an den Erfordernissen der Bildschirmarbeit orientiert."

In diesem Zusammenhang ist abschließend die Frage zu stellen, ob Gesundheit überhaupt um jeden Preis durchgesetzt werden sollte. Hier wird das Leitbild vom menschlichen Leben berührt, das wir für die Zukunft erstreben und dem wir in Forschung und Technik folgen wollen. Es ist eine zentrale Aufgabe der theologischen Ethik, das **implizite Menschenbild,** das diesen Entwicklungen zugrunde liegt, in diesem Sinne kritisch zu hinterfragen. Indem alle gentechnischen Maßnahmen letztlich auf eine Perfektionierung des Menschen abzielen, sind bei diesen „Kontrastfragen" (Konrad Hilpert) vor allem die Endlichkeit, die Fehlbarkeit und die konkrete Personqualität des Menschen anzusprechen. Aus der Fähigkeit, in verantwortlicher Weise über sich selbst zu verfügen, resultiert im christlichen Menschenbild auch die Verpflichtung zu einer besonderen **Fürsorge** für alle Menschen, die dazu aus eigener Kraft nicht in der Lage sind. Für die christliche Ethik ist es deshalb ein wichtiges Anliegen, dass auch die Schwachen, die Kranken und Behinderten von ihren Mitmenschen angenommen werden. Hier steht nicht der Traum vom perfekten Menschen im Vordergrund, sondern die Überzeugung, dass jedem Menschen eine in der liebenden Zuwendung Gottes begründete unverlierbare Würde zukommt. Während die Gentechnik darum bemüht ist, derartige Krankheiten und Behinderungen von vornherein auszumerzen, ruft die christliche Ethik dazu auf, allen Menschen, die an Krankheiten und Behinderungen leiden, mit Verständnis und menschlicher Zuwendung zu begegnen und ihnen die bestmöglichen Lebensbedingungen zu verschaffen.

Abschließend ist festzuhalten, dass bei allen gentechnischen Maßnahmen mit Blick auf die vorhersehbaren Folgen eine gewissenhafte **Analyse von Schaden und Nutzen** erfolgen muss, die auch ein mögliches Restrisiko einbezieht. Weitere ethische Aspekte sind die **Zielkritik,** die danach fragt, ob die vorgegebenen Zielsetzungen realistisch und sittlich zu verantworten sind, und die **Ziel-Mittel-Relation,** bei der stets die Verhältnismäßigkeit zu wahren ist. Grundsätzlich sollten bei allen gentechnischen Maßnahmen sowohl die schöpferische Autonomie des Menschen als auch der Eigenwert der außermenschlichen Natur so weit wie möglich erhalten bleiben.

Pepsch Gottscheber: Der Denker.

Zusammenfassung: Perspektiven und Entfaltungen christlicher Ethik

„Die innere Gesinnung wird erst glaubwürdig, wenn sie sich im konkreten Tun bewährt: in der Gemeinschaft der Glaubenden und in der weltlichen Gesellschaft, im sozialen, politischen, wirtschaftlichen und ökologischen Handeln." (Katholischer Erwachsenen-Katechismus, S. 75). In diesem Sinne ist die christliche Ethik darum bemüht, das zentrale Leitbild christlicher Anthropologie, die **personale Würde des Menschen,** mit Blick auf die vielfältigen Problemfelder sittlichen Handelns immer wieder neu zu reflektieren, um auf diesem Weg **grundlegende Handlungsprinzipien** für konkrete Entscheidungssituationen zu gewinnen.

- Die menschliche Würde ist nach christlichem Verständnis in der **Berufung** des Menschen **zur Gottebenbildlichkeit** begründet. Deshalb hat jeder Mensch einen fundamentalen Anspruch auf menschenwürdige Lebensbedingungen, die es ihm erlauben, seine Individualnatur frei zu entfalten.
- Alle **zwischenmenschlichen Beziehungen** sollten grundsätzlich von Respekt und gegenseitiger Rücksichtnahme geprägt sein. Dies gilt in besonderem Maße für das Zusammenleben in Ehe und Familie, also für die Partnerschaft von Mann und Frau sowie für die Beziehung zwischen den Eltern und ihren Kindern. Eine große Bedeutung kommt in diesem Zusammenhang der **Gleichrangigkeit** und **Gleichwertigkeit von Mann und Frau** zu, die gemeinsam dazu berufen sind, die schöpferische Liebe Gottes an ihre Kinder weiterzugeben.
- Neben der Individualnatur verfügt der Mensch über eine Sozialnatur, die ihn als **verantwortliches Glied von Staat und Gesellschaft** in die Pflicht nimmt. Selbstverwirklichung ist im Kontext der christlichen Ethik immer als *gemeinschaftsbezogene* Selbstverwirklichung zu verstehen. Deshalb sind die Christen dazu aufgerufen, sich weltweit für eine gerechte Wirtschafts- und Sozialordnung einzusetzen und die umfassende Verwirklichung der Menschenrechte anzumahnen, die als unabdingbare Grundlage menschenwürdiger Lebensbedingungen anzusehen sind.
- Als **Schöpfungspartner Gottes** trägt der Mensch auch für die außermenschliche Wirklichkeit die Verantwortung. Im Sinne des Prinzips der Nachhaltigkeit sollte sein Verhalten, auch und gerade in Bezug auf den Einsatz neuer Technologien, darauf ausgerichtet sein, Natur und Umwelt zu schützen und soweit möglich zu schonen, damit auch der Anspruch künftiger Generationen auf eine möglichst intakte, der Würde des Menschen angemessene Umwelt gewahrt bleibt.

Grundsätzlich ist daran festzuhalten, dass auf der Grundlage des biblischen Ethos jeder **Dienst am Menschen und an der Schöpfung** letztlich als **Gottesdienst** zu verstehen ist, da das Ja zu Gott und das Ja zum Menschen in der christlichen Ethik untrennbar miteinander verbunden sind.

5 Sinngebung menschlichen Handelns aus christlicher Motivation

„Leben bedeutet biblisch mehr als bloßes Existieren, es meint ein menschenwürdiges Dasein“, so formuliert der Katholische Erwachsenen-Katechismus aus dem Jahr 1995.[42] Unter einem **menschenwürdigen Dasein** versteht die christliche Ethik ein Leben, das vom schöpfungstheologisch begründeten Vertrauen auf die Liebe Gottes getragen und durch ein „Mitsein in Mitmenschlichkeit“ geprägt ist. Indem das menschliche Handeln aus diesem übergreifenden theologischen Zusammenhang heraus seine **Zielorientierung** gewinnt, wirkt der christliche Glaube unmittelbar sinnstiftend; der Glaube an Gott und die im Glauben gegründete Überzeugung von der Gottebenbildlichkeit des Menschen werden zum Urgrund und zur letzten Erfüllung menschlicher Freiheit, die sich immer zugleich als verantwortliches Handeln versteht. Sinnfindung und Selbstverwirklichung in Freiheit *und* Verantwortung sind die grundlegenden Aufgaben für das menschliche Ethos.

Für die christliche Ethik ist demnach Gottes befreiende Liebe Grundlage des Heils. Da christliches Handeln zwischen die göttliche Heilsverheißung einerseits und die Hoffnung auf Vollendung der Gottesherrschaft andererseits eingespannt ist, gewinnt es eine unmittelbar **eschatologische Dimension.** Im Wirken Jesu Christi wurde den Menschen der Horizont einer absoluten Zukunft eröffnet, die einmal bei Gott ihre Erfüllung finden wird. Diese christliche Zukunftshoffnung kann in besonders hohem Maße motivierend für das sittliche Handeln des Menschen wirken, da sie ihm die unmittelbare Sorge für das Morgen nimmt und ihn auf diese Weise zu einer offenen, vorbehaltlosen Zuwendung zum jeweils anderen befreit, wie es auch im Gebot der Nächstenliebe als Inbegriff christlicher Ethik gefordert wird. Aus der gläubigen Annahme des göttlichen Heilsangebotes resultiert die uneingeschränkte Mitmenschlichkeit als Lebensform endzeitlicher Wirklichkeit, die als Verwirklichung der „größeren Gerechtigkeit“ Gottes in der Nachfolge Jesu Christi anzusehen ist.

Es ist diese christliche Grundhaltung, die sich in Glaube, Hoffnung und Liebe als den drei **Grundvollzügen** eines Lebens aus dem Glauben konkretisiert.

42 Katholischer Erwachsenen-Katechismus, a. a. O., S. 271.

5.1 Glaube

Der Glaube resultiert im Rahmen des christlichen Ethos aus der **Bejahung der Geschöpflichkeit** der eigenen Existenz sowie der **Verwiesenheit auf Gott,** die aus der Geschöpflichkeit herzuleiten ist. Deshalb ist Glaube auch im christlichen Sinn nicht primär das Fürwahrhalten von Glaubenssätzen, sondern ein Leben, das sich im unbedingten **Vertrauen auf Gott** geborgen weiß und sich als Nachfolge Jesu Christi in der Gemeinschaft aller Glaubenden verwirklicht. Glaube im christlichen Sinn meint also stets **gelebter Glaube,** meint ein „Feststehen in dem, was man erhofft, Überzeugtsein von Dingen, die man nicht sieht" (Hebr 11,1). Ein solcher Glaube, der sich als Antwort auf die heilsgeschichtliche Selbstoffenbarung Gottes versteht, wirkt unmittelbar sittlich und schließt auch durchaus **ideologiekritische Impulse** ein, indem er uns immer wieder auf das verweist, was zu einem wahrhaft humanen, menschenwürdigen Dasein wesentlich dazugehört.

5.2 Hoffnung

Aus dem Vertrauen auf Gott erwächst die Zuversicht, dass dieser seine Verheißungen am Ende der Zeiten erfüllen wird. Im Glauben ist also die Hoffnung auf ein **umfassendes Heil** begründet, in das alle Menschen und die gesamte Schöpfung einbezogen sind (vgl. nochmals Röm 8,18–25).

Konkret meint christliche Hoffnung sowohl die Überwindung des Todes durch das ewige Leben, das dem ganzheitlichen Ansatz des biblischen Menschenbildes zufolge als **Auferstehung der Toten** zu verstehen ist, als auch die Hoffnung auf einen neuen Himmel und eine neue Erde, die in der Heiligen Schrift in vielen Bildern und Visionen zum Ausdruck gebracht wird. Christen dürfen darauf vertrauen, dass Gott den Menschen auch im Tod nicht fallen lässt, sondern sich über die Grenze des Todes hinaus seiner erinnert und ihn an der Fülle seines Seins teilhaben lässt.

Diese Hoffnung geht weit über rein innerweltliche, diesseitige Utopien hinaus, die in der Vergangenheit wiederholt zu großen geschichtlichen Katastrophen geführt haben, sie beugt jedoch auch möglichen Tendenzen zur Weltflucht vor. Gerade das Bewusstsein, dass es in dieser Welt keine volle Gerechtigkeit geben kann, sondern dass unser Leben sich erst in der Gemeinschaft mit Gott vollendet, kann uns Christen vor Verzweiflung und Resignation bewahren: „Die aber, die dem Herrn vertrauen, schöpfen neue Kraft, sie bekommen Flügel wie Adler. Sie laufen und werden nicht müde, sie gehen und werden nicht matt." (Jes 40,31) Auf diese Weise kann und soll die christliche Hoffnung zur **motivierenden Kraft** für ein mutiges und verantwortliches Engagement zugunsten einer besseren Welt werden, die schon in der Gegenwart etwas von der überwältigenden Herrlichkeit der Gottesherrschaft aufscheinen lässt.

Die liebende Zuwendung Gottes, im Wirken Jesu Christi personifiziert, führt die Menschen zusammen und bereitet so den Weg zu einem friedvollen Miteinander im Sinne der Reich-Gottes-Botschaft Jesu; Sieger Köder: Das Mahl mit den Sündern.

5.3 Liebe

Glaube und Hoffnung bewahren uns davor, uns zu sehr auf innerweltliche Heilsversprechen zu verlassen, die mit ihren Engführungen und Fixierungen so häufig schon in weltgeschichtliche Sackgassen geführt haben. Auf diese Weise machen sie uns bereit zur **Verwirklichung der Agape,** die im biblischen Sinne als dienende, auch zu persönlichen Opfern bereite Liebe zu verstehen ist. Sie mutet den Menschen zu, die Nöte ihrer Mitmenschen aufmerksam wahrzunehmen, ihnen nach dem Vorbild Jesu Christi mit Sympathie und Einfühlungsvermögen zu begegnen und bei der Bewältigung von Krisen und Problemen kreative Lösungen zu entwickeln. Gerade in dieser schöpferischen Liebe wird etwas von der **Vision einer neuen Menschheit** spürbar, die aus den folgenden Worten des Propheten Jesaja zu uns spricht:

Jes 58,6 Nein, das ist ein Fasten, wie ich es liebe: die Fesseln des Unrechts zu lösen, die Stricke des Jochs zu entfernen, die Versklavten freizulassen, jedes Joch zu zerbrechen,
7 an die Hungrigen dein Brot auszuteilen, die obdachlosen Armen ins Haus aufzunehmen, wenn du einen Nackten siehst, ihn zu bekleiden und dich deinen Verwandten nicht zu entziehen.
8 Dann wird dein Licht hervorbrechen wie die Morgenröte, und deine Wunden werden schnell vernarben. Deine Gerechtigkeit geht dir voran, die Herrlichkeit des Herrn folgt dir nach.
9 Wenn du dann rufst, wird der Herr dir Antwort geben, und wenn du um Hilfe schreist, wird er sagen: Hier bin ich. Wenn du der Unterdrückung bei dir ein Ende machst, auf keinen mit dem Finger zeigst und niemanden verleumdest,
10 dem Hungrigen dein Brot reichst und den Darbenden satt machst, dann geht im Dunkel dein Licht auf, und deine Finsternis wird hell wie der Mittag.

Diese Überlegungen sollen mit den Schlussworten aus dem „Hohenlied der Liebe" des ersten Korintherbriefes abgeschlossen werden, in denen die drei Grundvollzüge menschlicher Existenz noch einmal wie in einem Brennspiegel zusammengefasst werden:

1 Kor 13,12 Jetzt schauen wir in einen Spiegel und sehen nur rätselhafte Umrisse, dann aber schauen wir von Angesicht zu Angesicht. Jetzt erkenne ich unvollkommen, dann aber werde ich durch und durch erkennen, wie ich auch durch und durch erkannt worden bin.
13 Für jetzt bleiben Glaube, Hoffnung, Liebe; diese drei; doch am größten unter ihnen ist die Liebe.

Es ist die eschatologische Kraft des biblischen Ethos der Liebe, die hier spürbar wird, indem sie die Menschen dazu ermutigt, ihr Glück darin zu suchen, dass sie andere beglücken, ohne dabei sich selbst aufzugeben. Die Früchte dieser Liebe sind Gerechtigkeit, Barmherzigkeit und Treue, und sie sind es auch, die letztlich als der **Beitrag der christlichen Ethik zum Weltethos** angesehen werden können, wenn Christen und Nichtchristen gemeinsam Verantwortung für die Zukunft der Welt übernehmen.

Zusammenfassung:
Sinngebung menschlichen Daseins und Handelns aus christlicher Motivation

Aus der Verantwortung des Menschen vor Gott leitet die christliche Ethik eine klare Zielorientierung für das sittliche Handeln ab, das stets auf das **Wohl des Mitmenschen** und **der gesamten Schöpfung** ausgerichtet sein sollte. Damit wirkt das christliche Ethos unmittelbar sinnstiftend. Durch Glaube, Hoffnung und Liebe als den drei Grundvollzügen menschlicher Existenz gewinnt das biblisch-christliche Ethos **weltgestaltende Kraft,** indem es nach dem Vorbild der schöpferischen Liebe Gottes – einer Liebe ohne berechnendes Nutzenkalkül – schon in der Gegenwart etwas von der Herrlichkeit der Gottesherrschaft aufscheinen lässt.

Literaturempfehlungen

1 Allgemeine Philosophiegeschichte

Einen fundierten und gut lesbaren Überblick über die Geschichte der Philosophie findet man bei Christoph Helferich, der auch über viele ethische Fragestellungen informiert, soweit sie die Philosophiegeschichte betreffen.

Christoph Helferich: Geschichte der Philosophie. Von den Anfängen bis zur Gegenwart und Östliches Denken, dtv: München ^{3}1999.

Otfried Höffe hat einen klar gegliederten, lebendig geschriebenen und gut lesbaren Überblick über die Geschichte der Philosophie vorgelegt.

Otfried Höffe: Kleine Geschichte der Philosophie, C.H. Beck Verlag (Beck'sche Reihe): 2., durchgesehene Auflage, München 2008.

2 Allgemeine Einführungen in die Ethik

Die „Einführung in die Ethik" von Svend Andersen ist sehr informativ und bietet u. a. prägnante Zusammenfassungen zur Biblischen Ethik und zu grundlegenden Positionen der theologischen Ethik; sehr hilfreich sind auch die Ausführungen zur philosophischen und theologischen Ethik des 20. Jahrhunderts, die unmittelbar an die gegenwärtige Diskussionslage heranführen.

Svend Andersen: Einführung in die Ethik, Verlag Walter de Gruyter: Berlin/New York ^{2}2005.

Die „Einführung in die Ethik" von Arno Anzenbacher ist anspruchsvoll, bezieht jedoch zentrale Textstellen und veranschaulichende Skizzen mit ein und schließt jedes Kapitel mit einer kompakten Zusammenfassung ab. Besonders informativ ist der Überblick über die neueren philosophischen Ansätze des 20. Jahrhunderts.

Arno Anzenbacher: Einführung in die Ethik, Patmos Verlag: Düsseldorf 2001.

Über alle wichtigen Begriffe aus dem Bereich der Ethik – wobei auch aktuelle Fragestellungen einbezogen werden – kann man sich in einem Lexikon orientieren, das sich sowohl durch Übersichtlichkeit und als auch durch gut lesbare Beiträge auszeichnet.

Otfried Höffe (Hg.): Lexikon der Ethik, 7., neubearbeitete und erweiterte Auflage, C.H. Beck Verlag: München 2008.

3 Überblick über die Geschichte der Ethik

Alasdair MacIntyre, selbst ein wichtiger Vertreter der ethischen Diskussion der Postmoderne, legt mit seiner „Geschichte der Ethik im Überblick" eine kompakte Darstellung der Geschichte der Ethik vor, die klare Schwerpunkte setzt und innerhalb der einzelnen Kapitel die grundlegenden Zusammenhänge prägnant und schlüssig herausarbeitet, wobei jedoch fundierte Kenntnisse der philosophischen Fachsprache vorausgesetzt werden.

Alasdair MacIntyre: Geschichte der Ethik im Überblick. Vom Zeitalter Homers bis zum 20. Jahrhundert, Beltz Athenäum Verlag: Weinheim ^{3}1995.

Die beiden folgenden Bände von Michael Hauskeller – die Reihe soll fortgesetzt werden – bieten einen sehr detaillierten, gut lesbaren Überblick über die Geschichte der Ethik in der Antike und im Mittelalter; in diesen beiden Epochen wurden grundlegende ethische Fragestellungen und Theorien entwickelt, die bis heute die Diskussion bestimmen.

Michael Hauskeller: Geschichte der Ethik. Antike, dtv: München 1997.

Michael Hauskeller: Geschichte der Ethik. Mittelalter, dtv: München 1999.

Sehr interessant und anregend ist das von Otfried Höffe zusammengestellte „Lesebuch zur Ethik" mit Texten von den altägyptischen Weisheitslehren bis zum Ende des 20. Jahrhunderts.

Otfried Höffe (Hg.): Lesebuch zur Ethik. Philosophische Texte von der Antike bis zur Gegenwart, C. H. Beck Verlag: München ^{4}2006.

4 Bücher zur christlichen Ethik

Die umfassendste, sehr breit angelegte Gesamtdarstellung zur christlichen Ethik auf hohem wissenschaftlichem Niveau findet man zur Zeit in dem dreibändigen „Handbuch der Moraltheologie" von Josef Römelt.

Josef Römelt: Vom Sinn moralischer Verantwortung. Zu den Grundlagen christlicher Ethik in komplexer Gesellschaft, Verlag Friedrich Pustet: Regensburg 1996.

Josef Römelt: Freiheit, die mehr ist als Willkür. Christliche Ethik in zwischenmenschlicher Beziehung, Lebensgestaltung, Krankheit und Tod, Verlag Friedrich Pustet: Regensburg 1997.

Josef Römelt: Jenseits von Pragmatismus und Resignation. Perspektiven christlicher Verantwortung für Umwelt, Frieden und soziale Gerechtigkeit, Verlag Friedrich Pustet: Regensburg 1997.

Eine sehr kompakte, sprachlich zum Teil recht anspruchsvolle Einführung in die christliche Ethik stellt das folgende Taschenbuch dar, das jedem Grundbegriff ein eigenes Kapitel mit ausführlichen Literaturhinweisen widmet.

Jean-Pierre Wils und Dietmar Mieth: Grundbegriffe der christlichen Ethik, Ferdinand Schöningh Verlag: Paderborn u. a. 1992.

Eine knappe, gut lesbare Einführung in die theologische Ethik hat schon vor einigen Jahren Wilhelm Korff vorgelegt, der dabei drei Schwerpunkte verfolgt: Ethik unter der formalen Differenz von Gut und Böse, Ethik als Wissenschaft vom menschlichen Handeln und Ethik im Spannungsfeld von Vernunft und Glaube.

Wilhelm Korff: Theologische Ethik. Eine Einführung, unter Mitarbeit von Walter Fürst und Josef Torggler, Herder Verlag: Freiburg u. a. 1975.

Nach wie vor aktuell und sehr lesenswert ist auch ein Band aus der „reihe engagement" von Johannes Gründel, der sich mit Fragen der Normenbegründung und des Normenwandels auseinander setzt und dabei grundlegende Einsichten in Schwerpunkte und Argumentationsweisen christlicher Ethik vermittelt.

Johannes Gründel: Normen im Wandel. Eine Orientierungshilfe für christliches Leben heute, Don Bosco Verlag: München 1984.

Eine sehr lesenswerte, kompakte Gesamtdarstellung christlicher Ethik, die sich weitgehend am Dekalog orientiert, ist der zweite Band des Katholischen Erwachsenen-Katechismus, der speziell ethischen Fragen gewidmet ist.

Katholischer Erwachsenen-Katechismus. Band 2: Leben aus dem Glauben, hrsg. von der Deutschen Bischofskonferenz, Herder Verlag: Freiburg u. a. 1995.

Mit aktuellen Problemen als Brennpunkten christlicher Ethik in der Gegenwart setzt sich Hans Grewel in seinen informativen, gut lesbaren Büchern auseinander.

Hans Grewel: Recht auf Leben. Drängende Fragen christlicher Ethik, Vandenhoeck & Ruprecht Verlag: Göttingen/Zürich 1990.

Hans Grewel: Brennende Fragen christlicher Ethik, Vandenhoeck & Ruprecht Verlag: Göttingen/Zürich ^{2}2001.

5 Bücher zu aktuellen Fragestellungen

Der Wissenschaftsjournalist Martin Hubert setzt sich auf engagierte, aber auch fachlich fundierte Weise mit der Frage auseinander, wie die Erkenntnisse der modernen Hirnforschung unser Menschenbild verändern. Dabei werden auch die ethischen Probleme, die sich daraus ergeben, klar beleuchtet.

Martin Hubert: Ist der Mensch noch frei? Wie die Hirnforschung unser Menschenbild verändert, Patmos Verlag: Düsseldorf 2006.

Auf umfassende und anregende Weise informiert der folgende Band über die Möglichkeiten der modernen Bioethik und bewertet diese aus ethischer Sicht:

Peter Dabrock, Lars Klinnert und Stefanie Schardien: Menschenwürde und Lebensschutz. Herausforderungen theologischer Bioethik, Gütersloher Verlagshaus: Gütersloh 2004.

Friedhelm Hengsbach, der große Mentor der katholischen Soziallehre, hat sich in einem kleinen Bändchen mit den gegenwärtigen Herausforderungen der Wirtschafts- und Sozialethik auseinandergesetzt und leitet daraus klare Perspektiven für die Zukunft ab. Seine Überlegungen sind heute aktueller denn je.

Friedhelm Hengsbach: Abschied von der Konkurrenzgesellschaft. Für eine neue Ethik in Politik, Wirtschaft und Gesellschaft, Droemersche Verlagsanstalt: München 1995.

Eine sehr fundierte Darstellung christlicher Umweltethik hat Bernhard Irrgang in einem kompakten Taschenbuch vorgelegt; er setzt sich detailliert mit zeitgenössischen Positionen zur Ökologie-Ethik auseinander und entwickelt vor diesem Hintergrund sein Konzept einer gemäßigten Anthropozentrik, die sich als „Ethos ökologisch orientierter Humanität" versteht.

Bernhard Irrgang: Christliche Umweltethik. Eine Einführung, Ernst Reinhardt Verlag: München / Basel 1992.

Andreas Brenner bietet in seiner „Ökologie-Ethik" einen guten Überblick über die wichtigsten Positionen der philosophischen Ethik zur Ökologie, die in Vorgeschichte, Grundzügen und wichtigen Perspektiven vorgestellt werden.

Andreas Brenner: Ökologie-Ethik, Reclam Verlag: Leipzig 1996.

Der Theologe Hans Küng setzt sich seit Jahren mit großem Engagement für das Projekt „Weltethos" ein, das versucht, die großen Weltreligionen miteinander ins Gespräch zu bringen, um gemeinsam verbindliche Werte und Normen als Grundlage eines umfassenden Weltfriedens zu entwickeln. Im gleichnamigen Taschenbuch fasst er sein Anliegen auf kompakte, gut lesbare Weise zusammen.

Hans Küng: Projekt Weltethos, Piper Verlag: München / Zürich 41992.

Bibelstellenverzeichnis

zitierte Bibelstellen

Verweise auf Bibelstellen

Stichwortverzeichnis

Namensverzeichnis

Sachverzeichnis

Seitenzahlen, auf denen sich Worterklärungen finden, sind fett gedruckt.

Bildnachweis

Textnachweis

S. 2–4	Zitiert nach: Johannes Gründel: Normen im Wandel. Eine Orientierungshilfe für christliches Leben heute, Reihe Engagement, Don Bosco Verlag: München [2]1984, S. 172–175
S. 55 f.	Immanuel Kant: Kritik der praktischen Vernunft, in: Immanuel Kant: Werke in 10 Bänden, hrsg. von Wilhelm Weischedel, Wissenschaftliche Buchgesellschaft: Darmstadt 1975, Bd. VI
S. 60 f.	John S. Mill, zitiert nach: Christoph Helferich: Geschichte der Philosophie. Von den Anfängen bis zur Gegenwart und Östliches Denken, [3]2001: J. B. Metzlerische Verlagsbuchhandlung und Carl Ernst Poeschel Verlag GmbH, Stuttgart
S. 142	Albert Schweitzer, Kultur und Ethik, Beck'sche Reihe Nr. 1150, Verlag C. H. Beck, München

Wir danken allen Rechteinhabern für die Abdruckerlaubnis.
Der Verlag war bemüht, die Urheber der abgedruckten Bilder und Texte ausfindig zu machen.
Wo dies nicht gelungen ist, bitten wir diese, sich ggf. an den Verlag zu wenden.